더 넓고
더 깊게

십진분류 독서법

더 넓고 더 깊게

십진분류 독서법

| 지식의 스케일이 달라진다! |

장대은, 임재성 지음

청림출판

한 그루의 나무가 모여 푸른 숲을 이루듯이
청림의 책들은 삶을 풍요롭게 합니다.

| 프롤로그 |

더 넓고 더 깊게 세상의 모든 지식을 꿰어 줄 십진분류 독서법의 세계로

좋은 책이란 어떤 책일까? 좋은 책과 그렇지 못한 책을 구분 짓는 기준은 무엇일까? 여러 기준이 있겠지만, 좋은 책, 훌륭한 책은 무엇보다 사실을 담은 책이어야 한다. 사실을 규정하기는 쉽지 않다. 분명한 것은 사실이란 부분 지식이나 오류 지식이 아닌 균형 잡힌 바른 지식이라는 것이다. 독서법 관련 서적의 경우, 오류 지식이나 부분 지식으로 가득 찬 책이 얼마나 많은가! 그들의 주장을 따라 한다고 해도 성공적인 결과를 장담할 수는 없다. 대부분은 또 한 번 실패를 경험할 뿐이다. 물론 의도한 오류는 아닐 것이다. 이유와 원인을 부분적으로만 바라보고 제시한 해결책이었을 뿐이다. 책은 사실을 추구하지만 자신의 주관을 중심으로 부분 지식을 담아내는 경향이 강하다. 이 책을 쓰는 과정에서 가장 조심스러웠던 것도 바로 그 점이다. 그래서 부분 지식이 아니라 독서의 전체상을 그리는 데 중점을 두었다. 책을 집어 든 사람들의 초깃값 차이도 생각해야 했다. 서로 다른 배경과 실력을 가진 이들 모두에게 도움이 되는 책을 쓰고 싶었다. 독서력을 키워가는 알고리즘의 체계성을 포기하지 않으면서 누구든 적용할 수 있는 쉬운 독서법에 대해 고민했다. 독자들은 무엇이 궁금할까? 내가 가진 것을 독자와 나누기 위해 내가 던져야 하는 질문은 무엇일까? 이 책의 내용은 저술 과정에서 스스로에게 던진 다음과 같은 질문에 대한 답변이다.

모두들 '인공지능 시대가 도래했다'고 난리다. 인공지능 시대는 무엇이고 이전과 무엇이 다른가?

1장의 '이미 온 인공지능 시대, 특이점이 왔다'와 '열린 미래 닫힌 직업, 직업이 사라진다'에 그 해답을 담았다. 독서로 삶을 변화시키려면 현재 서 있는 시대와 앞으로 살아갈 시대를 직시해야 한다. 짧은 두 이야기가 미처 파악하지 못한 오늘을 알고 미래를 슬기롭게 준비하는 시간이 되어 줄 것이다.

인공지능 시대를 사는 우리가 준비해야 하는 능력은 도대체 무엇인가?

1장의 '아는 것이 힘인 시대에서 알아내는 것이 힘인 시대로'에 답이 있다. 자기계발이 지닌 방향성을 발견할 수 있을 것이다.

독서를 통해 구체적으로 어떤 능력을 키워야 하는가?

3장 〈독서의 진정한 힘을 찾아라〉에서 소개하는 여섯 가지 능력에 집중하라. 행복하고 영향력 있는 인생은 이 여섯 가지 능력에서 비롯된다. 독서를 통해 구체적으로 키워야 할 능력이요 배움의 중요한 목표다. 아무런 목표 없이 행하는 독서로 기대할 수 있는 것은 '우연'하게 일어날 '좋은 일'뿐이다. 여섯 가지 능력이 인생의 좋은 일을 만들어 낼 마중물이 되어 줄 것이다.

사람들은 왜 독서하지 않을까? 독서가 중요하다는 사실은 인정하면서 왜 읽지 않을까?

'동기부여 독서법'에 그 답을 풀어놓았다. 독서하는 사람에게는 모두 이유가 있다. 독서하지 않는 사람에게도 이유가 있다. 그 이유가 독서와 삶에 성공도 실패도 가져다준다. 당신은 왜 책을 읽어야 하는가?

독서하지 않는 사람들은 그렇다 치고 독서하는 사람들은 왜 변화하지 않을까?

2장의 '독서의 두 얼굴, 취미성과 학습성'을 읽어 보라. 독서는 사람을 변화시키는 힘이 있다. 역사가 그것을 증명하고, 현재도 미래도 그렇다. 그런데도 왜 당신은 변화하지 않을까? 그 문제의 해결점을 여기서 마주하게 될 것이다.

왜 독서법 책을 읽는데도 독서에 실패하는가? 수많은 독서법 책을 섭렵했다. 그런데 혼란과 좌절만 경험했다. 독서법 책마다 서로 다른 이야기를 너무 자신 있게 해 혼란스럽다.

2장의 '독서법의 홍수, 풍요 속의 빈곤'을 읽어 보라. 독서법 책들이 당신의 발목을 잡는 이유를 만나게 될 것이다. 또다시 독서에 실패하고 싶지 않다면 첫 장부터 마지막 장까지 천천히 읽어 보라. 간단하지만 분명한 해답을 만날 것이다. '전문가의 도움 없이도 정말 할 수 있겠다!'는 자신감을 가질 수 있을 것이다. 독서에 실패하고 좌절에 빠져 있다면 구원의 동아줄이 되어 주리라 자신한다. 사회생활을 하며 진로를 고민하는 이들에게는 다시 일어설 힘과 나아갈 방향을 알려 줄 것이다. 혹시 부모가 이 책을 읽는다면 자신은 물론이고 자녀들의 평생 독서 계획에 대한 전체상과 구체적인 방법과 기술을 만나게 될 것이다.

배울 만큼 배운 사람들이 왜 추천도서 목록 없이는 책을 고르지 못할까? 독서 편식이 심한 나, 어떻게 해야 하는가? 전문가의 도움 없이 평생 독서 계획을 세울 방법은 없는 걸까? 독서 지도, 어떻게 시작해야 하는가? 사회생활을 하며 만족하지 못하는 나, 앞으로 무엇을 하며 살아가야 할까?
이런 의문을 품고 있는 분들을 위해 '십진분류 독서법'을 소개한다. 세상에 없는 개념은 아니지만 이렇듯 구체적이고 체계적인 독서법으로 소개된 적이 없다. 왜 책 제목이 《더 넓고 더 깊게 십진분류 독서법》인지 알 수 있을 것이다. 십진분류 독서법의 구체적 적용법인 '박이정 독서법'도 지나치지 말라. '바인더 독서법'도 관심을 가지고 봐야 한다. 이 세 가지 이야기를 연이어 읽어 보면 위 질문에 대한 답을 확실하게 찾을 수 있을 것이다.

어디를 가든 독서, 글쓰기, 질문, 토론을 강조한다. 성공한 인생을 살려면

이것 없이는 안 된다고들 한다. 이것을 통해 무엇을 얻을 수 있기에 독서, 글쓰기, 질문, 토론이 그토록 강조되는 것일까?

4장의 '트리비움 독서법'을 읽어라. 이 한 꼭지만으로도 이 책은 가치가 있다. 수많은 사람이 유대인의 성공을 말한다. '유대인의 질문과 하브루타', '유대 종교', '그들의 삶의 특별한 태도' 등이 성공 이유라고 말한다. 맞는 말이지만, 정확한 답은 아니다. 유대인이 특별한 원인이 되기는 했지만 정말 중요한 핵심 키워드는 '트리비움(Trivium)'이다. 트리비움이란 '삼학(세 가지 배움)' 즉 문법, 논리학, 수사학을 뜻하는 라틴어다. 트리비움의 문법, 논리학, 수사학은 고전 교육의 핵심이었으며, 동시에 사고의 작동 원리인 수용, 이해, 표현과도 일치한다. 질문과 하브루타는 트리비움 능력을 향상하는 탁월한 방법이다. 하브루타를 진행하는 과정에서 향상된 트리비움 능력이 성공을 만들어 낸 것이다. 독서도 마찬가지다. 트리비움을 개발하지 못하는 독서는 실패한 독서다. 십진분류 독서가 가치 있고 박이정 독서가 가치 있는 것도 그것이 트리비움을 강화하는 최고의 방법이기 때문이다. 3장에서 소개하는 여섯 가지 능력의 중심에도 트리비움이 있다. 성공하기를 원하는가? 트리비움하라!

책을 쓰면서 다른 책을 참고하지 않았다. 이 책 저 책을 기웃거리지 않았다. 처음부터 끝까지 타이핑을 하며 단숨에 내려갔다. 그렇다고 내 머리에서 창작된 것이 완전히 새로운 것은 아니다. 독서 사역을 시작한 이후로 20년간 걸어 온 배움의 과정이 낳은 열매다. 프롤로그를 쓰며 지금까지 읽은 교육 관련 책만 셈해 보았다. 독서법 247권, 글쓰기 167권, 토론과 하브루타 52권, 듣기 학습 10권, 질문법 49권, 유대인 이야기 107권, 기억법 45권, 학습법 95권, 교수법 30권, 자녀 교육 132권, 대뇌생리학 38권, 도서관 81권, 학교에 대한 책 44권, 홈스쿨링 26권, 인지사고 43권, 커리큘럼 디자인 58권, 동기부여 158권, 노벨상 이야기 15권, 미래학/인공지능 35권. '십진분류 독서 이력 현황판'으로 대충 헤아려 본 독서 이력이다. 그런 의미에서 이 책은 역사의 거인들, 교육의 선배들의 어깨를 딛고 일어서는 과정에서 탄생했다. 그들의 가르침이 내 안에서 발효되어 출력된 것일 뿐이다.

이렇게 많은 책을 읽었으면서 겨우 이 정도 책을 냈느냐고 말할 분도 있을 것이다. 용서하라. 독서에 관한 첫 번째 책에 모든 것을 담을 수는 없었다. '누구나 쉽게 읽을 수 있게 하자'는 것이 첫째 목표였다. 그러면서도 '독서가 무엇인지 전체상을 그릴 수 있게' 돕는 것을 둘째 목표로 삼았다. 그래서 사람들에게 이미 자리 잡고 있는 98퍼센트의 독서에 대한 지식에 질서를 부여해 주고 싶었다. 만일 이 책을 읽고 평생 독서의 큰 그림이 그려졌다면, 와우! 이 책은 성공한 거다! 이제 자신에게 있는 정보, 수많은 다른 독서법의 기술과 방법을 '십진분류 독서법'의 체계 위에 차곡차곡 담아내면 된다. 전에는 의미 없던 조각들이 명작을 완성해 내는 하나의 조각들로 자리잡아 가는 경험을 하게 될 것이다.

독서로 삶을 변화시키는 실제적인 독서법의 출발선에 '십진분류 독서법'이 있다. 나는 무엇보다 더 넓고 더 깊게 지평을 넓힐 수 있는 십진분류 세계를 독자들에게 선물하고 싶었다. 첫 단추인 십진분류 독서법을 잘 꿰어야 인공지능 시대의 진정한 해법인 '인간지능'을 세워

갈 수 있다. 그래서 이 책의 모든 독서법을 통칭해 '인간지능 독서법'이라 명명한다. 완벽하지는 않아도 많은 이와 나누기에 부족함이 없는 내용이라고 자신 있게 말하는 바다. 수많은 독서법 책 더미 위 또 하나의 독서법 책이 아닌 온리 원의 작품이 되기를 기대해 본다.

마지막으로 감사의 마음을 전하고 싶다. 공저자 임재성 작가와 함께한 시간은 배움의 즐거움과 성장의 기쁨이 있는 뜻 깊은 시간이었다. 15년 전에 만나 나눈 작은 도움을 큰 기억으로 간직해 준 임 작가에게 감사의 인사를 전한다. 책을 쓰는 과정을 통해 먼저 작가의 길에 들어선 임 작가의 내공과 인생 선배로서의 면모를 확인할 수 있는 시간이었다. 옆에서 든든히 버텨 주셨기에 이 책이 나올 수 있었다. 삶의 동반자요 사역의 동역자인 아름다운 아내에게 감사와 사랑의 마음을 전한다. 사랑하는 두 딸 호아와 사랑이는 하늘이 준 선물이며 이 책 내용의 살아 있는 증거다. 청림출판 식구들에게도 진심으로 감사의 마음을 전하고 싶다.

무엇보다 이 작은 책을 통한 작은 나눔, 그로 인한 큰 기쁨과 영광은 모두 하나님의 은혜로 말미암았음을 고백한다.

분당 호도애도서관에서 장대은 씀

차례

2장

왜 모두 독서에 실패하는가

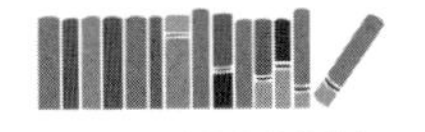

3장

독서의 진정한 힘을 찾아라

4장

독서를 디자인하라

5장

독서로 새로운 지식을 만드는 4가지 방법

1장

인공지능 시대에 왜 인간지능인가

이미 온 인공지능 시대, 특이점이 왔다

"당신이 할 수 있다고 생각하든 할 수 없다고 생각하든,
생각하는 대로 될 것이다."

·헨리 포드·

"특이점이 온다!" 인공지능(Artificial Intelligence, AI) 전문가이자 미래학자 레이 커즈와일(Ray Kurzweil)은 2000년대 초반에 시대의 다양한 변화를 근거로 '특이점의 시대'를 예고했다. 빌 게이츠는 "레이 커즈와일은 가장 뛰어난 미래 예측 전문가"라고 평가했다. 그 평가대로 커즈와일이 십여 년 전 예측한 미래는 현실이 되었다. 특이점의 시대가 현실로 다가온 것이다.

커즈와일뿐 아니라 세계경제포럼의 창립자이자 회장인 클라우스 슈밥(Klaus Schwab)도 2016년 다보스포럼에서 특이점의 시대가 도래했음을 이야기하며, 제4차 산업혁명이라고 명명했다.

특이점의 시대란 무엇인가? 기술이 인간을 초월하는 시대, 인간의 고유 영역으로 여겨졌던 분야에서 기계와 기술이 앞서기 시작하는 시대를 의미한다.

인공지능의 출현과 발전은 특이점의 시대를 열었고, 변화의 속도는 하루가 다르게 빨라지고 있다. 이세돌과 대결한 알파고의 승리가 그 증거다. 누구도 예측하지 못한 인공지능의 승리에 세계는 충격에 빠졌다. 생각 이상으로 발전한 인공지능의 오늘, 온 세계는 이미 도래한 특이점의 시대를 인간과 인공지능의 대결을 통해 두 눈으로 확인했다.

우리 앞에 펼쳐진 시대는 그 누구도 살아본 적이 없는 세상이다. 역사의 변곡점마다 일어난 변화와 사뭇 다르다. 그 변화의 길 중심에 우리가 서 있다. 이미 현실로 다가온 특이점의 시대, 그 특징은 무엇이며, 우리가 염두에 두어야 할 변화는 어떤 것일까?

산업혁명 시대에 기계의 출현은 우리에게 편리함을 선물해 주었다. 정보사회에 진입하며 출현한 컴퓨터는 그 정점을 찍었다. 편리함을 넘어 차원이 다른 문명의 진보를 이루어 냈다. 인공지능의 출현도 긍정적인 측면에서는 다를 바 없는 변화일 수 있다.

통신수단인 전화기가 발전하여 스마트폰 시대를 연 것은 그리 오래된 이야기가 아니다. 편리한 통신기계였던 휴대폰에 여러 기능을 탑재한 애플리케이션이 얹히며 시대를 대표하는 아이콘으로 자리 잡았다. 앱이라는 이름에 세상의 모든 도구와 기술을 담아낼 태세다.

이제는 아이부터 노인까지 스마트폰 없는 세상은 상상할 수 없게 되었다. 누군가의 말처럼 우리는 스마트폰의 감옥에 갇힌 듯하다. 분명한 사실은 기술을 특정 소수가 독점하던 여느 시대와는 달리 손 위에 들린 수많은 인공지능 앱이 우리 삶에 편리함과 예전에 없던 기회를 제공해 주고 있다는 점이다. 예전에는 돈을 주고 얻어야 했던 정보와 기술을 이제는 누구나 쉽게 사용할 수 있게 되었다. 개천에서 용 난다는 말은 옛말이라고 했던가? 우리는 지금 스마트폰에서 용 나는 현실을 살고 있다.

특이점 시대의 변화는 모든 사회의 다양한 영역을 포괄한다. 분야도 불문한다. 그중에서도 교육, 문화, 예술 분야의 약진이 두드러진다. 모두를 피곤하게 했던 영어 학습 문제는 가까운 미래에는 더 이상 고민거리가 되지 않을 듯하다. 음성인식 기능이 인공지능과 만나 동시통역의 시대를 열었다. 그 변화는 기대 이상이다. 스마트폰이나 인터넷에 배포된 무료 통역 앱 기능만으로도 별 어려움 없이 해외여행의 즐거움을 누릴 수 있다.

일본에서는 영화와 드라마 대본까지 인공지능 소프트웨어를 활용해 작성하려는 시도가 진행되고 있다. 화가의 화풍을 이해해 인공지능이 그린 그림이 화방에서 거래된다. 창작 영역인 문단에도 인공지능 작가가 쓴 소설이 소설가 지망생들과 함께 한 경연에서 예선을 통과하기도 했다. 영화에서 과장된 듯 그려진 상상의 미래 세계가 우리 삶의 여러 분야에서 그대로 재현되고 있다. 톰 크루즈가 열연한 〈마이너리티 리포트(Minority Report)〉에 묘사된 미래 세계가 이제는 낯설지 않다.

인공지능의 약진은 의료 분야에서 더욱 두드러진다. 세계적인 의료용 AI 솔루션인 IBM의 왓슨이 2016년 12월 길병원 인공지능 암센터에서 진료를 시작했다. 왓슨의 처방전을 받아 인공지능이 조제한

약은 실수할 확률이 제로에 가깝다고 할 정도다.

이미 도래한 특이점의 시대가 보여준 것들은 가공할 위력을 지녔다. 그러나 앞으로 다가올 특이점은 상상을 초월할 정도로 강력하다. 커즈와일은 2017년 7월 샌프란시스코에서 열린 '매경 실리콘밸리포럼'에서 앞으로 다가올 미래를 예측해 연설했다. 그는 인공지능이 인간지능을 따라잡을 시기를 2023년이라 특정하며 목소리를 높였다. 몇 년만 지나면 모든 면에서 인공지능이 인간을 앞지르게 된다는 것이다. 생명과학의 발전으로 SF 영화나 소설의 상상 속 이야기들이 우리 세대에 현실로 이루어질 것이라고 한다. 2020년에는 산업과 농업에서도 획기적인 변화가 불가피하며, 3D 프린팅의 발전은 의료, 패션, 제조업에 혁명을 불러올 것이라고 한다. 인공지능이 옷, 부품뿐 아니라 인간의 장기까지 만들어 내는 수준에 근접했다. 농업의 변화는 놀랍다. 인공지능으로 무장한 수직적 경작 첨단 재배로 고층건물 농장이 들어선다. 생산량도 엄청나 그 파급력이 전 세계를 강타할 것이다.

이제 우리는 다른 질문을 던져야 할 시점에 놓였다. 이미 온 인공지능 시대에 어떻게 반응해야 하는가? 도래한 특이점의 시대를 어떻게 살아갈 것인가? 앞으로 다가올 시대를 어떻게 대비하고 준비할 것인가? 이 질문은 그 누구만의 몫이 아니다. 이 글을 읽는 독자 개인도 비껴갈 수 없는 과제다.

이미 준비할 시기를 놓쳤는지도 모른다. 인공지능의 변화는 생각보다 빨랐고 그 영향은 광범위한 영역에서 생활 깊숙한 곳까지 침투해 있다. 앞으로 다가올 시대는 더 빠르고 강하게 인류와 개개인의 삶을 위협한다. 가만히 넋 놓고 있다가는 아무것도 하지 못한 채 당할 수 있다.

이제라도 변화의 흐름을 살피고 예측하며 대응해야 한다. 다가올 변화만큼은 앞선 준비가 필요하다. 이전의 실패를 되풀이한다면 다시는 기회조차 없을지 모르기 때문이다.

열린 미래 닫힌 직업, 직업이 사라진다

"사람은 인생에서 모두에게 인정받았음을 깨닫는 때가 두 번 있다.
첫 번째는 걸음마를 배운 순간이고,
두 번째는 독서를 배운 순간이다."

·페넬로페 피츠제럴드·

인공지능 시대의 도래는 인간 생활의 편리함을 가져다주었다. 애플의 시리, 구글의 나우, 아마존의 알렉사 같은 인공지능 비서와 대화하는 모습은 이제 낯선 풍경이 아니다. 오늘 날씨를 알려 주고 주인의 일정을 체크해 준다. 궁금한 물음에 즉각 답하고 사물인터넷과 연결해 집 안 구석구석을 관리한다. 생활 속의 다양한 인공지능은 오랜 친구처럼 친근하게 우리 곁을 지킨다. 예전에 없던 관계, 인간이 채워 주지 못하던 자리 메움에 많은 이가 만족한다.

인공지능의 긍정적인 측면을 보고 있자면 인간 세상의 온갖 어두운 미래가 해결되는 듯한 착각에 빠질 때가 있다. 인공지능 로봇이 질병을 진단할 뿐 아니라 수술을 집도하는 시대가 바로 눈앞에 펼쳐져 있으니 말이다. 인공지능이 운전하는 차를 타고, 로봇이 요리하는 음식을 먹을 날 또한 머지않았다. 문화예술에 걸쳐 인공지능의 영향력이 뻗치지 않은 곳이 없다. 상상력으로 그린 미래가 인공지능 시대로 우리 앞에 다가온 것이다.

그러나 인공지능으로 시작된 기술 빅뱅 시대를 마냥 즐거워할 수만은 없다. 인공지능으로 대량의 실업 사태가 벌어질 것이 예견되고 있기 때문이다. 2013년, 옥스퍼드대학교 연구팀은 20여 년 안에 미국 일자리 47퍼센트가 소멸할 것이라고 경고했다. 세계경제포럼의 예측도 다르지 않다. 세계경제포럼은 〈직업의 미래〉 보고서에서 2020년까지 약 700만 개의 일자리가 사라질 것이라고 예고했다. 반면 새로운 일자리는 약 200만 개 정도 생길 것이라고 한다. 미래에 공장을 운영하려면 사람 한 명과 개 한 마리만 있으면 된다는 우스갯소리도 있다. 개는 인공지능 기계가 제대로 일하도록 지키는 역할을 하고, 사람은 개를 키우기 위해 필요하다는 것이다. 농담 같은 이야기지만, 결코 웃지 못할 일들이 현실에서 펼쳐지고 있다.

미국의 정보기술 연구 전문회사 가트너(Gartner)는 2013년 미국 올랜도에서 IT 엑스포를 개최했다. 당시 엑스포의 모든 관심은 스마트 머신에 쏠려 있었다. 가트너는 다음과 같이 선포했다. "인공지능을 탑재한 기계, 스마트 머신은 일반화될 것이고, 여러 분야에서 인간의 업무 영역을 대체하게 될 날이 머지않았다!"

몇 년 지나지 않아 우려는 현실이 되기 시작했다. 대표적인 예가 아마존이 물류 정리 로봇 키바를 도입한 일이다. 미국 마운트 사가 제작한 키바는 넓은 면적의 물류창고에서 사람을 대신해 물건을 찾아다니는 기계장치다. 키바를 도입한 뒤로 아마존은 시간과 비용을 절감한 것은 물론 재고를 실시간으로 정확하게 파악할 수 있게 되면서 업무 효율이 몇 배나 향상되었다. 반면 수천 명의 노동자가 일자리를 잃었다.

인공지능 도입은 해가 갈수록 여러 영역에서 그 속도가 빨라지고 있다. 인간 노동자의 단순 업무를 대체하는 정도에 머물지 않고, 오랜 기간 인간 고유의 업무 영역이라 여겨졌던 분야에서까지 하나둘 인공지능을 탑재한 기계가 인간을 대신해 가고 있다.

시간과 공간의 제약에서 벗어난 인공지능 로봇이 비용 절감 차원에서만 도입되는 것은 아니다. 복잡한 노사 관계 속에서 벌어지는 수많은 갈등에서 해방될 수 있다는 것은 고용주로서 더할 나위 없이 반가운 일이다. 가깝게는 우리 주변 대다수의 주유소가 주유 노동자를 대신해 셀프주유기를 도입하고 있다. 이 또한 비용 절감과 함께 노사 갈등 문제를 원천적으로 해결한다는 이유도 결정적으로 작용하고 있다. 인공지능의 인기가 더해 가면 갈수록 위협받는 것은 일자리다. 그것은 인공지능의 적용에 뒤따르는 어두운 그림자임이 분명하다.

일자리 문제는 산업혁명이 일어날 때마다 이어져 왔다. 제1차 산업혁명은 인간이 동물과 함께 해온 일을 물과 증기의 힘으로 기계화했다. 제2차 산업혁명은 전기의 힘을 이용해 대량 생산을 가능하게 했고, 제3차 산업혁명은 전기와 정보기술, 즉 컴퓨터 시스템으로 생산을 자동화했다. 기계가 도입되고 자동화되자 많은 사람이 일자리를 잃었다. 대량 실업 사태가 발생한 것이다. 그러나 대량 실업의 혼란은 그리 오래가지 않았다. 산업혁명으로 잃은 일자리를 대체할 수 있는 직업이 빠르게 늘어났기 때문이다. 자신이 해왔던 일과 비록 다르긴 했지만 일을 할 수 있는 기회가 주어졌다.

그런데 인공지능 시대의 실업 사태는 양상이 이전과 다르다. 지금까지 실업 사태가 육체노동자에 국한되었다면 인공지능 시대에는 지식노동자까지 타격을 받을 수 있다. 육체노동자를 넘어 지식노동자들까지 실업 사태에서 자유로울 수 없게 된 것이다. 단순 육체노동부터 고도의 지적 능력이 필요한 일자리까지 위협받는 시대가 되었다.

교육계도 자유롭지 못하다. 교실이 사라지고 가르치는 교사들이 자리를 잃게 될 것이라고 예측하는 이가 많다. 교육계 온라인 콘텐츠의 다양한 시도는 어제오늘의 이야기가 아니다. 기술 중심의 사이버 고등학교, 미국의 미네르바대학교나 프랑스의 에콜 42(Ecole 42)와 같은 대안 대학의 실험은 기대 이상의 결과를 나타내 보이고 있다.

일자리 문제를 해결할 유일한 대안은 사회복지 제도뿐이라는 주장도 설득력 있게 퍼져 가고 있다. 인공지능에 밀려 일자리를 잃은 이들에게 국가가 기본급여를 지급해야 한다는 것이다. 인공지능을 주도한 기업이 일자리를 잃은 사람을 책임지게 하겠다는 의도다. 인간은 일을 하며 자기 존재의 의미를 알고 행복감을 누리는데, 그마저도 힘들어진 것이다. 사회 전 분야가 인공지능 출현으로 흔들리고 있다.

그렇다고 인공지능 자체가 인간과 대립되는 것은 아니다. 그럼에도 자연스럽게 발생하는 이러한 현상은 해결되어야 하는 문제임이 분명하다. 앞으로 수십, 수백만 개의 일자리가 사라질 것이라고 예측하고 있는 이때 우리는 과연 무엇을 준비해야 할까? 그 해답을 찾는 것이 무엇보다 선행되어야 할 과제다.

아는 것이 힘인 시대에서 알아내는 것이 힘인 시대로

"많은 지식을 섭렵해도 자신의 것이 될 수 없다면
그 가치는 불분명해지고, 양적으로는 조금 부족해 보여도
자신의 주관적인 이성을 통해 여러 번 고찰한 결과라면
매우 소중한 자산이 될 수 있다."

·아르투르 쇼펜하우어·

우리 삶 속으로 성큼 다가온 인공지능 시대, 어떻게 대처해야 할까? 해법은 의외로 간단하다. 바로 인간지능이다. 인공지능을 개발한 인간지능을 통해서만 문제를 해결할 수 있다. 인간지능이란 인간의 변화를 가능케 하는 근본 능력이다. 지금까지는 지식과 정보가 힘인 시대, 다시 말해 '아는 것이 힘'인 시대였다. 그래서 많은 지식과 정보를 가르쳤고, 배워 나갔다. 사회가 요구하는 정보를 습득하는 것이 교육과정의 가장 중요한 목표였다.

산업사회와 지식정보사회에서 지식은 곧 힘과 권력이었다. 누가 더 많이 아는지가 중요했다. 정보를 누가 먼저 알았는가는 사회 영향력과 직결되었다. 교육과정도 그것을 전제로 디자인되었다. 아는 것이 힘인 사회에서 지식의 유통과 확장은 무엇보다 중요했기에 평가 시스템도 아는 것을 얼마나 잘 수행했는가에 따라 이루어졌다.

인공지능이 출현하면서 아는 것만으로는 영향력을 행사하지 못하게 되었다. 인간의 고유 능력이라고 여겼던 지식과 정보의 수용, 그것을 업무에 활용하는 역할을 인공지능이 대신 수행해 내고 있기 때문이다. 그냥 수행하는 정도가 아니다. 아이러니하게도 매우 탁월하게 그 역할을 대신하고 있다는 것이 문제다.

돈과 명예를 가져다준 지식과 정보를 이제는 누구든 인터넷을 통해 얻을 수 있다. 인공지능은 정보의 접근성을 쉽게 해준다. 아니, 정보 접근성 이상의 기대를 충족시켜 주고 있다. 인공지능의 출현으로 이전의 능력이 더 이상 능력으로 인정받지 못하는 시대가 된 것이다.

그렇다면 우리에게 필요한 능력은 무엇인가? 바로 '알아내는 힘'이다. 이것이 인공지능 시대를 관통하는 능력이자 다가올 미래를 주도해 나갈 힘이다. 누군가 알아낸 지식을 주워 담는 학습이 아니라 지식과 정보를 기반으로 새로운 지식과 정보를 창출해 내는 원천 능력이 필요하다. 이것은 전혀 새로운 개념의 능력이 아니다. 시대를 불문하고 역사의 최상위 권력자들과 지식인들은 항상 알아내는 힘을 통해 영향력을 행사해 왔고 자신의 자리를 지켰다. 다른 이들이 알지 못하는 사실을 알아내 그것을 재화로 만들었으며, 권력 유지의 수단으로 사용했다.

대부분의 사람은 누군가 알아낸 그것을 배우는 데 인생을 바쳤다. 교육이라는 이름으로, 학습이라는 이름으로 수용하는 모든 것은 알아내기 위한 수고가 아니었다. 누군가 알아낸 것을 배우는 것에 지나지 않았다. 학년이 올라가고 성인이 되었어도 여전히 배움의 방식과 내용은 바뀌지 않고 있다.

인공지능 시대를 살아가는 우리에게 진정 필요한 것은 '알아내는 능력'이다. 이것은 단순한 학습으로는 얻을 수 없다. 오직 궁금증을 가지고 탐구하는 과정에서 형성된다. 연구하는 과정 속에서 자라나는 능력이 곧 알아내는 힘이다.

알아내는 힘은 육체의 근육과 같다. 단기간에 강화할 수 없기 때문이다. 단순 암기와 기억을 통해서도 얻을 수 없다. 수많은 지식과 정보를 기억하고 있다고 해도 알아내는 힘이 있다고 말할 수 없다.

초·중·고등학교의 본래 목표는 알아내는 힘을 배양하는 배움의 과정에 있다. 그러나 실상은 알아내기보다는 아는 것을 유지하고 기억하는 데 초점이 맞춰져 있다. 엄청나게 많은 시간과 노력을 쏟아부으며 정보를 얻는 공부에 몰입하고 있다. 누군가 알아낸 사실을 그저 습득하는 데 힘을 쏟고 있을 뿐이다. 졸업하면 사라질 수도 있는 수많은 직업과 관계된 지식을 공부하고 있다. 변해 가는 세상에 대처하지 못하고 잘못된 방식으로 공부하는 아이들의 미래를 생각하면 안타까울 뿐이다. 취업 준비생들도, 직장인들도 그 굴레에서 벗어나지 못하고 있다.

그러나 일부 사람들은 알아내는 힘을 스스로 키워 갔다. 그 힘을 가진 사람이 인류의 진보를 주도했고, 리더의 자리에서 세상을 선도하고 있다. 안타까운 것은 이 힘이 소수에게 독점되어 왔다는 사실이다. 그들은 지금도 자신들만의 기득권을 유지하기 위해 힘쓰고 있다. 알아내는 힘의 가치를 알고 그것을 얻기 위한 훈련 과정에 집중하고 있는 것이다.

그렇다면 알아내는 힘은 어떻게 기를 수 있는가? 먼저 인간에게 기본적으로 내재되어 있는 수용과 조직화와 표현 능력을 향상하는 일로부터 시작되어야 한다. 무엇보다 수용 능력 향상이 시급하다. 수용 능력은 잘 듣고, 잘 보고, 잘 읽을 수 있어야 향상된다.

수용 능력을 키우는 데 독서만큼 효과적인 도구는 없다. 조직화된 결과물 자체가 곧 책이고, 책을 읽으면 표현력을 기를 수도 있다. 책을 읽는 과정에서 새로운 정보를 접할 뿐 아니라 정보와 정보의 관계가 규명되며, 창의적인 새로운 지식들이 발생한다. 그 과정에서 알아내는 힘은 극대화된다. 인간지능의 핵심이 곧 독서력이다. 그러므로 우리는 독서력을 키워야 한다. 시공간의 한계를 뛰어넘어 우리에게 영향을 미치는 배움의 방식인 독서야말로 알아내는 능력을 키우는 최고의 커리큘럼이다.

인공지능 시대가 도래했는데도 '아는 것'으로만 승부하려고 힘쓰는 것은 어리석은 일이다. '인간이 과연 무엇을 할 수 있을까?'라고 반문하는 이 시대에도 잊지 말아야 할 것이 있다. 인공지능을 설계하고 발전시켜 오늘에 이르게 한 것이 바로 인간지능이라는 사실을 말이다.

연구자들은 인간지능을 통해 세상에 존재하지 않았던 개념을 알아냈다. 각 분야에서 알아낸 정보와 지식을 연결해 나가는 과정에서 오늘날 인공지능의 출현이 가능해졌다. 그래서 인간지능을 개발하려면 먼저 독서력을 키워야 한다. 독서를 통해 생각하는 능력을 세워 가는 일이 무엇보다 중요하다.

육체는 음식물을 통해 힘을 얻고 신진대사 작용을 한다. 음식물을 섭취하지 않으면 기력이 쇠하고, 그 기간이 길어지면 생명까지 위협받는다. 인간의 정신도 마찬가지다. 인간 정신은 지식과 정보를 수용하지 않고는 변화하고 성장해 갈 수 없다. 인간의 변화에 가장 큰 영향을 미치는 지식과 정보의 문제는 세상을 향한 영향력인 동시에 인간의 존재감을 나타내는 중요한 요소다. 지금까지는 그 정보와 지식을 아는 것으로 만족할 수 있었고, 충분히 영향력을 나타낼 수도 있었다.

그러나 미래 사회는 새로운 힘을 요구한다. '아는 것'이 아니라 '알아내는' 힘을 갖춘 능력 있는 인재를 필요로 한다. 알아내는 힘을 소유한 사람이 인공지능 시대를 효과적으로 준비하고 이끌어 갈 수 있기 때문이다.

과거-현재-미래를 관통하는 힘, 누가 세상을 주도하는가

"어떤 의미에서 지혜가 커지면 지식은 줄어든다.
구체적인 지식은 모두 원칙 속에 포함되기 때문이다.
중요한 지식은 삶의 각 분야에서 그때그때 얻을 수 있지만,
지혜를 얻기 위해서는 잘 알고 있는 원칙을
적극적으로 활용하는 습관이 필요하다."

·앨프리드 화이트헤드·

과학의 진보는 우리 삶을 송두리째 바꿀 태세로 밀려오고 있다. 굳이 인공지능이 아니더라도, 우리 주변을 보면 그 현실을 실감하게 된다. 가장 가까이 느낄 수 있는 것이 스마트폰이다. 스마트폰 시장이 열리면서 유행한 말은 '애플리케이션'이다. '앱'은 스마트폰을 효과적이고 효율적으로 활용하는 도구다. 창의적인 아이디어에서 출발한 앱 하나로 크게 성공했다는 뉴스가 심심치 않게 들린다. 앱을 통하지 않고는 세상과 소통하기 어려운 시대가 우리가 사는 오늘이다.

스마트 시대는 해가 거듭될수록 진화해 가고 있다. 그 중심에 인공지능이 있다. 인공지능의 발전은 미래가 어떻게 흘러갈지 가늠하기조차 어렵게 만들고 있다. 많은 사람이 미래를 준비하기 위해 그 해답을

찾아 여기저기 기웃거린다.

자녀 교육을 고민하는 부모들도 다르지 않다. 인공지능 시대의 언어 교육은 어떻게 해야 할 것인가? 수학, 그리고 그 밖의 다양한 과목은 이전에 하던 방식 그대로 교육하면 되는 것일까? 대학 입시는? 진로 교육은 어떠한가? 내 자녀를 위한 미래 교육은 예전과 어떻게 다르며, 앞으로 우리는 어떤 교육을 선택해야 하는가?

'대2병'으로 고민하는 대학생들도 예외는 아니다. 대2병은 자신감과 자존감이 밑바닥을 칠 만큼 불안한 상태를 의미한다. 앞으로 어떻게 살아가야 할지 해답을 찾지 못한 사람을 일컫는 신조어다. 막상 전공 공부를 시작할 시기에 다다르니 앞으로 무엇을 해야 할지 몰라 막막해 하는 것이다. 인공지능의 도래로 더 깊은 고민에 빠졌다. 직장인들도 자유롭지 못하다. 하루가 다르게 변하는 시대에 어떻게 미래를 준비해야 할지 걱정스러워한다.

이제는 더 이상 이런 물음에 불안해할 필요가 없다. 인공지능 시대를 극복할 비법은 이미 우리에게 주어져 있기 때문이다. 지나온 역사에서도 그 답은 명확하게 나와 있다. 그 능력이 바로 알아내는 힘이다. 알아내는 능력을 준비하는 것만이 인공지능 시대를 이끌어 갈 유일한 해법이다. 문제는 이 '알아내는 힘을 어떻게 내 것으로 만드는가'이다.

우리는 창의적이고 특별한 지적 능력을 보이는 이들을 천재라 불렀다. 하늘이 부여한 재능이라는 것이다. 원인을 알지 못하는 능력이라는 의미도 있다. 사람들은 세상을 앞서서 이끄는 힘이 천재성에 있다며 부러워했다. 자신은 그런 능력을 갖지 못했지만 자녀는 천재성을 가지길 원했다. 천재적인 능력을 가진 자녀를 낳기 위해 별별 방법을 다 동원한 사람도 많다. 그러나 원하는 결과를 얻지 못한 사람 또한 많았다.

과학이 발전하면서 천재의 판도라 상자가 열렸다. 천재라 불렀던 이들의 능력 중 대부분이 노력을 통해 얻을 수 있다는 것을 알게 되었다. 대뇌생리학에 대한 지식이 발전하면서 천재적인 능력을 가질 수 있는 구체적인 학습 방법과 지침을 알아낸 것이다. 이제는 더 이상 천재성을 지닌 이들을 신비롭게 생각하지 않는다. 신비의 영역이 아니라 지근거리까지 접근 가능한, 해결 가능한 교육 목표로 여기기 시작했다. 이 모든 것을 알아내는 힘, 즉 인간지능을 통해 성취할 수 있음을 알게 된 것이다.

과거와 현재, 미래를 관통하는 힘은 무엇인가? 인간지능이다. 누가 세상을 주도하는가? 알아내는 힘을 터득한 인간이다. 이 힘은 어떻게 키울 수 있는가? 독서가 답이다. 독서가 문제를 해결할 마스터키인 것이다. 지나온 인류 역사를 주도하는 사람들은 물론 인공지능 시대를 주도하고 있는 사람들도 독서를 통해 알아내는 힘을 길렀다.

알아내는 능력을 키우는 데만 초점을 맞춰 교육을 디자인한 학교가 있다. 바로 미국의 세인트존스대학교다. 이 대학은 교양과목도 전공도 없다. 정해진 커리큘럼에 따라 학점을 따야 졸업 자격을 주는 것이 아니다. 교수가 직접 나서서 자신의 해박한 지식과 정보를 강의하지도 않는다. 그들이 하는 것은 4년 동안 고전 100권을 읽고 토론하고 글을 쓰는 것이 전부다. 학생들은 책을 읽고, 토론하고, 글을 쓰면서 배움을 얻기 위한 핵심 요소인 읽기, 듣기, 말하기, 쓰기를 훈련한다.

아주 단순한 과정을 공부한 것 같지만 그렇지 않다. 이들은 독서를 통해 알아내는 힘을 기른다. 인간지능을 업그레이드하며 4년을 보낸다. 비록 전공을 공부하지 않지만 사회에 진출할 때는 자신의 진가를 톡톡히 드러낸다. 남들보다 뒤늦게 분야를 택하고 뛰어들지만 목표로 한 영역에서 두각을 나타낸다. 알아내는 힘이 무엇을 배워도 습득 속도를 올리고 남과 다른 차이를 만들어 내기 때문이다. 그래서 세계가 이들의 공부법에 주목하고 있는 것이다.

프랑스의 고등학교 3학년은 일주일에 네 시간 동안 의무적으로 철학 수업을 들어야 한다. 학생들은 철학적인 질문에 자신의 생각을 거침없이 드러내며 토론한다. 프랑스 교육 당국이 의무적으로 철학 수업을 진행하는 것은 알아내는 힘을 기르기 위해서다.

프랑스 대학 입학시험 바칼로레아는 철학적 물음에 논문 형태로 답을 작성해야 좋은 성적을 받는다. 스스로 생각하는 힘이 없으면 정답이 없는 질문에 한 글자도 써 내려갈 수 없다. 이 시험을 200년 동안 이어 오고 있다. 이것 역시 알아내고 생각하는 힘을 기르기 위해서다. 어린 학생들부터 사회에 진출한 성인들에 이르기까지 이러한 관심과 노력은 지속되고 있다. 이런 힘이 있었기에 프랑스는 세계에서 네 번째로 많은 노벨상 수상자를 배출한 국가가 되었을 뿐 아니라 모든 영역에서 인재를 배출해 내고 있다.

프랑스 계몽주의를 대표하는 철학자 볼테르(Voltaire)는 다음과 같이 말했다.

"책을 가볍게 생각해서는 안 된다. 지금까지의 세계가 결국은 책으로 지배되어 왔기 때문이다."

아르투르 쇼펜하우어의 이야기도 다르지 않다.

"과거의 이 세상 모든 것은, 다만 미개한 민족은 별문제로 치고, 거의가 몇 권의 책으로 지배되어 왔다. 학자란 책을 독파한 사람, 사상가·천재란 인류의 어리석음을 깨우쳐 주고, 그 전진할 길을 알려 주는 사람들로서 세계라고 하는 책을 직접 독파한 사람을 말한다."

A. 조월은 자신의 책 《보스턴의 신전》에서 강력한 말을 던진다.

"책은 책 이상이다. 책은 생명이다. 지난 시절의 심장과 핵심이요, 인간이 왜 살고, 일하고, 죽었는가의 이유이며, 생애의 본질과 정수다."

천재적인 능력을 가졌거나 치열한 노력으로 천재성을 소유한 이들, 인류의 진보를 주도한 사람들은 공통적으로 이야기한다. 독서에 그 해답이 있다고.

인간은 평생 정보를 받아들이고 내보내는 과정을 반복하며 살아간다. 세상은 이 과정을 효과적이고 효율적으로 수행하는 이들을 높이 평가한다. 그들은 문제를 인지하고 분석하며, 조치를 취하고 해결해 나간다. 독서는 이런 능력을 키우는 최고의 방법이다. 쇼펜하우어는 "독서란 자기의 머리가 남의 머리로 생각하는 일이다"라고 강조했다. 독서의 과정을 통해 이전과 다른 차이를 만들어 낸다는 것이다. 인류의 진보를 주도해 가는 알아내는 힘, 바로 독서를 통해서 키울 수 있다.

2장

왜 모두 독서에 실패하는가

독서법의 홍수,
풍요 속의 빈곤

"책은 어린 아기처럼 소중히 다뤄야 한다.
그리고 아무것이나 급히 많이 읽는 것보다는
한 권이라도 좋은 책을 골라 여러모로 살피며 주의 깊게 읽는 습관을 가져야 한다.
그냥 건성으로 읽는 것은 독서라고 할 수 없다."

·존 밀턴·

책이 곧 권력이던 시대가 있었다. 한동안 책은 지배자들과 지식인들의 전유물이었다. 종교에서도 책은 힘이었다. 신의 대리자들에게만 접근이 허용되었다. 일반인은 가끔 책을 낭독하는 시간에 일부 내용을 접할 뿐이었다.

구전으로 지식과 정보가 전달되던 시대에는 그 내용을 잊지 않고 기억하는 비법을 생명처럼 여겼다. 구전으로 전해져 온 정보가 힘이자 돈이었기 때문이다. 종이가 발명되면서 구전되던 내용은 문자화되어 소통되기 시작했다. 구전보다 구체적이고 안전했지만 여전히 소수 지도자들 사이에서만 거래되었다. 책을 통해 전달되는 삶의 지식과 정보는 그들에게 명예와 함께 부를 가져다주었다. 권력을 이어 가는 수단이 되어 준 것이다.

시대는 변했다. 어디를 가도 책이 넘쳐난다. 지하철역을 가도, 관공서를 가도 책이 구비되어 있다. 도서관 수준의 장서를 구비한 가정도 허다하다. 전국의 대형 도서관, 그리고 마을의 작은도서관을 통한 독서 인프라도 어느 때보다 활발히 구축되고 있다. 생각해 보면 책이 우리 가까이 있게 된 것은 그리 오래된 일이 아니다.

그런데 사람들은 책을 가까이 하지 않는다. 그토록 바라고 원하던, 부와 명예와 권력과 사상의 핵심 요소였던 책이 손만 뻗으면 내 것이 되는 세상에 살면서도 그것을 외면하고 살아간다. '풍요 속의 빈곤'이라는 격언은 이런 것을 두고 하는 말일 게다. 도서관이 넘쳐나고 이토록 손쉽게 책에 접근할 수 있게 되었지만 우리 사회는 독서사회로 발돋움하지 못하고 있다. 예전에는 책이 없어 읽을 수 없었지만 이제는 책을 옆에 쌓아 두고도 읽지 않는다.

책을 읽는 이들에게도 해결해야 할 문제가 있다. 책을 잘 읽는 방법을 터득하는 것이다. 책읽기 역사가 길지 않아서인지 많은 이가 책을 잘 읽지 못한다. 책을 통해 능력을 키우지 못한다. 경제협력개발기구(OECD)의 국제학업성취도평가(PISA) 결과를 보면 우리나라 학생들의 독해력은 대체로 높은 편이다. 반면 성인들의 업무 현장 평가는 전혀 다르다. 우리나라의 문맹률은 세계에서 가장 낮은 편이다. 그러나 문서 독해력에서는 항상 OECD 최하위권에 속한다. 책을 읽지 않는 것도 문제지만 읽는 이들의 독서 능력에도 문제가 있는 것이 분명하다.

서점에는 독서법에 관한 책들이 넘쳐난다. 효과적으로 책 읽는 해법을 제시하는 책들이 다양하게 쏟아져 나오고 있다. 그런 책들은 항상 베스트셀러 상단을 차지한다. 오늘만의 일은 아니다. 오랫동안 책 읽는 방법에 대한 지도서들은 인기를 유지해 왔다. 누구나 한 번쯤은 독서법 관련 책을 읽어 보았을 것이다.

안타깝게도 이와 같은 관심 속에서도 우리나라에서는 책 읽는 문화가 자리 잡지 못하고 있다. 책을 읽는 이들도 기대만큼 독서 능력과 사고 능력의 향상을 보지 못해 왔다. 왜일까? 이유는 두 가지다. 첫째는 사회 시스템의 문제이고, 둘째는 독서법에 대한 전체상, 체계적이면서도 적용하기 쉬운 독서 커리큘럼의 부재다.

첫째, 책 읽는 문화가 자리 잡지 못한 원인은 시스템에서 찾아야 한다. 우리 사회가 독서사회로 자리 잡지 못한 것은 개인의 의지 문제 때문만이 아니다. 이 사회는 책 읽는 시스템으로 구성되어 있지 않다. 사회는 책을 읽으라고 이야기해 오면서도 시스템은 책읽기를 독려하지 않았다. 학교만 해도 그렇다. 초·중·고의 교육과정 평가는 독서 과정에서 나타나는 역량 평가가 아니다. 교육과정 목표를 이루기 위해 내용이 정리된 교과서를 잘 암기한 것으로 평가한다. 독서와 학교 성적은 별개의 문제로, 독서를 많이 한다고 해도 학교 성적을 올리기 위해서는 다른 노력이 요구되었다.

사람들은 초등학교부터 고등학교까지 12년 동안 학교를 다니며 교과서식 학습과 사고에 길들여졌다. 교과서가 지식과 정보를 전달하는 체계적이고 효과적인 학습 도구일지는 몰라도 배움의 과정에 있는 사람들에게 스스로 생각하는 능력을 키워 주지는 못했다. 창의적인 아이디어를 끌어내는 마중물도 되어 주지 못했다. 그 과정에 매몰되어 살다 보니 책을 읽을 필요가 없었다. 읽더라도 사고가 필요한 책은 꺼렸다. 교과서같이 잘 정돈된 쉬운 책만 읽으려고 한다. 사회인이 되어서도 교육과정과 평가 시스템에 길들여진 모습 그대로 살아가고 있는 것이다.

둘째, 독서를 좋아하는 이들조차 독서 능력 향상이 더딘 이유는 무엇인가? 독서에 대한 전체상이 분명하지 않기 때문이다. 독서가 무엇인지를 제대로 배워 본 적 없이 무조건 열심히만 읽으려고 하기 때문에 독서 능력이 그대로인 것이다. 독서 능력이 인생의 성패를 좌우한다는 말은 책 속에 등장하는 이야기로 치부되었다. 독서로 변화했다고 자신 있게 이야기할 수 있는 성공 체험이 없는 것도 한몫을 한다. 독서의 전체상을 알지 못한 상태에서 독서를 해야겠다는 생각으로 산 것이다. '언젠가 세계 여행은 꼭 가봐야지'라고 생각하며 매일 똑같은 일상을 사는 것과 같은 이치다. '독서는 중요한 것인데……', '독서를 해야 변화할 수 있는데……' 하면서도 삶의 우선순위에서 독서는 항상 뒷전이었다. 그럴수록 실패독서가 되돌이표처럼 반복되었다.

수많은 독서법 책도 독서 실패에 일조한 면이 있다. 누구나 책을 더 잘 읽고 싶은 마음에 독서법 책을 집어 든다. 책에서 소개받은 다양한 독서 방법과 기술을 적용해 보고 실천해 보기도 한다. 그러나 번번이 실패를 경험한다. 독서법들이 전체가 아니라 부분만 이야기하고 있기 때문이다.

독서법 관련 책에서 공통적으로 이야기하는 내용을 정리하면 다음과 같다. 크게 독서 속도, 범위, 발성 유무, 분량과 도서 선정 방식, 독서 수준으로 나뉜다. 속도를 기준으로 느리게 읽는 만독(慢讀), 정독(精

讀), 속독(速讀)이 있다. 속독은 가속 읽기와 포토리딩으로 크게 나눌 수 있다. 독서 범위에 따라서는 처음부터 끝까지 훑어 읽는 통독(通讀)과 부분만 읽는 발췌(拔萃) 독서가 있다. 발성의 유무로는 음독(音讀)과 묵독(黙讀)과 낭독(朗讀)으로, 분량을 따질 때는 다독(多讀)과 재독(再讀)으로 나뉜다. 도서 선정 방식에 따라서는 다양하게 읽는 남독(濫讀)과 한 방면에 치우쳐서 읽는 편독(偏讀)이 있다. 주제 중심으로 읽을지, 저자 중심으로 읽을지로 수준을 결정하는 관독(觀讀)이 있고, 책을 덮으며 읽는 엄독(奄讀)이라는 독서법도 있다.

독서 기술은 크게 초급 기술과 고급 기술로 나뉜다. 초급 기술은 사전 활용, 메모하기, 밑줄 긋기, 암송하기, 필사가 있다. 고급 기술로는 훑어 읽기, 요약하기, 분석하기, 질문하기, 토론하기, 글쓰기가 있다. 그 밖에도 다양한 독서법과 기술이 독자들을 유혹한다.

독서법 책에서 소개하는 독서 방법과 기술 가운데 틀렸거나 잘못된 내용은 하나도 없다. 각자의 목표를 이루기 위한 다양성일 뿐이다. 문제는 그 내용들이 멋진 작품으로서의 도자기가 아니라 깨진 사금파리 조각 같다는 것이다. 독서의 전체상이 아닌 정보와 지식의 조각들만 독자들에게 전달되는 일이 반복되어 왔다. 바른 지식이 아닌 부분 지식의 전달에 지나지 않는다. 누군가는 스스로 하나하나의 조각을 적용하고 이어 붙이며 자신만의 독서법을 만들어 가지만 대부분의 사람에게는 여전히 해결되어야 할 과제로 남아 있다.

전체상은 개념이라는 말로도 바꿔 부를 수 있다. 독서법의 전체상, 그 개념이 그려지면 독자는 독서에서 자유로워질 수 있다. 자신을 힘들게 하는 독서가 아니라 자신을 변화·발전시키는 독서를 누리게 된다. 밀려드는 정보와 지식은 더 이상 따로 놀지 않는다. 하나하나의 퍼즐이 맞춰지며 완벽한 그림이 완성되어 가듯이, 부분적인 정보가 들어와도 질서 잡힌 강력한 지식으로 변화된다.

어떤 목표를 이루기 위해 필요한 첫 번째 과제는 '전체 과정의 체계적인 기획'이다. 기획이란 성공을 위한 요소 가운데 어느 것 하나 누락 없이, 중복 없이 전체상을 그려 내는 과정이다. 가보지 않은 길을 먼저 가보는 것이다. 그 길만 따라가면 목표 지점에 도달할 수 있도록 지도를 만드는 작업이다. 잘된 기획은 훌륭한 요리의 레시피와도 같다. 레시피를 따라 하면 완벽하지는 않아도 누구나 비슷한 맛을 낼 수 있다. 독서를 통한 자기계발도 마찬가지다. 성공독서를 위해서는 그에 걸맞은 요소들이 필요한데, 독서법마다 주장하는 내용이 달라 혼란을 가중하고 좌절만 안겨 주곤 한다. '정독하라! 다독하라! 필사하라! 질문하라! 낭독하라! 속독하라! 슬로 리딩하라!' 독서법의 방법과 기술은 많아도 그것을 자기 것으로 삼는 데 성공하는 이들은 소수다. 하나하나 따라 적용해 보지만 그 결과에 만족하는 이가 많지 않고, 지속하는 이들은 더욱 부족한 것이 현실이다.

독서법의 홍수 시대에 필요한 것은 정보에 질서를 부여하는 능력이다. 낱개의 정보는 전체상의 일부가 되어야 의미 있다. 명확한 전체상 아래 기술적인 요소를 덧입혀야 성공적인 독서를 할 수 있다. 프로그램으로서의 독서가 아니라 체계적인 커리큘럼으로서의 독서, 전체상과 함께 구체적인 독서의 방법과 기술을 제시하는 독서여야 한다. 그 해답을 이 책에 담아내려 한다.

독서의 두 얼굴,
취미성과 학습성

"책을 읽되 계획적으로 읽어야 한다.
자기의 능력과 여건을 헤아려서 하루의 분량, 한 해의 분량을
정해 놓고 규칙적으로 꾸준히 읽어야 한다.
그래야 읽다 말다 하는 병폐가 없어진다."

·정조·

'독서란 무엇인가?'라는 질문에 정의를 내린다는 것은 여간 어려운 일이 아니다. 모두가 각기 다른 의미와 목표를 추구하기 때문이다. 독서는 그 전제와 목표에 따라 얼마든지 다르게 정의할 수 있다. 그리고 자신이 내리는 정의에 따라 얻는 것, 즉 보상도 천양지차다.

흔히들 '취미가 뭔가요?'라는 물음에 '독서'라고 대답한다. 무난한 대답이다. 진부한 답처럼 여겨지기도 하지만, 이만큼 고상한 답변도 드물다.

취미로 책을 읽는 사람들에게 독서는 즐거움이다. 관심이 가는 책을 읽으며 즐거움을 누린다. 강박증에 쫓길 일 없이 시간이 허락하는 대로 읽으며 행복감을 누리면 된다. 취미로 읽는 독서에서 굳이 체계

성을 찾을 필요는 없다. 취미독서에서는 즐거움이 목표 그 자체이기 때문이다. 국어사전에는 취미가 '전문적으로 하는 것이 아니라 즐기기 위하여 하는 일'이요, '아름다운 대상을 감상하고 이해하는 힘'이라 정의되어 있다. 그러니 즐거움을 방해하는 것들은 취미독서의 적이다. 세상에 수많은 독서법과 형식이 있지만 즐거움을 누리는 데 방해가 된다면 목표 달성을 가로막는 장애물에 불과하다.

주변을 보면 마라톤을 취미로 하는 사람들이 늘어나고 있다. 자전거를 취미로 타는 사람도 많다. 그들에게 마라톤과 자전거를 타는 행위는 즐거움이고 행복이다. 누가 시켜서 하는 것이 아니다. 뜯어말려도 한다. 즐겁기 때문이다. 즐거움이 없는 취미는 아무런 의미가 없다.

그러나 직업으로 할 때는 다르다. 마라톤과 자전거 타기가 직업이면 바라보는 시각과 태도가 변한다. 목표가 다르기 때문이다. 이제는 즐거움만을 목표로 할 수 없다. 인기와 명예, 변화와 성장이라는 목표가 뒤따른다. 실력을 향상하여 성과로 연결해야 한다. 경쟁에서 승리하겠다는 목표도 필요하다.

취미로 마라톤을 하고 자전거를 탈 때, 기준은 자신의 마음에 있다. 자기 마음대로 기준을 정한다. 의결권을 자신이 가지고 있기에 그렇다. 그러나 직업으로 삼으면 상황은 달라진다. 자기 마음대로 할 수 없다. 프로 무대라면 더 치열한 경쟁을 벌여야 한다. 매일 극한의 고통을 겪으며 훈련을 해야 한다. 경쟁에서 이기고 자신의 실력을 인정받아야 살아남을 수 있기에 속이 뒤집히는 육체의 한계점, 그 임계점을 매일 경험하며 일상을 살아간다. 물론 즐겁다. 그러나 그 즐거움은 고난이라는 강을 건너 도달한 목적지에서 누릴 수 있는 보상이다. 고통스러운 경주에서 승리할 때 주어지는 결과다. 중간에 포기하거나 패배할 때는 마냥 즐거워할 수가 없다. 자신과 가족의 인생이 달려 있기 때문이다. 자기 존재감과 삶의 의미도 성취감에서 생성된다.

추구하는 목표에 따라 받아들이는 결과와 의미가 달라지는 것은 독서에서도 그대로 적용된다. 독서가 취미인 이들에게 독서는 약간의 지적 호기심을 채우는 도구다. 잠시 즐거움을 줄지언정 자신을 변화시키는 핵심 키워드는 되지 못한다. 여기서 변화란 독서를 통해 지식을 수용하고 생각하는 능력이 향상되어 꿈에 가까이 다가갈 수 있는 진보를 말한다. 시인이자 극작가인 에드워드 불워리턴(Edward Bulwer-Lytton)은 "목적이 없는 독서는 산보일 뿐이다"라고 이야기했다. 취미를 넘어서는 독서 목적을 세우는 순간 더 나은 삶의 변화를 경험할 수 있다는 의미로 해석할 수 있다. 목적이 없는 독서는 오늘보다 나은 내일을 기대할 수 없다는 것이다.

독서는 수많은 학습 도구 가운데 인생을 변화시키는 최선의 과정이며 탁월한 수단이다. 사고력을 기르고 문화를 계승하고 발전시키는 일에 있어서도 빼놓을 수 없는 수단이 된다. 지식과 정보를 습득하고 그것을 재료 삼아 새로운 창작물을 만드는 데 독서만큼 효과적인 것은 없다. 물론 독서 목적을 분명히 하는 사람만이 얻는 효과다.

독서로 더 나은 미래를 기대하려면 올바른 수용과 표현 과정을 거쳐야 한다. 무엇을 읽었다는 것 자체가 올바른 배움을 보장해 주지는 않기에 그렇다. 읽는 이는 무작정 읽을 것이 아니라 효과적으로 읽어야 한다. 의문을 가지고 읽고, 텍스트를 깊이 생각하고, 그것을 자기 인생에 어떻게 지혜로 덧입힐지 사색하며 깨달음을 얻어야 한다. 깨달음 없는 지식은 무용지물이다. 어떤 것도 변화시킬 수 없다. 이것이 바로 취미 이상의 목적을 품고 독서를 해야 하는 한 가지 이유다.

독서는 본래 취미 영역 이상의 것이다. 작가가 심혈을 기울여 구축해 놓은 것을 수용하고 받아들이는 행위는 취미를 넘어서는 일이다. 텍스트를 확장하여 사고 능력을 키우고 자기 삶의 변화를 추구하는 것은 취미 차원일 수 없다. 취미는 선택의 문제지만 삶의 변화를 추구하려는 의도가 조금이라도 있다면 독서는 학습의 과정이며, 의무적으로 수행해야 하는 필수 요건이라 할 수 있다.

그럼에도 많은 사람이 취미성 독서에 집중한다. 삶의 변화를 이끌어 낼 수 있는 학습성 독서에는 큰 관심을 두지 않는다. 그러면서 이렇게들 말한다. "독서는 자연스러워야 한다." "독서는 억지로 해선 안 된다." "독서는 학습이 아니라 쉼이다." 이런 말을 하게 된 배경을 자세히 들여다보면, '독서가 삶을 변화시키는 탁월한 도구라는 것은 인정한다. 그러나 독서로 실제 삶을 변화시키는 경지에 이르기는 너무 어렵다'는 것을 전제한다. '그 어려운 독서에 도전하는 것 자체만으로도 소중한데, 부담을 주면 독서의 길에서 멀어지게 되니 취미독서만으로 만족하자'는 것이다.

위와 같은 말은 어찌 보면 감동스럽게 들린다. 그렇지만 감탄을 이끌어 낼 수는 없다. 인공지능 시대에 인간의 고유한 능력을 향상하고 영향력을 유지하기 위해서는 취미독서를 넘어 학습독서의 영역으로 나아가야 하기 때문이다. 독서는 해도 되고 안 해도 되는 취미가 아니라 필수적으로 해야 하는 영역이다.

배움의 과정에서 최고 수준의 독서를 요구하는 곳이 대학이다. 요즘 학사학위는 취미독서만으로도 무난히 취득할 수 있다. 그러나 석·박사 과정에서는 독서 능력이 절대적으로 필요하다. 교양 수준을 넘어 연구 가능한 수준의 독서 능력이 필요하다. 독서의 양과 질이 결과물에 막대한 영향을 준다.

전문적인 학습과 관련된 독서는 연구 수준이다. 그 과정은 외롭고 고되다. 지난한 시간을 견디고 버티며 읽고 정리하고 체계화해야 한다. 확독하기까지 한 과정을 이겨 내는 사람은 그에 걸맞은 보상을 거머쥔다. 어떤 보상은 평생토록 배경이 되어 주기도 한다.

이어령 교수는 신문사 송년 인터뷰에서 아이들의 독서에 대해 언급하며 다음과 같이 말했다.

"아이들에게 '나비야 나비야 이리 오너라'만 가르치고, 동화만 읽혀서는 안 됩니다. 명작과 고전을 읽혀야지요. 인간의 뇌는 어려운 것에 자극됩니다."

아이들뿐일까. 성인이 되어 직장 생활을 하는 이들에게도 취미독서 이상의 학습독서, 연구독서가 필요하다. 뇌에 자극을 주고 일상에 변화를 줄 수 있는 차원이 다른 독서를 경험해야 한다. 재미있는 베스트셀러만 골라 읽는 독서 습관에서 벗어나 목적과 목표가 있는 수준 높은 독서에 도전해 보라. 뇌를 자극하는 것을 넘어 삶에 큰 변화를 가져오게 될 것이다.

언제부턴가 연예계에 연습생 제도가 자리 잡았다. 초·중등학교 어린 시절부터 연예기획사에 연습생으로 들어가 짧게는 3~4년, 길게는 10년 동안 가수가 되기 위해 준비한다. 음악의 기초부터 심화 과정까지 마스터하며 노래 연습을 일상적으로 이어 간다. 춤과 연기를 병행하기도 한다. 경쟁력을 갖추기 위해 혼신의 노력을 기울인다. 목표를 달성하기 위해 먹고 싶은 것도 참는다. 친구를 만나고 여행을 가는 일상의 시시콜콜한 자유도 포기한다. 싫어서가 아니다. 정말 하고 싶은 일을 위해 지금 하고 싶은 것을 잠시 미뤄 두는 것이다. 날마다 심리적·육체적 한계를 느끼면서도 어려운 과제들을 소화하기 위해 노력하며 연습생 생활을 이어 간다.

연습생들도 노래와 춤, 연기를 취미로 할 때가 있었을 것이다. 누구보다도 재능이 많아 칭찬도 받고, 인정도 받았을 것이다. 그러나 연습생인 그들에게 주어지는 것은 칭찬보다 실수에 대한 지적과 모멸감에 가까운 질책뿐이다. 그러면서도 뼈를 깎는 노력을 하는 이유는 그들 나름대로 목표가 있기 때문이다. 모두는 아닐지라도 그 과정을 견뎌 내며 잘 준비한 자에게는 돈과 명예, 인기, 또 다른 기회가 주어진다.

공부와 독서를 통한 인생의 성공을 이야기할 때 빠지지 않고 등장하는 민족이 있다. 바로 유대인이다. 그들의 업적은 노벨상으로 증명되었다. 전 세계 인구의 0.2퍼센트에 지나지 않지만 노벨상의 22퍼센트를 차지했다. 미국 명문 아이비리그의 유대인 학생 비율은 23.6퍼센트다. 하버드대학교와 펜실베이니아대학교의 유대인 학생 비율은 30퍼센트를 웃돈다. 대부분의 영역에서 유대인들이 세계를 주도하고 있다.

비율이나 수치를 두고서는 반론을 제기할 수도 있겠지만, 유대인의 영향력에 대해서는 누구도 이의를 제기하지 않는다. 인터넷 서점에서 유대인을 검색하면 국내 도서만 450권 이상 나온다. 유대인, 유대 교육에 대한 관심이 그만큼 크다는 증거다.

유대인들의 무엇이 오늘의 결과를 만들어 냈을까? 우리와 다른 점은 무엇이 있을까? 어떤 요인들이 기나긴 고통의 세월을 견디고 세계에 영향력을 끼치는 민족으로 거듭나게 했을까? 크게 세 가지로 요약할 수 있다.

첫째, 토라를 중시하는 유대인의 셰마(Shema)가 모든 교육의 출발이며 능력의 원천이다.

둘째, 질문과 토론을 중시하는 하브루타(Havruta) 교육이 차별성을 만드는 핵심이다.

셋째, 밥상머리 교육이라 불리는 가족 중심 교육과 균형 잡힌 공동체 역사 교육이 오늘의 유대인을 만들었다.

유대인들은 다른 민족과 달리 모든 것이 독특한 전제에서 출발했음을 발견하게 된다. 유대인들은 교육과 학습을 종교의 토대 위에서 시작했다. 배움의 모든 과정은 선택 영역이 아닌 신앙의 표현이었다. 필수적인 요소인 것이다. 대표적인 예가 셰마다. '이스라엘아 들으라'라는 뜻의 셰마는 《성경》의 신명기 6장 4~9절 이야기다. 유대 신앙의 대상인 여호와 하나님의 명령인 동시에 그들의 신앙고백과도 같은 구절이다.

"이스라엘아 들으라 우리 하나님 여호와는 오직 유일한 여호와이시니 / 너는 마음을 다하고 뜻을 다하고 힘을 다하여 네 하나님 여호와를 사랑하라 / 오늘 내가 네게 명하는 이 말씀을 너는 마음에 새기고 / 네 자녀에게 부지런히 가르치며 집에 앉았을 때에든지 길을 갈 때에든지 누워 있을 때에든지 일어날 때에든지 이 말씀을 강론할 것이며 / 너는 또 그것을 네 손목에 매어 기호를 삼으며 네 미간에 붙여 표로 삼고 / 또 네 집 문설주와 바깥문에 기록할지니라"

이스라엘은 서기 70년, 로마에 의해 멸망한다. 그리고 추방당한다. 1948년 이스라엘이 건국을 선언하기까지 1900여 년을 디아스포라로 전 세계에 흩어져 산다. 결코 평안할 수 없는 삶의 연속이었다. 그럼에도 유대인들은 회당을 중심으로 신앙을 지켜 나갔다. 가정을 중심으로 신앙 교육을 이어 가며 유대 문화와 종교적 정체성을 지켰다. 다시 일어설 날을 기대하며 책을 읽고 지혜를 연마했다. 유대인들에게 독서는 취미가 아니었다. 신의 명령이었다. 해도 되고 안 해도 되는 것이 아니라 목숨을 걸고 해내야 하는 필수적인 요소였다. 필수를 뛰어넘어 원하는 마음으로 지속해 온 것이다. 유대인을 만든 힘이 바로 여기에 있다.

사람들은 모두 영향력 있는 사람이 되고 싶어 하고 성공을 원한다. 그러나 그 목표에 걸맞은 노력과 대가를 지불하는 것은 소홀히 여긴다. 독서에서도 다르지 않다. 책만 읽는다고 모든 것이 해결되는 것은 아니다. 그렇지만 목표가 분명한 자는 독서를 그저 그런 취미 중 하나로 여기지 않는다. 삶의 목표를 이루기 위해 꼭 필요한 영역임을 알고 다양한 기술을 덧입혀 독서에 힘쓴다. 그에게 독서는 선택 영역이 아닌 해결해 내야 하는 과제인 것이다.

독서로 삶을 변화시키길 원하는가? 그렇다면 취미독서에서 학습독서로 변화를 모색하라. 해도 되고 안 해도 되는 것이 아니라 할 수밖에 없는 의무인 동시에 원함이 되도록 하라. 즐거움을 넘어서 탐구하고 연구하는 독서의 학습성을 추구하라. 바로 거기에 독서의 위대함이 숨어 있다. 잠시 동안은 학습독서의 고통을 맛보겠지만 취미독서와는 차원이 다른 즐거움과 보상을 평생 누리는 축복을 선물받을 것이다.

성공독서, 과정의 진보 경험하기

"아무리 유익한 책이라 할지라도 그 가치의 절반은 독자가 창조한다."

·볼테르·

독서를 통해 얻고 싶은 궁극적인 결과는 무엇일까? 사람마다 다양한 결과를 얻기 위해 책을 읽는다. 무료함을 달래기 위해, 또는 할 일이 없어 책을 읽는 사람도 있겠지만 변화를 위해 책을 읽는 경우가 많다. 어제와 다른 생각, 지식, 감정, 행동을 위해, 궁극적으로 삶의 변화를 위해 책을 선택한다. 한 권의 책을 읽으려면 짧지 않은 시간을 투자해야 하지만 기꺼이 그 시간을 할애한다. 그럼에도 불구하고 원하는 결과를 이루어 내기가 힘든 경우가 많다. 자기 삶을 바꾸려는 사람뿐 아니라 올바른 자녀 교육에 관심이 많은 사람, 누군가를 가르치는 자리에 있는 사람도 독서로 변화를 이루어 내는 일은 만만치 않다. 왜 그럴까? 왜 결과 없는 독서가 계속되는 것인가?

우리는 어릴 때부터 읽기를 배우고 연습한다. 급한 부모는 어린이집에 들어가기도 전에 읽기를 가르친다. 유치원에서는 읽고 쓰기까지 한다. 국어뿐 아니라 한자부터 영어까지 다양한 글을 읽는다. 초·중·고 공교육 12년 동안 배움의 과정은 곧 읽기를 배우고 연습하는 과정이다. 그런데도 모두가 알다시피 읽기 능력은 향상되지 못한다. 배우기는 배웠는데, 결과가 만족스럽지 못하다.

모든 사람이 성공을 추구한다. 성공은 '계획한 그 일을 이루는 것'이다. 관계의 성공을 꿈꾸고, 사업의 성공을 꿈꾼다. 아주 작은 계획부터 큰 계획에 이르기까지 성공을 추구하며 오늘을 산다.

독서를 할 때도 누구나 성공독서를 꿈꾼다. 독서가 얼마나 유익한지 알기에 저마다 처지에 맞게 계획을 세우고 진보를 꿈꾼다. 그러나 아쉽게도 독서에서 성공하는 사람은 그리 많지 않다. 독서를 통해 과정의 진보를 경험하는 이들도 많지 않은 편이다. 누구나 다 하지만 누구나 만족할 만큼 성취를 얻지 못하는 독서의 세계. 어디서부터 출발해야 할까? 취미독서를 넘어 학습독서로 목표를 정한 사람이라면 누구나 밟아야 할 성공독서 6단계를 소개하고자 한다.

첫째, 독서에 성공하기 위해서는 일단 책을 읽어야 한다. 당연한 이야기지만, 책을 읽는 이들이 많지 않다. 2018년 2월 정부에서 발표한 국민독서실태조사를 보면 1년에 한 권 이상 책을 읽는 독자가 성인이 59.9퍼센트, 학생은 91.7퍼센트로 나타났다. 성인 10명 중 네 명은 1년에 한 권도 읽지 않는다는 것이다.

성공독서의 첫걸음은 한 권을 읽는 것에서 시작된다. 한 권이 두 권이 되며 독서 시간을 쌓아 가는 것이 성공독서의 중요한 포인트다. 걷지 않고는 뛸 수 없고 날 수도 없다. 피아노를 잘 치기 위해서는 일단 피아노를 치고 있어야 한다. 연주를 잘하느냐 못하느냐는 그다음 이야기다. 시작점을 0으로 세팅하고 교습 계획을 세우듯이, 독서도 한 권을 읽는 것으로 시작해야 한다. 무엇이든 하고 있다면 더 잘할 수 있는 방법이 보인다. 읽지 않는 자에게는 어떤 독서법도 무용지물이다. 시작이 반이라는 말이 여기에 해당된다. 성공독서의 주인공이 되고 싶은가? 그렇다면 책을 읽어라. 책을 읽는다면 그것만으로 절반의 성공이다.

2013년, 장대은 작가가 진행하는 독서대학에 한 남성분이 찾아왔다. 수강생 남편인데, 삼성전자 전략마케팅팀 부장으로 일한다고 했다. 그분은 월차까지 내고 찾아 온 이유를 이렇게 이야기했다.

"아내를 누구보다 가장 잘 아는데, 결혼 이후 책 한 권 읽지 않던 사람이었습니다. 어느 날 아내가 독서학교에 등록했다더군요. 읽지 않던 책을 읽기 시작했고 과제를 하기 시작했는데, 솔직히 그 결심이 얼마 가지 않을 거라고 생각했습니다. 그런데 한 달이 지나고 두 달이 지나도 독서와 글쓰기 과제를 꾸준히 하는 것 같았습니다. 대단하다고 생각했지요. 무엇보다 아내에게 이전과 다른 변화가 일어났습니다. 예전에 하지 않던 꿈 이야기를 하기 시작했고, 일상의 태도도 너무 달라졌습니다. 저도 책은 즐겨 읽지 않는 편인데 궁금하더군요. 독서학교에서 도대체 어떤 일들이 있었기에 이런 변화가 나타났는지 말입니다."

그분의 아내에게 일어난 일은 특별하지 않았다. 그저 책을 읽기 시작한 것뿐이었다. 한 권을 읽고 자신을 돌아보고, 두 권을 읽고 자신을 살피는 일이 반복되었다. 그런 과정에서 잊고 있던 꿈을 기억해 냈다. 지속적으로 수용되는 책 내용이 아내의 생각에 변화를 일으켰고, 그것이 일상에도 영향을 끼친 것이다.

상담을 마친 남편은 퇴근 후 저녁 강좌에 참여하기 시작했다. 부부가 함께하는 모임이었다. 강의를 듣고, 내용을 정리하고, 때로는 책을 강독하며 대화를 나누었다. 그 과정을 마칠 때까지 성실히 참여하고 일정을 마무리했다.

독서대학 과정이 끝난 뒤로는 연락이 뜸했다. 그런데 2017년 연말즈음, 아내와 함께 도서관으로 찾아왔다. 손에는 책 한 권이 들려 있었다. 제목은 《듀얼 해피니스》, 부제는 '일과 삶이 모두 행복해지는 비결'이었다. 독서대학 과정을 마친 뒤 그분은 지속적으로 책을 읽었고, 자신의 이름으로 책을 낸 작가가 되었다. 그분은 자신이 책을 낸 계기를 페이스북에 이렇게 밝혔다.

"제가 책을 쓰겠다고 마음을 먹게 된 계기가 있습니다. 2013년이었지요. 책을 싫어하는 딸내미를 책 좀 읽혀 보려고 독서캠프에 참여시킨 적이 있습니다. 그때를 계기로 아내가 독서대학에 등록했죠. 변화하는 아내를 보며 저도 모임에 참여하게 되었고요. 강사님께서 저에게 자꾸 '책 읽는 부모가 돼라, 아버님은 책도 쓰실 수 있을 것 같다'고 격려해 주시며 여러 차례 코칭을 해주신 적이 있지요. 돌이켜 보니 그때부터 책을 쓰고 싶다는 마음을 가졌던 것 같습니다. 독서도 열심히 했던 것 같고요. 그리고 3년이 지난 지금, 드디어 제가 책을 출간했다는 것 아닙니까! '일과 삶이 모두 행복해지는 비결, 듀얼 해피니스.'"

평범한 직장인이 작가가 될 수 있었던 비결이 뭘까? 바로 책을 읽기 시작한 것이다. 자녀와 아내로부터 책읽기의 소중함을 깨달은 것이 어엿한 작가로 성장하는 계기가 되었다.

'나는 언제 성공한 사람들처럼 변화를 맛볼 수 있을까?'라고 되뇌기 전에 해야 할 일은 책을 집어 드는 것이다. 그리고 책을 읽기 시작하고, 책을 읽어 내라. 그거면 충분하다. 그다음에는 책이 책을 부르고, 그것을 지속할 수 있는 동기와 힘을 선물해 준다.

둘째, 책을 읽고 있다면 독서의 양을 늘려 가는 다독에 성공해야 한다. 이것이 성공독서를 위한 두 번째 목표다. 독서에는 시간 투자가 필요하다. 또 일관성과 지속성이 요구된다. 변화를 일으키는 임계점에 도달할 때까지 지속적으로 읽어 가야 한다는 것이다. 시중에 다독을 장려하는 독서법 책이 많이 나와 있다. 다독이 독서의 최고 목표가 될 수는 없지만 다독의 유익은 결코 적지 않다.

다산 정약용은 강진에서 18년간 유배 생활을 했다. 그는 고통의 세월, 인고의 세월 속에서 500여 권의 책을 저술했다. 시간만 나면 멀리 남양주에 사는 두 아들, 학연과 학유에게 편지를 써 위로하고 격려했다. 폐족일지라도 처신을 바로 하고 자기를 갈고닦으라는 애절한 조언을 이어 갔다. 집안을 일으키고 어지러운 세상을 바로잡으라는 이야기도 빠뜨리지 않았다. 그리고 그 일을 이루기 위해 독서를 해야 한다고 강조했다. 다음은 큰아들 학연에게 쓴 편지의 일부다.

"폐족일수록 좋은 책을 많이 읽어야 한다. 머릿속에 책이 5000권 이상 들어 있어야 세상을 제대로 볼 수 있느니라."

정약용이 생각한 변화의 임계점은 5000권이었다. 책이 흔하지 않던 조선 시대에 5000권은 적지 않은 양이다. 그만큼 다독을 강조한 것이다.

다독 자체보다 지식과 정보 수용이 지속되고 있다는 데서 성공독서의 요소를 찾을 수 있다. 어떤 일이든 성공과 실패는 지속성과 일관성에서 판가름 나곤 한다. 모든 것이 준비되었는데 끈기가 없어 빛을 보지 못한 사람이 얼마나 많은가. 독서에서도 다르지 않다.

어느 정도가 다독인지 가르는 기준은 없다. 1만 권이든 1000권이든, 500권이든, 100권이든 상관없다. 사람들마다 출발 당시의 초깃값은 다르다. 변화와 성취, 능력의 성장을 이루는 계기와 시기도 모두 다르다. 읽는 행위 이면의 독서 동기, 방법과 기술, 처한 상황이 어떻게 연동되는가는 일반화할 수 없다. 일관성과 지속성을 유지하면서 정보와 지식을 수용하고 있다면 성공의 기회를 잡을 수 있다.

다양한 책을 읽다 보면 서로 다른 생각들이 내 안에 들어와 부딪히는 경험을 하게 된다. 한 가지 사안을 두고 여러 가지 시각과 관점으로 풀어낸 이야기를 만나기도 한다. 어떤 이야기가 맞는지 헛갈려 고민하기도 한다. 이런 혼란의 과정을 거치면서 생각이 정리된다. 내적으로 성장해 가는 과정이다. 이런 과정을 다독을 통해 배워 가는 것이다.

엄밀히 말해 다독은 방법과 기술이 필요 없다. 동기만 있으면 된다. 인내와 끈기만 있으면 된다. 다독으로 흩어진 지식과 정보를 효과적으로 정리하고 결과물로 만들어 내는 방법과 기술은 많다. 그중에서도 이 책이 전하는 6단계 독서 알고리즘과 아홉 가지 구체적인 독서법은 독서의 신세계를 열어 주는 계기를 마련해 줄 것이다. 그러니 일단 많이 읽는 데 시간을 투자해야 한다. 그러면 그다음 성공독서 단계로 전진할 수 있다.

셋째, 한 가지 주제에 대한 연구독서에 성공해야 한다. 다독을 하다 보면 관심을 자극하는 분야를 만나게 된다. 이때가 연구독서의 적기다. 관심 분야의 책을 한 권 두 권 읽어 가며 독서량과 질을 높여 가야 한다. 적게는 10~20권, 많게는 40~50권 정도를 읽는 것이다. 읽기를 넘어 핵심을 요약하며 정리해 보는 것도 좋다. 요약이 부담스러우면 중요 문장을 초서(抄書)하는 것으로 출발해도 괜찮다. 한 주제를 깊이 있게 다루다 보면 내 안의 지식과 새로운 지식이 부딪히고 충돌하며 질서를 잡아 가는 놀라운 체험을 하게 된다. 다독을 통해 느낄 수 없던 성취를 경험하게 된다. 연구독서를 통해서만 얻게 되는 과정의 진보도 경험할 수 있다. 모티머 제롬 애들러(Mortimer Jerome Adler)의 '신토피컬(syntopical) 독서'가 여기에 속한다. 대학 이상의 교육과정에서 추구하는 독서도 이와 같은 연구독서다. 학생뿐 아니라 직장인까지, 새로운 분야로 진출하기를 원하고 제2의 인생을 준비하는 이들이 도전해야 하는 독서법이다.

연구독서로 성공을 경험해 본 사람은 독서가 인간지능을 개발하는 최고의 도구임을 확신하게 된다. 연구독서를 통해 정리된 자신의 생각에 다른 사람들이 관심을 갖는 것도 경험한다. 세상에 영향력을 끼치게 되는 것이다.

연구독서는 진로를 바꾸는 계기를 제공해 주기도 한다. 서른이든, 마흔이든, 쉰이든 상관없다. 연구독서를 하고 있다면 그 자리가 진로를 변경하고 인생을 바꾸는 시작점이 된다.

임재성 작가는 40대 중반에 연구독서로 인생을 바꿨다. 글쓰기로 진로를 디자인하는 방법을 연구독서로 완성하고 책을 썼다. 그것이 계기가 되어 평범한 사업가에서 작가로, 강연가로 거듭날 수 있었다.

다독을 하면서 관심이 가고 소망을 주는 키워드를 만나면 연구독서로 이어 가라. 연구독서를 하다 보면 이전에 느끼지 못한 진보를 경험하고 원하는 것이 현실이 되는 성취를 누리게 될 것이다.

넷째, 독서를 통해 정리된 자신의 생각을 표현하는 일에 성공해야 한다. 책을 통해 다른 사람들의 생각을 만났다면 자신의 언어로 정리해야 한다. 그리고 표현할 수 있어야 한다. 즉 책을 통해 정리된 생각을 다른 사람들이 접할 수 있도록 기회를 제공하는 것이다. 거창한 결과물이 아니어도 된다. 독서 후 감상문도 좋고 편지나 그림도 괜찮다. 나만의 명언록도 좋다. 가족과 친구들에게 말로 요약을 해주고 자신의 깨달음을 나누는 것도 좋다. 중요한 것은 표현해야 한다는 것이다.

표현이 일회성으로 끝나면 의미 있는 결과를 기대할 수 없다. 다시 강조하지만 일회성이 아닌 지속성이 힘이다. 지속성은 우리에게 능력을 가져다준다. 반복이 능력의 마중물임을 잊지 말고 꾸준히 표현하는 데 힘써야 한다.

사람을 변화시키는 동력은 누군가가 표현해 놓은 것을 수용하는 것으로부터 비롯된다. 자신의 생각과 정신과 가치를 말, 글, 그림, 음악 등으로 표현했을 때 사람들에게 영향을 줄 수 있다. 표현하지 않으면 자신에게도, 다른 사람에게도 변화는 일어나지 않는다. 독서는 그 자체만으로도 소중하지만, 기존 지식과 융합하여 새로운 시각과 견해를 갖게 하는 도구가 될 때 더 가치 있다.

다섯째, 성공독서를 위해 자신의 결심을 보호해 줄 동료를 만들어야 한다. 함께 책을 읽고 나눌 동지가 필요하다는 것이다. 작심삼일을 이기는 비법은 '함께'에 있다. 함께 해야 멀리, 오래 갈 수 있다. 용기를 북돋아 주고 동기를 부여해 줄 친구와 동료가 있다면 지치지 않는다. 재미와 즐거움을 줄 뿐만 아니라 다양한 생각과 관점도 경험할 수 있어 좋다. 그래서 적극적으로 독서 모임을 만들거나 독서회에 가입해야 한다. 독서 모임이 의무와 책임감을 부여해 주기 때문이다. 읽을 수밖에 없는 상황이야말로 독서 지속성에 가장 큰 동력이다. 독서 모임은 자기 의지를 보호해 주는 방어막이 되어 줄 것이다.

성공독서를 위한 마지막 지침은 독서가 취미와 학습을 넘어 삶의 누림 그 자체가 되도록 하는 것이다. 그것이 자기 삶뿐만 아니라 자녀와 가족, 이웃과 나라를 변화시키는 원동력이 된다. 김형석 교수는 다음과 같이 이야기한다.

"책과 더불어 살아온 저자로서 한 가지 송구스러운 충고 아닌 공감을 위해 남기고 싶은 뜻이 있다. 나는 세계 여러 지역과 나라들을 여행하면서 크게 느낀 바가 있었다. 왜 영국, 프랑스, 독일, 미국, 일본이 선진국가가 되고 세계를 영도해 가고 있는가. 그 나라의 국민들 80퍼센트 이상은 100년 이상에 걸쳐 독서를 한 나라들이다. 이탈리아, 스페인, 포르투갈, 러시아 등은 그 과정을 밟지 못했다. 아프리카는 물론 동남아시아나 중남미에 가도 독서를 즐기는 국민적 현상을 볼 수 가 없다. 나는 우리 어른들이 독서를 즐기는 모습을 후대에게 보여주는 일이 무엇보다도 중요하며 시급하다고 믿고 있다. 그것이 우리들 자신의 행복인 동시에 우리나라를 선진국으로 진입, 유지하는 애국의 길이라고 확신한다. 나이 들어 느끼는 하나의 소원이기도 하다."

1920년에 태어나 평생을 교육자로, 책과 함께 살아온 김형석 교수가 《백년을 살아보니》의 프롤로그를 마무리하며 쓴 내용이다. 100년을 살며 후세들에게 남기고 싶은 그의 마지막 메시지는 '독서하라'였다. 독서가 자신뿐만 아니라 우리 모두를 행복하게 해준다는 것이다. 김형석 교수의 말대로 독서가 목표를 위한 잠시의 수단이 아니라 평생의 누림이자 소원이 된다면 그것이야말로 성공독서 그 자체이며 독서를 지속하는 힘이 될 것이다.

3장

독서의 진정한 힘을 찾아라

모든 힘의 원천 능력 프로세스, 인간지능 독서력

"한 권의 책을 읽음으로써
자신의 삶에서 새 시대를 본 사람이 너무나 많다."

· 헨리 데이비드 소로 ·

홈쇼핑으로 쇼핑하는 사람이 많아졌다. 집 안에서 편리하게 쇼핑할 수 있다는 장점이 매력적이다. 가격도 저렴해 부담을 덜어 준다. 무엇보다 쇼핑호스트들의 멘트가 구매 욕구를 자극한다. 전화기를 들 수밖에 없는 단어와 수치로 유혹한다. 시청자들은 쇼핑호스트가 말한 대로 제품의 효과를 누릴 수 있다고 생각해 주문 버튼을 누르고 만다.

쇼핑만이 아니다. 취업과 사업 관련 광고 문구도 사람들의 이목을 끄는 것들로 가득하다. 자신들이 광고한 것들을 매개체로 하면 순식간에 취업에 성공하고 억대 연봉자가 될 수 있다며 홍보에 열을 올린다. 의심의 눈초리로 보는 사람도 있지만 많은 사람이 관심을 주기도 한다.

독서계에서 벌어지는 현상도 비슷하다. 책 한 권을 읽으면 순식간에 인생을 바꿀 수 있다는 광고 문구가 범람한다. 인생의 갈증을 해갈해 줄 듯한 수식어는 지갑을 열게 만든다. 그러나 광고의 수식어처럼 삶을 바꾸기란 쉬운 일이 아니다. 독서가 힘이 없어서가 아니다. 인간의 필요를 채우는 배움의 통로로 독서만큼 좋은 도구는 없다고 해도 과언이 아니다. 때로는 책 한 권이 인생을 바꾸는 터닝포인트가 될 정도로 독서는 힘이 있다.

그러나 대부분의 경우 독서로 원하는 능력을 달성하는 것이 쉽지만은 않다. 독서는 목표 성취를 위한 단기 속성 프로그램이 아니기 때문이다. 광고 문구를 보고 동기를 부여받아 책을 읽을 수는 있지만 인생을 변화시키는 능력을 소유하기까지는 꽤 오랜 시간이 필요하다. 독서만큼 임계점에 도달하는 시간이 더딘 것도 드물다. 풀을 잡아당긴다고 빨리 자라지 않는 것처럼 독서를 통한 변화는 과정의 진보를 이루며 서서히 진행된다. 그래서 수많은 사람이 임계점에 이르기 전에 독서의 노력과 수고를 멈춘다. 자연과 달리 사람의 임계점은 눈에 보이지 않아 어느 때까지 수고와 노력을 기울여야 할지 모르기 때문이다. 이것이 독서로 진정한 삶의 변화를 일으키는 사람이 적은 한 가지 이유다.

책은 읽는 그 자체만으로도 얻을 수 있는 효과가 크다. 마음의 위안을 얻고, 지적 대화를 위한 교양도 쌓을 수 있다. 그러나 독서의 진정한 힘은 인생을 변화시키는 데 있다. 세상에 영향을 줄 능력을 세워가는 데 있다. 에디슨은 이렇게 이야기했다. "책은 착한 사람도 만들고, 똑똑한 사람도 만들고, 능력 있는 사람도 만든다. 책을 읽는다는 것은 많은 경우에 자신의 미래를 만드는 것과 같은 뜻이다."

지금보다 나은 미래를 만드는 독서를 하려면 더욱 높은 단계의 목적을 설정하고 나아가야 한다. 독서가 미래를 만드는 도구이기에 그렇다. 읽기가 자기계발 혁명의 중심이라는 것을 의식적으로 생각하고 목표를 설정해야 한다. 오늘 어떤 책을 읽고, 어떤 방법과 기술을 적용하며 읽는지에 따라 미래는 달라진다.

3장에서는 이 책에서 말하고자 하는 독서법을 통해 궁극적으로 변화시켜야 할 목표를 제시하려 한다. 책을 읽으며 구체적으로 향상해야 하는 능력에 대한 이야기다. 무엇이 능력인지 크게 여섯 가지를 소개한다. 하나하나의 능력은 하부구조의 다른 능력을 포함하는 종합적인 능력이다. 한 사람의 변화뿐 아니라 역사 속에서 변화를 이끌어 온 사람들이 가진 능력이기도 하다. 이 능력을 기르는 사람이 알아내는 힘, 인공지능 시대를 이길 인간지능을 소유하게 된다.

첫째는 의결하고 실행하며 책임지는 힘, 기획실행 주도력이다. 모든 인간은 주도적으로 살기를 꿈꾼다. 직장 생활을 하던 사람이 사업을 꿈꾸는 것도 삶과 일에서 자신이 의결권을 가지고 싶어서다. 질풍노도의 시기라 불리는 청소년들의 사춘기도 그 핵심은 주도권의 문제다. 자신의 생각이 생기며 인생 전반에서 부모(어른)와 갈등을 빚기 시작한다. 부모와 어른들의 생각이 아니라 자신의 생각에 따라 의결하려고 하기에 부딪히는 일이 발생한다. 취업으로 고통받는 청년들, 삶의 변화를 추구하는 많은 사람이 진정 원하는 것도 주도적인 삶이다. 인간은 주도력을 행사하는 순간에 참된 행복을 느끼기 때문이다. 인공지능 시대에 우리가 해결해야 할 문제도 어떻게 주도권을 잃지 않고 사회 구성원으로서 영향력 있게 살아가느냐는 것이다. 이제 그 주도력을 독서로 어떻게 형성할 것인지를 이야기하려 한다.

둘째는 수용하고 인식하며 이해하는 힘, 문심혜두(文心慧竇) 이해력이다. 수용은 본능의 문제이자 생존과 직결된다. 육체는 음식을 수용하지 않으면 병든다. 그 기간이 길어지면 생명도 위태로워진다. 정신도 마찬가지다. 지식이 수용되지 않으면 정신은 성장하지 않는다. 좋은 지식, 양질의 지식이 공급되어야 성장하고 성숙해진다. 그래서 수용의 문을 넓고 크게 만들어야 한다. 편식하지 않도록 다양한 분야의 깊고 넓은 지식을 수용하는 길을 만들어야 한다.

문심혜두는 글을 이해하는 지혜의 구멍을 넓히는 과정이다. 글을 수용하고 이해하는 힘이 모든 능력을 기르는 출발점이다. 수용하는 것을 자신의 것으로 만들어 피가 되고 살이 되게 하는 이해력에 관한 이야기다.

셋째는 분류하고 종합하며 평가하는 힘, 관주위보(貫珠爲寶) 사고력이다. 구슬이 서 말이라도 꿰어야 보배가 된다. 훌륭한 지식을 뛰어난 방법으로 기존 지식과 연결 짓는 것이 사고의 핵심이다. 논리적으로 비교·대조하며 분류하고 종합할 수 있어야 한다. 세상의 창조적인 산물은 이런 과정으로 만들어진다. 관주위보 사고력은 사실을 사실로 보는 능력이다. 흩어진 지식과 정보에 질서를 부여하는 능력이기도 하다. 수용되는 수많은 다른 영역에 질서를 부여하여 체계화하는 것이다. 생각하는 능력은 이렇게 질서를 부여하고 연결 짓는 과정에서 생긴다. 여러 능력이 모여 하나가 될 때 우리는 '생각하는 능력이 있다'고 말한다. 바로 그 능력에 대한 이야기다.

넷째는 연결하고 상상하고 실행하는 힘, 융합창의(融合創意) 표현력이다. 구조화 단계에서 필요한 사고력은 질서와 균형을 이루는 데서 비롯된다. 표현 단계에서 사고력은 융합과 확장, 논리에 창의적인 상상을 더해 새로운 것을 창조해 낸다. 독일의 물리학자 게오르크 크리스토프 리히텐베르크는 이렇게 말했다. "읽는 것은 빌리는 것을 의미한다. 창작하는 것은 자기가 진 빚을 갚는 일이다." 수용한 것들이 내 안에서 이해되고 논리적으로 구조화되었다면 새로운 모습으로 세상에 돌려보내야 한다. 돌려보내는 행위가 표현이다. 표현되지 않은 지식은 내 것이 아니다. 내면화된 것을 말과 글, 삶으로 표현하는 행위에서 인간 능력의 차이가 발생한다. 오늘 표현하는 것들로 자신의 가치가 평가된다. 융합창의 표현력은 배우며 사는 우리들이 어떻게 또 다른 새로움을 창조할 것인가에 대한 이야기다.

다섯째는 과거 분석·현재 직시·미래 통찰의 힘, 과학사고 예측력이다. 사고력의 정점은 예측력이다. 예측력은 현실의 문제를 찾아내는 힘이다. 과제 해결에 필요한 프로세스를 설정하는 계획 능력이기도 하다. 예측력은 과거를 분석하고 현재를 직시하는 힘을 근거로 새로운 가치를 만드는 창조력이다. 오늘의 세계는 예측력 있는 이들이 주도한다. 정확한 미래 예측은 불가능하나 아이러니하게도 우리의 삶은 무수한 예측을 바탕으로 세워져 간다. 결혼, 사업, 직장 등 어떤 일을 하든지 사람들은 사실 자체만을 보는 것이 아니라 그것을 근거로 상상하고 예측한다. 누군가의 예측은 상상으로 끝나고, 누군가의 예측은 현실이 된다. 여기에서 차이가 발생한다. 예측력은 우리 삶의 성공과 실패에 대한 아주 중요한 이야기다.

여섯째는 유연하게 이해하며 포용하는 힘, 인성역량 관계력이다. 성공적인 인생을 살려면 실력이 있어야 한다. 또한 비전으로 올바른 방향을 설정해 실력을 나타내야 한다. 그러나 그전에 먼저 준비되어야 하는 것은 바람직한 품성과 인격이다. 생활 속에 나타나는 일관성, 관계 속에 드러나는 내면의 지향성이다. 한 사람의 성격과 품격을 결정짓는 인성은 다른 모든 힘을 아우르는 능력이 있다. 실력과 비전을 의미 있는 결과로 이어지게 하는 힘이 바로 인성이다. 유연함으로 다름을 이해하고 포용할 줄 아는 관계력은 문제 해결의 열쇠가 되기도 하고, 문제의 불씨가 되기도 한다. 독서법을 통해 세워 가는 관계력은 인지와 별개의 문제가 아니다. 지정의(知情意)가 하나가 되고 실력과 비전, 인격이 하나가 될 때 우리에게 준비된 능력은 제 힘을 발휘하고 제 역할을 하게 된다. 인성역량 관계력을 인간지능으로 어떻게 세워 갈 것인가에 대한 이야기에 주목해 보자.

독서는 크루즈 여행권과도 같다. 세계를 여행하는 배의 탑승권이며, 배 안의 모든 시설을 누릴 수 있는 티켓이다. 각종 시설을 자유롭게 이용할 수 있는 자격을 부여받는 것이며, 배 안 승객과의 즐거운 교제는 덤으로 얻을 수 있다. 우리가 독서로 부여받은 자격도 비슷하다. 책을 탐험하는 동안 그 안의 모든 것은 자기 마음대로 활용하고 누릴 수 있다. 책에 등장하는 인물과 즐거운 교제를 나눌 수 있고, 수용된 지식과 정보는 새로운 세계로 전진하는 데 중요한 자산이 되어 준다. 생각하는 능력과 함께 인간지능의 다양한 원천 능력을 키워 가는 기회도 준다. 독서는 책을 읽는 행위 그 이상의 것이다. 여러분이 그 축복을 누리기를 기대한다.

의결하고 실행하며 책임지는, 기획실행 주도력

"단순히 정보처리 속도를 높이는 것이 목적이라면
독서는 무의미하다.
주체적으로 생각하는 힘을 기르는 것,
이것이야말로 독서의 본래 목적이다."

· 히라노 게이치로 ·

독서를 통해 키워야 하는 첫 번째 능력은 주도력이다. 세상이 요구하는 첫 번째 능력 또한 주도력이다. 주도력 없이는 어떠한 일도 이루어지지 않기 때문이다. 스스로 뭔가를 해야겠다는 굳은 의지가 없는데 어떻게 성과를 올릴 수 있겠는가. 자기 주도적으로 인생을 살아가야 할 의지가 없는데 어떻게 공부하고 도전하는 삶을 살겠는가.

주도력은 행복한 삶과 직결된다. 스스로 원하는 삶을 살게 하는 근간이 주도력에서 시작된다. 주도력은 온전히 자기 자신으로 살아가는 것을 말한다. 부모나 사회가 요구하는 삶을 사는 것이 아니라 자신이 원하는 삶을 살아가는 능력이다. 누군가의 의지대로 끌려가는 것이 아니라 자신이 원하는 삶으로 도전하는 인생이다. 그럴 때 스트레스가 줄고 행복이 깃든다.

주도력은 건강에도 영향을 준다. 현대인의 삶을 망치는 질병 중 하나가 암이다. 암은 스트레스가 주 원인이다. 스트레스의 원인은 다양하지만 주도력이 큰 비중을 차지한다. 자신이 원하는 인생을 살지 못할 때 스트레스가 생기는 것이다. 그 의미는 미국 사이먼턴 암센터의 경구가 잘 나타내 주고 있다. "자기 자신이 아닌 누군가가 되고자 하는 것이 암을 생기게 한 궁극적인 원인이라 한다면, 우리가 있는 그대로 자신의 모습에 다가가는 것이야말로 암 치유의 본질이라 할 수 있다." 자기 주도적으로 하고 싶은 일을 하고 사는 것이 건강에도 좋다는 것이다.

인공지능 시대에 핵심 역량을 기르는 가장 밑바탕의 능력 역시 주도력이다. 주도적으로 생각하고 시도할 때 창의적인 산물이 생성된다. 피동적으로 움직여서는 의미 있는 결과물을 만들어 낼 수 없다. 겨우 맡겨진 임무만 완수하기에 급급하다. 이제 단순 반복적인 업무는 인공지능의 몫이다. 주도력 없이는 살아남을 수 없다는 말이다. 주도력은 선택 사항이 아니라 필수 항목인 것이다.

주도력은 세 가지 요소 능력의 향상을 통해 얻을 수 있다. 그 **첫째 능력이 의사를 결정하는 힘, 의결하는 힘이다.** 인공지능 시대에는 협업이 중요하다. 협업은 의결하는 힘이 뒷받침되어야 한다. 어떤 의제나 안건을 의논하고 합의하여 의사를 결정할 수 있어야 협업의 당위성이 생긴다. 함께 힘을 합하여 의미 있는 결과물을 만들어야 한다는 공동의 목표가 설정되어야 힘을 모을 수 있다. 결국 모든 일이 의사를 결정하는 일로 시작된다. 의결하는 행위가 곧 방향을 정하는 것이기 때문이다. 방향이 정해지면 모든 힘을 그곳을 향해 집중할 수 있다.

의결하는 힘은 논리적 사고가 뒷받침되어야 한다. 무조건 밀어붙인다고 합리적인 의결이 도출되지 않는다. 누구나 합당하다고 여길 만한 논리와 근거가 뒤따라야 설득력이 생긴다. 설득력을 얻지 못한 의결은 자발적인 참여를 끌어내기 힘들다.

비전이 강조되는 것도 같은 이유에서다. 비전이 있다는 것은 방향이 분명하다는 것이다. 어디로 어떻게 가야 하는지를 명확히 알기에 불안하지 않다. 원하는 목적지를 향해 나아가겠다는 분명한 의지가 있기 때문이다. 방향을 정하고 나아간다는 것은 자신감을 전제로 한다. 그래서 의미가 분명하고 논리적인 근거가 확실할수록 주도력이 향상된다.

세상을 리드하는 사람은 대부분 주도력이 강한 사람이다. 누가 지도자인가? 바로 의결권을 가진 자다. 주도력이 강하다는 것은 의결하는 힘을 갖고 있다는 말과 같다. 지도자는 의결권을 부여받고 그것을 행사한다. 의결권을 갖기까지 많은 사람에게 자신이 의결하는 힘이 있음을 검증받는다. 앞을 내다보는 능력과 그것을 의결하고 추진하는 능력은 곧 주도력에서 나온다. 그래서 세상 사람들은 의결하는 힘을 가진 사람에게 자신의 의결권을 내어 준다.

둘째, 주도력은 실행하는 힘이다. 의결로 정해진 목표를 성취하는 길은 실행 여부에 달렸다. 의결은 실행 과정과 결과를 통해 검증된다. 의결하는 능력이 기획하는 논리 사고를 통해 이루어진다면, 실행하는 것은 추진하는 과정의 일관성과 인내를 요구한다.

현실은 생각과 다를 때가 많다. 많은 이가 이상과 현실의 차이를 논하는 것은 그것이 특별한 일이 아닌 보편적인 현상이기 때문이다. 진정한 능력은 보편성을 넘어 계획을 실행에 옮기는 데 있다. 이상을 현실이 되게 하는 것이다. 목표를 성취해 내는 힘이 주도력이기 때문이다. 진정한 주도력은 일만 벌이는 것이 아니라 실천에 옮기는 데서 빛을 발한다. 자기관리를 하지 못하는 사람이 주도력을 갖지 못하는 것도 다 이 때문이다. 자기관리 없이 어찌 일의 실행이 가능하겠는가. 의결은 실행을 전제한 것이다. 의결은 성공적인 결과를 전제할 때 의미가 있다.

우리가 하는 일이 항상 뜻대로 진행되는 것은 아니다. 기획도 잘하고 성실히 실행했는데도 결과가 좋지 않을 때가 있다. 여기서 주도력을 완성하는 세 번째 능력이 요구된다. **실행에 대해 책임을 지는 것이다.** 주도력이 없는 사람은 실패했을 때 문제를 직면하려 하지 않는다. 일단 회피한다. 그러나 주도력이 있는 사람은 실패가 고통스러울지라도 끝까지 맞서고 책임진다. 그리고 문제점을 분석하고 해결하려고 노력한다. 의결 단계에서 잘못되었는지, 실행 단계에서 오류가 있었는지 찾는다. 해결 가능한 것이라면 그것을 찾아 보완하고 수정하여 일을 완수하려 혼신의 힘을 쏟는다.

훌륭한 지도자라도 모든 일에 성공할 수는 없다. 중요한 것은 실패 앞에서 보이는 태도다. 문제의 원인을 다른 이들에게 돌리며 책임을 회피하는 지도자는 참된 지도자가 아니다. 진정한 지도자는 구성원에게 문제의 원인을 돌리지 않는다. 결과를 끌어안는다. 모든 것이 자신으로 말미암아 발생한 것처럼 문제를 대하고 해결책을 구한다. 진정한 주도력이란 결과에 대해 책임지는 이들의 태도를 통해 증명된다.

독서는 우리 삶에 주도력을 세우는 좋은 통로다. 책에서 만나는 수많은 이야기가 의결의 순간에 내 생각의 옳고 그름을 판단하는 기준을 제공한다. 역사 속 수많은 현자의 권면이 자기 의결을 돕고 실행을 지원해 준다. 시공간이 다를 뿐 역사 속 인물들의 삶에도 우리와 같은 고민이 있었다. 자기 삶의 문제와 자신이 속한 공동체의 문제 해결을 위한 수많은 의결이 있었던 것이다. 어떤 선택은 성공했으나 어떤 의결은 실패로 끝났다. 우리는 독서를 통해 성공과 실패의 민낯을 확인할 수 있다. 그것이 자기 삶에 힌트가 되어 의결하고 실행하며 나아갈 수 있도록 돕는다.

인공지능 시대에는 의결하고 실행하며 책임지는 사람이 필요하다. 그런 능력을 우리는 책에서 배울 수 있다. 독서를 통해 만나는 역사의 현자들이 좋은 롤모델이 되어 준다. 책에서 만나는 현자들이 우리 주변에서 만나는 다수의 사람과 다른 것은 그들의 실패는 결코 최종 결과가 아니었다는 것이다. 그들은 의결하고 실행하며 책임지는 주도적인 삶의 현장에서 수많은 실패를 반복하며 성공을 이끌어 냈다. 책을 통해 접하는 그들의 조언이 결코 문자로 끝나지 않는 것은 여전히 우리 삶에 녹아내려 살아 꿈틀거리기 때문이다.

오늘 자신의 실패가 지구촌에서 처음 발생한 일이 아님을 알아야 한다. 실패와 성공의 사례가 우리 주변에 수없이 널려 있음을 아는 것은 더 중요하다. 책을 읽는다는 것의 의미는 정보 자체를 수용하는 데 있지 않다. 그 정보에 담긴 그들의 생각, 자기와 다른 경험과 견해를 자기 삶에 끌어들이는 데 있다. 자신의 의결이 실행되는 순간에 역사 속 수많은 현자의 조언에 힘을 얻는 것이 독서의 참다운 의미다.

의결이 두려운가? 책 속 세상으로 들어가라. 그리고 역사의 현자들에게 질문하라. 그들도 우리와 같은 고민을 하며 인생을 살아갔다. 실행에 주저하게 되고 실패가 두려운가? 역사의 수많은 증언에 귀를 기울여라. 훌륭한 삶을 산 이들이라고 해도 모든 것이 쉬웠을 리 없다. 그들도 우리처럼 두려워했다. 우리가 알지 못하는 수많은 실패로 힘들어했다. 우리와 같은 연약함에 고민하고 갈등했던 책 속 이야기와 인물의 고백을 들어라. 실패 가운데 얻은 그들의 교훈이 여러분 삶의 양약이 되어 줄 것이다.

오늘 우리가 의결하고 실행하며 책임지는 주도력을 갖춘다면 세상은 우리에게 책임을 맡길 것이다. 세상은 우리에게 도움을 요청할 것이다. 불확실한 인공지능 시대에도 역량 있는 인재가 되어 귀하게 쓰일 것이다. 그 능력이 책 속에 숨겨져 있다. 독서는 주도력을 세우는 보고이기 때문이다.

수용하고 인식하며 이해하는, 문심혜두 이해력

"책을 통해 스스로를 도약하고 정신적으로 성장해 나가고자 하는 데는
오직 하나의 원칙과 길이 있다.
그것을 읽는 글에 대한 경의, 이해하고자 하는 인내,
수용하고 경청하려는 겸손함이다."

·헤르만 헤세·

인간의 신체 능력은 과학기술의 발달과 함께 해마다 한계를 넘어서고 있다. 모든 스포츠 종목은 매년 신기록을 갱신한다. 신체의 한계를 넘어선 이들의 경이로운 능력은 부러움의 대상이다. 그들은 스포츠 스타로 발돋움해 전 세계 사람들의 사랑을 한 몸에 받는다.

그러나 인간의 놀라운 신체 능력을 동물의 능력과 비교하면 상황은 달라진다. 인간은 100미터를 10초 이내에 돌파하는 육상 선수에 환호하지만 3초 만에 시속 100킬로미터의 속도를 내는 치타와 속도로 경쟁할 순 없다. 수킬로미터 떨어져 있는 동료의 소리를 음파로 탐지하는 돌고래, 시력 6.0의 독수리는 인간을 압도한다. 회색 불곰과 고릴라의 신체 능력은 인간과 비교 불가다. 인간의 신체 능력은 지구상의 다른 생명체들과 견주면 절대로 강하다고 할 수 없다.

그런데도 인간은 동물을 다스리고 지배한다. 나약한 인간이 강력한 힘을 가진 동물들을 다스릴 수 있는 힘은 어디에 있을까? 그것은 바로 언어 수용력, 즉 이해력에 있다. 지식과 정보를 수용하고 인식하는 이해력이 인간을 만물의 영장으로 만든 것이다. 이해력은 인간 능력의 근간이며 일의 성패를 결정짓는 요소다.

이해력이란 구체적으로 어떤 능력인가? 이해력은 단순 암기력이 아니다. 정보를 있는 그대로 받아들이는 단순한 수용력도 아니다. 수용된 지식을 단순 정보로 남겨 두지 않고 체계화 과정을 통해 자기만의 것으로 재창조하는 첫 번째 관문이다. 이해력이란 의미를 파악하는 힘이고 그것을 자기 삶과 연결하는 능력이다. 이해력은 모든 능력의 근간을 이루는 시작점이다.

인간은 하루에도 수많은 정보를 처리하며 산다. 그중에서 진짜 자신의 것이 될 수 있는 것은 자기가 이해한 정보뿐이다. 이해된 정보만이 자기 지식이 된다. 이해되지 않은 정보는 랙을 유발하는 쓰레기에 불과하다. 이해된 지식은 치열한 삶의 전쟁터에서 결정타를 날리는 강력한 무기가 되어 준다.

인간 이해력의 핵심은 문자를 이해하는 능력이다. 그래서 다산 정약용 선생은 아이들의 문심혜두 능력을 키워 주라 이야기했다. 문심혜두란 글을 이해하는 지혜의 구멍이라는 뜻이다. 문자의 수용 능력을 강화하라는 것이다. 수용의 문을 깊고 넓게 확장해야 그 문을 통해 들어온 지식과 정보가 온전히 한 사람의 능력이 될 수 있기 때문이다.

유대인의 삶의 지침서 《탈무드》에는 이런 경구가 있다. '물고기를 잡아 주기보다 물고기 잡는 법을 알려 주라.' 교육을 말할 때 자주 인용하는 문구다. 여기서 물고기 잡는 법이 바로 이해력이다. 이해력이 사람과 동물, 사람과 사람 사이의 차이를 낳는 중요한 요인이 된다. 같은 시간에 같은 것을 배워도 정보 습득 결과는 결코 같지 않다. 그 차이가 바로 이해력에서 비롯된다.

그렇다면 이해력을 향상하기 위해 필요한 것은 무엇일까? 당연히 사고력이다. 사고 능력이 향상되면 자연스럽게 이해 능력도 향상된다. 준비된 사고 능력만큼만 이해되기 때문이다. 사고력은 다음 절에서 자세히 다룰 것이다. 이 절에서는 지식과 정보를 수용하는 이해의 과정에서 풀어야 할 세 가지 과제에 대해 살펴보고자 한다. 이 세 가지는 이해력을 강화하는 열쇠로, 사고력과 관계없이 이해를 가로막기도 하고 이해력을 강화하기도 한다. 그것은 바로 정오(正誤), 양, 속도의 문제다.

먼저, 정오(正誤)의 문제다. 정보의 옳고 그름, 정확과 부정확에 대한 이야기다. 바른 지식과 부분 지식, 오류 지식의 문제를 의미한다.

인간은 보고, 듣고, 읽고, 경험하는 과정을 통해 정보를 수용한다. 중요한 것은 내가 보고 들은 것이 정확하냐는 것이다. 아무리 사고력이 뛰어나더라도 부정확한 지식과 정보를 수용했다면 바른 이해는 발생하지 않는다. 오해가 하나의 예다. 다른 사람에 대한 잘못된 정보 때문에 오해를 해본 경험은 누구나 있다. 이것은 오해한 사람의 사고와 이해력 때문이 아니다. 정보의 질에 문제의 원인이 있다. 정보의 질이 문제를 야기하고 오해를 불러일으킨다. 잘못된 정보가 선입견을 만들고 잘못된 판단과 평가를 부른다.

사람은 누구나 선입견을 가지고 현상 및 대상을 본다. 그가 배우고 익힌 모든 것이 선입견을 만든다. 그것을 바탕으로 다른 지식과 정보를 판단하고 받아들인다. 새로운 판단과 결정을 하는 기준이 되는 것이다. 선입견이 바른 수용과 이해를 방해하기도 하지만 그 자체가 잘못되었다고 말할 수는 없다. 인간은 먼저 들어온 지식과 정보로 선입견을 갖기 때문이다. 문제는 그 정보의 질이다. 정오의 차이가 바른 인식과 견해를 갖도록 이끈다는 이야기다.

미디어를 통해 전달되는 뉴스도 정오의 관점으로 살피며 수용해야 한다. 모든 뉴스는 게이트 키핑(gate keeping)을 거친 결과물이다. 게이트 키핑이란 기사가 뉴스 편집자의 의도에 따라 취사선택되어 편집되는 과정을 일컫는다. 신문이나 뉴스는 그것을 누가 편집해 전달하느냐에 따라 달라진다. 같은 사안을 보고도 전혀 다른 뉴스가 되고 마는 것이다. 바로 게이트 키핑 때문이다. 그래서 올바른 시각을 가지려면 진보 진영과 보수 진영의 뉴스를 모두 보라고 한다. 어느 한쪽의 뉴스만 보면 사고와 해석이 왜곡되기 때문이다. 이렇듯 우리는 게이트 키핑이 된 것들을 매일 보고 들으며 산다. 그것이 바탕이 되어 세계관, 교육관, 정치관, 인생관을 형성한다.

정보와 지식의 정오 문제는 이해력을 높이고 향상해 가는 일에서 제일 먼저 해결해야 할 과제다. '아는 것이 힘'이라는 말은 정보의 옳고 그름 문제를 전제하고 있다. 바른 지식을 수용하고 그것을 체화한다면 그것은 우리의 힘이 된다. 그러나 오류 지식과 부분 지식을 아는 것은 도리어 해가 될 수 있다. 이때 사람들은 '모르는 게 약'이라고 말한다.

이해력 향상을 원한다면 먼저 수용하는 정보와 지식의 정확성을 체크해야 한다. 오류 지식이나 부분 지식이 아닌 바른 지식을 받아들여야 한다. 이해력 향상을 위해 문심혜두를 넓히고 자신의 게이트 키핑 능력을 높여 가는 노력이 필요하다.

이해력 향상을 위해 풀어야 할 두 번째 과제는 양의 문제다. 즉 분량에 대한 이야기다. 한마디로 정보와 지식이 많은가 적은가 하는 것이다. 양은 이해력과 관련해 매우 중요한 요소다. 첫 번째 정오의 문제에서 오해와 관련된 예를 들었다. 오해는 정보의 정확도에서 발생하지만 정보 부족으로 말미암아 발생하기도 한다.

모든 국가에는 정보기관이 있다. 미국의 CIA, 영국의 MI6, 러시아의 FSB(옛 소련의 KGB), 이스라엘의 모사드, 독일의 BND가 대표적이다. 그 밖의 다른 국가에도 동일한 기능을 담당하는 부서가 있다. 우리나라의 국정원도 비슷한 기관에 속한다. 각국 정보국에는 적게는 수천에서 많게는 수만의 정보요원이 있다. 그들은 자국이나 전 세계의 정보를 수집하고 정리한다. 이때 중요한 것이 바로 정확성과 정보의 양이다. 정확한 정보라는 전제하에 분량이 많을수록 정확한 통계와 예측이 가능하다. 그 역량에 따라 기관과 나라가 추진하는 일의 성공률이 달라진다.

사업을 준비할 때도 좋은 정보가 많을수록 성공할 확률이 높다. 직장 생활의 성패도 정보의 양으로 결정된다. 직장에서는 고급 정보를 많이 알고 있는 사람이 높은 자리를 차지한다. 직급이 낮을수록 일을 잘 해내지 못하는 것은 역량 때문이기도 하지만 정보가 부족하다는 점이 더 큰 영향을 미친다. 고급 정보가 없으니 큰 그림을 그리지 못하고, 효율적으로 일하지도 못하는 것이다. 근시안적으로 생각하고 일을 하니 좋은 성과를 내지 못한다.

회사의 성패에도 기업 정보 공유가 큰 영향을 끼친다. 회사 정보를 공유하며 일류 기업으로 발돋움한 기업이 있다. 바로 구글이다. 구글이 일류 기업으로 성장한 데는 여러 가지 이유가 있다. 그중에서도 투명한 정보 공유가 창의적 역량을 높이는 데 일조했다. 구글은 기업 정보를 모두가 공유하며 원하는 정보를 마음껏 활용하도록 한다. 모두에게 동일한 기회를 제공해 도전하도록 이끈 것이다. 그 힘이 창조적인 산물을 만들어 냈다.

인공지능 시대에 꼭 필요한 것은 데이터다. 데이터가 없으면 인공지능은 무용지물이 된다. 방대한 양의 데이터를 바탕으로 물건을 만들고 기계도 설계한다. 트렌드를 읽고 미래도 예측한다. 정보를 많이 확보하고 있는 기업이 인공지능 시대를 주도하게 되어 있다. 구글과 페이스북이 인공지능 시대를 선도하는 것도 모두 정보와 관련이 있다. 검색 프로그램으로 빅데이터를 확보한 것이다. 이렇듯 정보력의 차이, 정보의 많고 적음은 기업과 우리 인생의 갈림길에 중요한 요소로 작용한다.

이 책에서는 알아내는 힘에 대해 강조하고 있다. 그러나 잊지 말아야 할 것은 아는 힘도 중요하다는 사실이다. 아는 것의 양과 질에 따라 알아내는 힘도 달라진다. 그러니 지금 당신이 접하고 있는 정보와 지식이 올바른지를 점검해야 한다. 더 나아가 올바른 정보를 되도록 많이 확보하고 수용해야 한다. 그 양이 당신 삶의 자산이며 힘이 되어 주기 때문이다.

삶을 성공으로 이끄는 이해력을 갖추기 위해 풀어야 할 세 번째 과제는 빠름과 느림이다. 이는 정보를 수용하는 속도에 관한 이야기다. 독서에서 정독과 속독 논쟁은 끊이지 않는 단골 메뉴다. 어느 것이 옳은지는 주장하는 사람에 따라 다르다. 그러나 논쟁의 핵심이 무엇인지를 알면 답은 의외로 간단하다. 그 핵심을 좌우하는 능력이 바로 이해력이다. 만일 수용되는 지식과 정보가 올바르게 이해되었다고 전제하면 정보는 많이, 빨리 받아들일수록 좋다. 빠른 시간에 바른 정보를 많이 수용할 수 있다면 이것만큼 좋은 일이 어디 있겠는가.

속도는 옳고 그름의 문제가 아니다. 정보를 수용하는 목적에 따라 용도를 다르게 하여 접근하고 활용해야 한다. 예를 들어 한 권의 책을 완벽히 소화해 내라는 과제가 주어졌다면 그때 필요한 독서법은 정독이다. 그렇지만 수많은 책을 읽으며 한 분야의 큰 그림을 잡아 가는 논문 독서, 주제 중심의 독서라면 속독은 매우 탁월한 선택일 수 있다. 논문을 쓰다 보면 같은 분야의 책을 적게는 여러 권, 많게는 수십 권을 읽어야 한다. 같은 분야의 책 내용은 대동소이한 경우가 많다. 이럴 때는 마스터북 한두 권은 정독하며 완벽하게 소화하고, 나머지 책들은 속독하며 정보를 발췌하고 이해하면 된다.

창의적인 생각을 만들어 내는 과정도 속도로 접근하면 안 된다. 창조적인 생각은 깊이 연구하는 과정 속에서 형성된다. 그러나 빠르게 정보를 습득하는 과정에서 번뜩이는 섬광이 일기도 한다. 순식간에 새로운 생각이 떠올라 문제를 해결할 실마리를 잡는다. 그러니 빠름과 느림을 이분법적으로 생각하지 말고 필요에 따라 접근하고 활용하면 된다. 다만, 정보의 수용과 이해 문제가 해결되었다면 속도가 빠르면 빠를수록 유익할 수 있다.

수용하고 인식하며 이해하는 문심혜두 이해력은 당신의 행복과 성공에 빼놓을 수 없는 요소다. 독서로 삶을 바꾸고 싶다면 더더욱 신경 써야 한다. 이해력에 따라 앞으로 인생이 달라지기 때문이다. 특히 인공지능 시대에도 여전히 정보는 큰 힘이고 자산이다. 올바른 정보와 양, 그것을 이해하고 처리하는 속도가 경쟁력을 좌우한다. 아는 힘이 있어야 한다. 아는 힘이 준비되었을 때 비로소 알아내는 힘도 얻을 수 있다.

분류하고 종합하며 평가하는, 관주위보 사고력

"독서는 단순히 지식의 재료를 공급할 뿐
그것을 자신의 것으로 만드는 것은 사고의 힘이다."

·존 로크·

배움을 쉬지 않고 책을 읽는 이유는 지혜로운 사람이 되기 위해서다. 지혜로 무장하면 다른 사람들보다 우위를 선점할 수 있기에 나이가 들어서도 배움을 게을리하지 않는다. 지혜로움을 한마디로 정의하기는 쉽지 않다. 그러나 이해와 사고의 능력이 탁월하다는 의미로 해석하는 데 무리가 없다.

유대 교육법으로 알려진 하브루타가 몇 년 전부터 많은 이에게 관심을 받고 있다. 하브루타는 두 명이 짝을 지어 질문으로 대화하며 토론하는 것을 의미한다. 사고력을 향상하기에 좋은 교육 방법이자 삶의 문화라 할 수 있다. 많은 사람이 하브루타에 관심을 갖는 것도 뛰어난 능력을 소유하고 싶기 때문이다.

독서에 관심을 갖는 것도 같은 이유에서다. 지혜롭고 똑똑한 사람이 되기 위해 책을 읽는다. 세상은 생각이 뛰어난 사람들을 인정해 준다. 기업들도 뛰어난 인재를 영입하기 위해 동분서주한다. 인재란 자신이 속한 분야에서 어떤 일이든 수행해 낼 수 있는 능력으로 업적을 만들어 내는 사람을 말한다. 뛰어난 기획력과 사고력으로 무장한 사람을 영입해 돌파구를 삼으려는 것이다. 그런 인재 한 사람만 있어도 기업, 지역, 나라가 바뀔 수 있다.

스티브 잡스의 일화가 대표적 예다. 잡스는 대학에 입학했으나 학비를 낼 형편이 되지 않아 자퇴를 결정한다. 그리고 동료 스티브 워즈니악과 차고에서 사업을 시작한다. 애플 사가 탄생한 것이다. 차고에서 시작한 회사가 3년 만에 주식시장에 상장되면서 그는 스물다섯 살에 20억 달러의 자산가가 되었다.

그러나 그 기쁨은 오래가지 못했다. 1981년 IBM이 컴퓨터 시장에 진입하자 애플은 어려움에 처했다. 이사회는 경영 실적 부진을 이유로 잡스를 퇴출시켰다. 자기가 세운 회사에서 쫓겨난 충격 속에서도 잡스는 기회를 노렸다. 1년 뒤에 애니메이션 회사 픽사를 인수해 재기를 꿈꾼 것이다. 그로부터 10년이 지난 1995년에 그는 세계 최초의 컴퓨터그래픽 애니메이션 〈토이스토리(Toy story)〉를 만들어 대성공을 거뒀다.

경영에 어려움을 겪던 애플은 다시 잡스를 영입했다. 애플의 CEO로 복귀한 그는 6개월이 채 지나지 않아 회사를 흑자로 되돌려 냈다. 그리고 아이팟과 아이폰을 연달아 히트시키며 애플을 세계적인 기업으로 발돋움시켰다.

어떻게 이 모든 일이 가능했을까? 성공 요인은 여러 가지를 꼽을 수 있지만 그 핵심은 잡스의 생각하는 능력이다. 인문교양과 기술의 교차점에 애플이 있다고 말한다. 이처럼 사고 능력, 기획 능력, 문제 해결 능력이 오늘의 애플을 있게 했다. 이 세상을 주도하는 인재와 리더들도 다르지 않다. 그들은 현실의 문제를 정확히 파악하고 앞으로 나아갈 비전을 제시하며 문제를 해결해 간다. 인간지능 사고력이 핵심 능력이 된 것이다.

사고력은 구체적으로 어떤 능력인가? 사고력을 이해하려면 세 가지 기능을 알아야 한다.

첫째, 분별력이다. 지혜로움의 대명사로 불리는 솔로몬의 지혜는 분별력을 통해 발휘된다. 난감한 상황에서 아기의 생모를 찾아낼 수 있었던 것은 분별력이 있기에 가능했다. 생모의 특성을 제대로 분별할 수 있었기에 아이를 반으로 자르라고 명령해 친모를 찾아낸 것이다. 분별력은 참과 거짓, 좋은 것과 나쁜 것, 중요한 것과 사소한 것, 먼저 할 일과 나중에 할 일을 구분하는 것이다. 문제점을 알아내는 것이 분별력이다. 읽고 쓰고 경험하며 수용되는 모든 지식 가운데 자신의 것으로 취사선택해 받아들이는 능력도 분별력이다.

둘째, 분별된 지식의 활용력이다. 분별력은 지식을 수용하면서 동시에 확장한다. 확장된 지식이 온전히 자신의 것이 되고 의미 있는 결과물로 만들어지려면 활용되어야 한다. 그런데 많은 사람이 분별된 지식을 활용하지 않는다. 분별은 하는데 실천에 옮기지 못하는 것이다. 손익을 따지다 시기를 놓치고, 게으름에 빠져 활용하지 못한다.

좋은 습관을 형성하지 못해 작심삼일에 그칠 때도 많다. 진정한 분별력은 활용력과 함께 연동될 때 힘을 얻는다. 사고력은 그저 생각만 잘하는 능력이 아니다. 분별된 지식을 생활 속에서 필요할 때마다 활용하고 발현하는 것이 진짜 분별력이자 사고력이라 할 수 있다.

셋째, 문제 해결력이다. 분별력으로 문제가 무엇인지 알았다면 그 해결책도 제시할 수 있어야 한다. 알베르트 아인슈타인은 이렇게 이야기했다. "문제가 생긴 것과 똑같은 수준에서는 그 문제를 해결할 수 없다. 그것을 넘어서서 더 높은 수준으로 올라가야만 한다." 문제를 해결하려면 높은 사고력이 동반되어야 한다는 것이다.

누구나 문제는 본다. 문제 앞에 분노하고 걱정하고 비난한다. 제 나름대로 실천에 옮기며 문제를 해결하기 위해 아는 지식을 활용한다. 그러나 문제 해결사는 문제 자체만 보지 않는다. 문제의 근본 원인을 보고 진단하는 능력이 있다. 망가진 컴퓨터의 상태만을 보는 것이 아니라 그 원인이 무엇인지 정확히 진단하고 그 문제점을 해결하는 것이다.

문제는 문제점이 해결될 때 사라진다. 훌륭한 의사는 나타난 증상을 통해 문제의 원인, 그 근원을 찾아 치료한다. 훌륭한 지도자도 문제 앞에 당황하지 않고 문제의 원인을 찾아 해결한다. 때로는 반대와 비난에 부딪혀도 꿋꿋이 해결책을 제시하며 극복해 나간다. 개인뿐 아니라 기업과 사회, 국가와 인류가 좋은 쪽으로 발전하는 데 가장 크게 공헌한 것이 바로 사고력이다.

그러면 사고력은 어떻게 개발할 수 있을까? 사고 기능을 가능하게 하는 원리를 구체적인 단계로 나눠 훈련할 때 개발된다. 사고는 추상이지만 그 원리를 구성하는 단계는 구체적인 방법과 기술로 되어 있다. 특히 다음의 세 가지 기술을 훈련하면 된다.

첫째는 비교-관찰이다. 비교하며 관찰하는 것은 사고력의 기초다. 수용되는 지식과 정보는 기존 지식과 연결되며 자리를 잡아 간다. 이 과정에서 비교의 기술이 사용된다. 비교를 하려면 초깃값이 있어야 한다. 초깃값을 이루는 정보와 데이터가 없으면 비교가 불가능하고, 그것은 아무런 저항 없이 한 사람의 지식으로 자리 잡는다. 책 한 권 읽은 사람이 가장 무섭다는 말도 그 한 권이 곧 한 사람의 전체 정보가 되기 때문이다. 기존 지식이 없으니 어느 것이 옳고 그른지 객관적으로 비교할 수가 없는 것이다. 자기 내면에 축적된 정보의 질이 높고 양이 많을수록 효과적인 비교·분석이 가능하다.

비교는 관찰에서 비롯된다. 관찰은 하나의 사물과 사건을 주의 깊게 살펴보는 자세를 말한다. 제대로 관찰하면 본질까지 꿰뚫을 수 있지만, 관찰 기술은 하루아침에 형성되지 않는다. 수많은 시간 시행착오를 거치며 벼려 내는 능력이 있어야 생긴다. 일본 만화 《미스터 초밥왕》에는 이런 대사가 나온다. 요리대회를 앞두고 있는 주인공 쇼타에게 봉초밥 식당 사장이 하는 말이다.

"나는 이 칼을 30년 이상 손질했지. 날마다 갈면 갈수록 칼은 점점 작아졌다. 보통 칼보다 10센티미터나 짧지. 하지만 칼날의 날카로움은 30년 동안 똑같았이. 좋은 칼을 소중하게 다루면, 솜씨도 좋아진단다. 쇼타도 이제 자신의 칼을 가져야 해. 지금부터 단짝이 될 만한 녀석을 찾아오거라."

칼을 갈면서 사장은 어떻게 칼날을 효과적으로 손질해야 하는지 알았을 것이다. 그 능력 덕분에 수십 년이 흘러도 여전히 날카로운 칼날을 유지할 수 있었다. 훈련을 통해 가다듬어진 관찰 능력은 세월이 흘러도 여전히 살아남아 삶을 이끈다. 그런 관찰 능력을 가지려면 본질과 근원을 탐구해야 한다. 그저 겉으로 드러난 것에만 관심을 가져서는 곤란하다. 세상의 모든 것은 존재 이유가 있다. 그 이유를 밝히고, 그것의 현재와 미래까지 볼 수 있도록 깊이 탐구하고 사색하며 나아가야 한다.

아이작 뉴턴은 이렇게 말했다. "내가 만일 가치 있는 발견을 한 것이 있다면 다른 능력이 있어서라기보다는 다 참을성 있게 관찰한 덕분이다." 원인과 근본을 밝힐 때까지 참을성 있게 관찰한 덕분에 위대한 발견을 했다는 뜻이다. 그러니 자신의 관심 분야와 자기 삶을 꿰뚫어 볼 수 있는 관찰력을 길러야 한다. 본질이 보일 때까지 참을성 있게 관찰의 칼날을 벼려 내라. 그 능력이 사고력을 기르는 첫 번째 관문이다.

두 번째는 분석-분류다. 분석하고 분류하는 기술을 훈련해야 한다. 사실 분석하는 기술은 관찰의 핵심 요소이기도 하다. 분석은 수용된 지식과 정보를 세부적으로 살피며 파악하는 것이다. 완성된 제품의 컴퓨터는 누구나 컴퓨터로 본다. 그러나 컴퓨터를 구성하고 있는 부품과 작동 원리를 아는 이는 많지 않다. 분석은 지식과 정보의 세부 구성 요소를 살피고 논리를 살펴 나가는 사고의 과정이다. 그 지식과 정보가 나타나게 된 배경까지 살펴보는 것이다. 분석 없이 사실을 사실로 보는 일은 불가능하다. 분석 없이 알게 된 지식은 대부분 피상적인 앎에 지나지 않는다.

분류는 비교·관찰·분석되면 자연스럽게 이루어지는 질서다. 수용된 지식과 정보는 대부분 머릿속에서 따로 놀 때가 많다. 낱알의 지식과 정보가 줄을 서지 않고 개별적으로 존재한다. 이런 지식과 정보는 비교와 관찰·분석 과정을 거치며 질서를 이루고 나뉘게 된다. 의미 단위의 개념이 되어 해석하고 이해하는 데 밑거름으로 작용한다. 활용 가능한 살아 있는 지식이 되는 것이다.

주머니 속의 꼬여 있는 이어폰 줄, 전봇대에 얽혀 있는 전선줄처럼 얽히고설킨 지식과 정보는 죽은 지식이다. 아무리 많이 수용되어도 써먹을 수가 없다. 분류의 기술은 죽어 가는 지식에 생명력을 부여하는 사고 능력이다. 4장에서 제시하는 십진분류 독서법을 실천한다면 수용된 지식과 정보를 분류해 의미 있게 활용할 수 있다는 것을 알게 될 것이다.

분석과 분류 능력이 있으면 요약을 잘할 수 있다. 요약 능력은 분석과 분류 기술의 훈련 없이는 자라지 않는다. 우리가 하는 요약은 대부분 내용을 압축하는 것에 지나지 않는다. 발췌한 글을 연결하는 정도에서 멈춘다. 그러나 요약은 무조건 내용을 압축하는 것이 아니다. 진짜 요약은 글의 구조를 분석해 주제·구성별로 내용을 재구성하는 것이다. 중요한 것은 책이 전달하려는 핵심을 놓치지 않는 것이다. 핵심이 되는 구절을 자신만의 언어로 표현할 수 있어야 한다. 그러려면 분석과 분류 기술이 훈련되어 있어야 한다. 이런 능력을 훈련하고 능력으로 갖출 때 경쟁력이 생긴다.

다시 말하지만, 사고력은 구성 요소 단위로 훈련할 때 능력이 된다. 그러니 분류 기술을 습득해 연습하고 훈련해야 한다. 분류하는 기술이 덧입혀지면 지금까지 습득한 수많은 지식과 정보는 당신을 일으키는 무기가 되어 줄 것이다. 삶을 변화시키는 진짜 지식과 정보가 되는 것이다.

세 번째는 종합-평가다. 종합과 평가는 수용된 지식과 정보가 온전히 자신의 자산이 되게 하는 과정이다. 요약이 사실을 사실로 보는 눈이라면, 종합·평가된 지식과 정보는 사실에 창조력이 더해진 지식의 결과물이 된다. 그렇게 만들어진 결과를 보고 사람들은 지혜의 산물이라고 부른다. 지혜는 남이 보지 못하는 것을 보는 능력이다. 남이 해결하지 못한 문제를 푸는 열쇠이기도 하다. 지혜야말로 사고력의 결정판이다.

종합과 평가는 기존의 문제점을 발견하고 해결책을 기획해 가는 능력이다. 분류된 지식을 뛰어난 방법으로 기존의 것과 연결시키며 대안을 제시하는 사고력의 강화 과정인 것이다.

'구슬이 서 말이라도 꿰어야 보배'라는 속담이 있다. 사자성어로 관주위보라고 하는데, 이것은 기존 지식과 정보에 질서를 부여해 새로운 것을 창조해 내는 사고력을 의미한다. 이 능력은 흩어진 지식과 정보로 의미 있는 창조물을 만들어 내는 것이다. 그 기능을 할 수 있도록 돕는 것이 종합하고 평가하는 기술이다.

코딩 기술이 발달하면서 다양한 인공지능 로봇이 등장하고 있다.

로봇이 작곡을 하고 글을 쓴다. 인간을 위협하고 도전할 수 있다고 불안해하는 사람이 많다. 그렇다. 인공지능은 위협적이다. 창조 능력까지 갖추었으니 놀랄 만도 하다. 그렇다고 인간이 인공지능과 경쟁할 필요는 없다. 인간의 사고력과는 다른 차원의 기술로 활용될 것이기 때문이다. 인공지능은 우리가 원하는 것을 창조하는 데 도움을 받고 활용하면 된다.

정보를 저장하는 능력은 인간의 뇌보다 컴퓨터가 더 탁월하다. 그러나 서 말의 구슬을 꿰어 내는 관주위보 창조 기술은 컴퓨터가 인간을 따라올 수 없다. 인공지능이 구현하고자 하는 것이 바로 관주위보 기술이다. 어느 정도 구현되었고, 놀라운 속도로 따라잡고 있다. 그러나 인간지능은 뛰어난 관주위보의 기술 그 자체보다 더 복잡한 알고리즘으로 구성되어 있다. 인공지능의 이러한 놀라운 변화 자체가 인간지능의 활용을 통해 이루어 온 것임을 기억해야 한다. 그러니 인간지능을 개발하고 그 능력을 향상해 가는 데 집중해야 한다. 그 중요성을 인식하는 것이 우선되어야 한다. 그 중심에 사고력이 자리하고 있다. 사고력을 향상하는 기능과 기술을 훈련할 때 우리는 인공지능의 위협에 두려워하지 않게 된다. 인간지능을 통한 사고력은 이보다 더 놀라운 변화를 이루어 낼 원천 능력 그 자체이기 때문이다.

연결하고 상상하며 실행하는, 융합창의 표현력

"읽는 것은 빌리는 것을 의미한다.
창작하는 것은 자기가 진 빚을 갚는 일이다."

·게오르크 크리스토프 리히텐베르크·

필립스엑시터아카데미는 하버드대학교가 인정한 최고의 명문 학교다. 페이스북의 창립자이자 CEO인 마크 저커버그의 모교로도 유명하다. 이 학교는 1931년부터 타원형의 하크니스 테이블을 이용해 수업을 진행했다. 당시 미국의 석유 재벌이며 자선 사업가인 에드워드 하크니스(Edward Harkness)의 이름에서 따왔다.

하크니스는 필립스아카데미를 찾아가 혁신적인 교육 방법을 고안해 내면 거액을 기부하겠다고 약속했다. 학교는 오랜 연구 끝에 타원형 탁자에 12명의 교사와 학생이 둘러앉아 공부하는 방식을 창안했다. 공간의 변화를 시도한 것이다. 서로 소통하며 의견을 주고받는 토론 형식의 수업을 진행하겠다는 조치였다. 이 제안을 흡족하게 여긴

하크니스는 약속대로 학교에 거액을 기부했다. 학교는 이를 기념하여 그 탁자 이름을 하크니스 테이블이라고 했다.

유대 도서관 예시바(Yeshiva)의 공간 배치도 특이하다. 예시바에는 두 사람이 짝을 지어 대화하고 질문하고 토론할 수 있는 책상이 많이 배치되어 있다. 적막이 흐르는 여느 도서관과 달리 예시바는 시끄럽다. 여기저기서 요란하게 서로 질문을 주고받으며 토론을 이어 가기 때문이다.

필립스엑시터아카데미의 하크니스 테이블, 유대 도서관 예시바는 소통을 전제로 디자인되었다. 지식을 수용하고 정보를 쌓는 것에 목적을 두지 않았다. 자신의 생각을 표현하고 다른 사람의 의견에 귀 기울이는 것을 중요하게 여겼다. 그 과정에서 창조적인 지식이 생산된다는 것을 알았기 때문이다. 인간지능이 생성되는 원리를 간파한 현명한 선택이다.

유대인과 미국 및 서양 문화에서는 표현을 중요하게 생각한다. 서양의 합리성을 이야기할 때 표현의 자유를 빼놓을 수 없는 것도 이 때문이다. 그들은 누구에게나 발언 기회를 준다. 자기 의견을 자유롭게 이야기하고 듣는 문화가 정착되어 있다. 그러다 보니 누구든지 조직과 공동체를 위해 공헌할 기회를 얻는다. 한 사람의 아이디어와 기획안이 소통의 장으로 자연스럽게 나오고, 그것을 공공의 이익으로 연결시킨다. 이처럼 합리적이고 효율적인 소통 문화는 조직과 공동체의 성장을 이끈다.

우리나라 교육은 대부분 말하기보다 듣기 위주다. 쓰기보다는 읽기에 초점이 맞춰져 있다. 물론 읽기도 충분히 하지 못했다. 대부분의 교육은 듣기를 중심으로 기획되었고, 지금도 그대로 지속되고 있다. 유교 문화의 영향을 받아 질문을 던지는 것도 허용되지 않았다. 누군가 질문을 던지면 진도를 늦추는 방해꾼으로 생각한다. 궁금증을 견디다 못해 질문을 하면 자기 욕심을 챙기는 이기적인 인간으로 취급한다. 가르침에 의문을 품으면 권위에 대한 도전으로 여긴다. 예의 없는 사람으로 낙인을 찍기도 한다.

수용하는 데 익숙한 교육 환경은 표현하는 데 걸림돌이 되었다. 기업과 사회에서조차 자기 생각을 드러내는 것을 두려워한다. 표현의 장을 마련해 주어도 선뜻 나서는 사람을 찾아보기 힘들 정도다. 이런 시스템 속에서 창의적인 아이디어를 자유롭게 내는 일은 쉽지 않다. 창조적인 상상력이 발현될 기회조차 얻지 못하고 있는 것이다.

지식의 목표는 수용이 아니다. 궁극적인 목표는 지식의 활용이다. 수용하고 이해하고 종합하여 정리된 지식과 정보는 표현을 통해 내 것이 된다. 표현이란 단순히 수용한 것을 드러내 보이는 과정이 아니다. 수용되어 정리된 생각들이 기존 지식과 연결되며 표현되는 가운데 창조적인 생각이 탄생한다. 진정한 변화와 성장이 표현 과정을 통해 이루어지는 것이다. 수용된 지식과 정보가 종합적인 것일지라도 표현 과정에서 걸러지고 더 세밀하게 다듬어질 때 인간지능의 능력으로 개발되어 간다.

인공지능 시대를 살아가는 우리에게 참된 표현 능력은 무엇일까? 그 능력을 어떻게 자신의 것으로 만들 수 있을까? 세 가지 차원으로 표현력에 대한 궁금증을 풀어 보려 한다.

첫째, 연결을 통한 표현력, 즉 융합이다. 인공지능 시대를 맞아 많은 사람이 융합을 강조한다. 한 분야의 전문성만으로는 차별성을 드러낼 수 없기에 그렇다. 한 분야에서 전문성을 인정받아 걱정 없이 살아가던 사람들이 위기의식을 느끼기 시작했다. 인공지능 시대의 인재는 자기 분야와 전혀 어울리지 않는 분야와도 협업이 가능하며 그를 통해 의미 있는 결과를 만들어 내는 사람이다. 뛰어난 스펙보다 융합적인 아이디어를 통해 자기 전문성에 더 큰 가치를 창조해 내는 이들이 두각을 나타내고 있다. 이미 다가온 특이점의 시대에 융합이 그 승부의 열쇠가 된 것이다.

우리는 인터넷 중심의 사회 속에 있다. 그 중심에 있는 포털 사이트는 단순한 컴퓨터 코딩의 결과물이 아니다. 그 안에는 역사와 문학, 철학과 예술이 스며들어 있다. 젊은 층의 전유물이 아니며, 어른들의 관심도 이끌어 내는 콘텐츠로 무장하고 있다. 그 기술을 운용하는 사람은 컴퓨터 기술자들이다. 그러나 그 기술에 스토리를 부여하고 콘텐츠를 만들어 내는 사람은 기술자보다는 인문 계열 전공자들이다. 기술과 교양이 만나 의미 있는 결과물을 만들어 내고 있는 것이다. 역시 융합이다.

과학이나 학문 분야뿐 아니라 연예 프로그램에서도 융합의 경향성은 돋보인다. 10여 년 전까지만 해도 대부분의 TV 프로그램은 한 사람이 진행했다. 많아도 둘 정도에 불과했다. 유명인의 이름을 걸고 토크쇼를 했다. 정돈된 분위기를 유지하며 깔끔하게 진행하는 프로그램이 인기를 얻었다. 그런데 어느 순간부터 진행자 수가 늘어나기 시작하며 대여섯 사람이 모여 왁자지껄하게 프로그램을 진행한다. 정돈된 진행은 온데간데없다. 진행자의 면면도 다양하다. 개그맨, 배우, 가수, 아나운서, 교수 및 전문가들이 집단을 이뤄 버라이어티 쇼를 이끌어 간다.

이 시대의 지성, 이어령 교수는 일찍이 융합을 강조했다. 디지털이 융성하기 시작한 모습을 보며 융합의 중요성을 우리나라 문화를 들어 설명했다. 비빔밥 문화를 예로 들어 《디지로그(Digilog)》에서 이야기한 대목을 살펴보자.

"비빔밥은 말 그대로 여러 음식을 한데 섞어서 비벼 먹는 음식이다. 이는 독립된 개별 음식 맛을 즐기는 것과 가장 대조를 이룬다. 한데 섞이고 어울려서 어느 것이 어느 맛인지 모르게 융합 혼성된 맛을 즐기는 음식인 까닭이다. 비빔밥을 먹으면서 포크, 나이프를 바꿀 필요가 어디 있겠는가. 마이클 잭슨이 한국에서 가장 즐겨 먹은 음식이 바로 비빔밥이었다는 것을 생각해 봐도 김치와 마찬가지로 비빔밥이 한국 음식의 내력과 특성을 설명해 주는 모델이라는 사실을 부정하지 못할 것이다."

비빔밥을 만드는 우리는 융합적인 능력이 어느 나라보다 뛰어나다는 것이다. 그런 능력으로 정보화 시대를 준비하라고 강조한다. 책의 제목도 융합적이다. '디지로그'는 디지털과 아날로그를 하나로 합친 용어다. 그의 융합 이야기는 새로운 인공지능 시대 앞에 선 지금 우리에게도 중요한 메시지가 된다.

지금은 융합의 시대다. 예전에는 볼 수 없던 융합적인 표현 방식이 모든 분야에서 출현하고 있다. 그렇다고 융합이 성공을 보장해 주지는 않는다. 어떻게 융합하느냐에 따라 달라지기 때문이다. 진정한 융합은 수용과 논리를 밑바탕에 깔고 진행되어야 한다. 자신의 분야에 대한 바른 이해와 사고력이 전제되어야 한다. 자기 분야의 전문성 없이 다른 분야와 협업을 이루려는 시도는 아무런 결과도 얻지 못한다.

당신은 어떤 분야의 전문가인가? 어떤 분야의 전문가가 되고 싶은가? 자기 분야와 융합해 창조적인 산물을 생산한다면 무엇과 섞고 버무리고 싶은가? 융합을 통해 그려 내고 싶은 것이 무엇인가? 끊임없이 버무리고, 조합하고, 연결 짓고, 이어 붙이며 새로움에 도전해 보라. 그렇게 융합적인 기획과 도전을 이어가다 보면 이전과 다른 자신의 가치를 만들어 낼 수 있을 것이다.

둘째, 상상을 통한 표현력, 즉 창의다. 사람들은 표현된 것을 바탕으로 상대를 평가한다. 학교, 회사, 단체에서 역량을 평가받는 것도 자신이 표현한 것에서 비롯된다. 표현은 지난날의 나를 드러내는 통로다. 그 표현에는 지식과 지혜, 가치와 역량이 포함되어 있다. 다른 사람과 차별화된 평가를 받고 싶다면 창의적으로 표현해야 한다. 똑같은 답으로는 차별화할 수 없다.

장대은 작가는 2006년, 홀로 191일간 세계 여행을 떠났다. 4대륙 18개국의 교육기관을 탐방하고 교육자들을 인터뷰하는 일이 주 목적이었다. 영국에 머물 때였다. 미국의 지인이 영국에 머물고 있다는 소식에 자리를 함께하게 되었다. 지인의 아내는 네 살 때 부모님과 함께 미국으로 이민을 갔다. 그 후 스탠퍼드대학교를 졸업하고 국제변호사로 활동했다. 2006년 당시에는 세계적인 금융투자그룹 모건스탠리에서 컨설턴트로 활동하고 있었다. 영국에는 회사 교육을 지원하기 위해 방문 중이었다.

저녁식사를 마치고 장 작가가 질문을 하나 던졌다. "모건스탠리 그룹 내에서 한국인들에 대한 평가가 어떤가요?" 누구나 궁금해하는 것을 가볍게 물었다. 쉬운 질문이라 생각했지만 오랫동안 답을 주지 않았다. 자신이 속해 있는 기업에 대해 사적인 견해를 밝히는 것이 적절하지 않다는 이유 때문이었다. 그러면서 간단한 예를 들어 답을 대신했다.

어느 날, 모건스탠리 인사과 책임자가 찾아와 질문을 던졌다고 한다. "너희 한국인들은 어떻게 그렇게 생각이 똑같을 수 있지?" 사연은 이랬다. 기업에서 신입사원을 모집할 때면 꽤 많은 한국인이 응시한다고 했다. 대부분이 박사 학위 소지자였고, 인터뷰 질문에 한국 응시자들의 대답은 탁월했다. 물론 좋은 점수도 받을 수 있었다. 그런데 인터뷰를 했던 담당자들이 모여 한국인들이 한 답변을 보고는 깜짝 놀랐다고 한다. 그러면서 다음과 같은 말을 해주었다.

"한국인 지원자들의 답변은 모두 탁월했다. 다른 국가 지원자들보다 완벽한 문제 해결책을 제시했다. 문제는 10명 중 아홉 명이 모두 같은 답을 제시했다는 것이다. 어떻게 이런 일이 생기는지 이해할 수가 없다. 10명의 지원자에게서 최소한 한두 개의 비슷한 답이 나오는 정도면 이해할 수 있다. 그런데 이토록 모두가 비슷한 답을 이야기하는 것은 자신의 생각이 아니라 학습된 매뉴얼을 외워 말하는 것이라고 생각할 수밖에 없다. 우리에게 이런 인재는 필요 없다."

한국인 모두를 지칭하는 이야기는 아니다. 당시 모건스탠리에 지원했던 이들에게 일어난 이야기일 뿐이다. 그런데 그 모습이 그리 낯

설지 않다. 지인의 아내도 그 이야기를 듣고 얼굴이 화끈거렸다고 했다. 아인슈타인은 이렇게 말했다. "모두가 비슷한 생각을 한다는 것은, 아무도 생각하고 있지 않다는 말이다."

뛰어나다는 말은 남들과 다른 차이에서 나온다. 다른 사람과 차별화된 뭔가가 있어야 한다는 말이다. 그 차이를 만들어 내는 것이 창의다. 창의는 상상과 연결되어 있다. 상상의 나래를 자유롭게 펼치는 사람이 창의적인 아이디어를 많이 도출해 낸다. 융합도 다르지 않다. 융합으로 의미 있는 결과물을 만들어 내려면 상상력이 동원되어야 한다. 진정한 융합은 기존 지식과 새로운 지식을 연결할 때 상상이 더해져야 한다. 기존 지식과 새로운 지식을 연결하는 접착제가 상상인 것이다. 상상 없이 창조적인 생각은 탄생할 수 없다.

태양 아래 새로운 것은 없다는 이야기는 진리에 가깝다. 창의도 완전한 새로움은 아니다. 기존의 지식과 정보, 사실들에 약간의 변화를 준 것이다. 그 '약간의 다름' 안에 생명과 질서를 담아내야 한다. 옛사람들이 보지 못한 방향에서 새로운 시선으로 바라보도록 훈련해야 한다. 그 훈련의 도구가 이 책에 담겨 있다.

셋째, 실행하는 표현력, 즉 말과 글과 삶이다. 역사가들은 인류가 문자를 사용하기 시작한 시대로부터 문명이 시작되었다고 이야기한다. 원시시대와 문명시대로 나누는 기준이 문자인 것이다. 생각을 문자로 표현하면서 인간의 삶을 영위하는 기술과 비법이 후대에 전해질 수 있었다. 문자가 없었다면 인간의 찬란한 문명은 세워지지 못했을 것이다.

문자가 원시와 문명만 나눈 것은 아니다. 오늘날에는 능력과 무능력을 나누는 기준도 된다. 문자는 한 사람의 생각과 가치를 담아내는 그릇이다. 한 사람의 모든 것이 문자 안에 내재되어 있다. 그 사람이 표현하는 것이 그의 삶이다. 글은 곧 삶이고, 삶은 글로 나타나기 때문이다. 글을 읽다가 가치가 있다고 생각되면 글쓴이의 사고와 삶의 방식을 자기 삶에 받아들인다. 한 번도 만난 적이 없지만 그의 생각대로 실천하려고 노력한다. 글을 통해 교감한 것으로 살아가려 힘쓴다. 누군가의 표현이 우리 삶의 자양분으로 녹아드는 것이다.

말도 다르지 않다. 한 사람의 표현으로 말미암아 죽음을 불러일으키기도 하고, 생명을 선물하기도 한다. 리더십을 발휘해야 하는 위치에 있을수록 말의 영향력은 크다. 미국 남북전쟁의 분수령이 된 에이브러햄 링컨의 연설은 지금도 많은 사람들의 입에 오르내리고 있다. "국민의, 국민에 의한, 국민을 위한 정부가 이 땅에서 사라지지 않도록 (…)." 게티즈버그 연설의 한 대목이다. 이 연설이 전쟁의 향방을 결정지었다.

프랭클린 델러노 루스벨트 대통령의 연설도 유명하다. 일본에 선전포고를 한 연설은 지금도 회자될 정도다. 그 과정도 드라마틱하다. "어제, 1941년 12월 7일은 세계의 역사에 길이 남을 날입니다"로 초안을 작성하다 급하게 바꾼다. "어제, 1941년 12월 7일, 이날은 치욕의 날로 기억될 것입니다. 미합중국은 일본 제국에 의해 고의적인 기습침공을 당했습니다." 치욕이라는 표현이 미국인들의 마음을 하나로 모으는 역할을 했다고 평가받는다.

흑인에 대한 인종차별 철폐를 위해 노력한 마틴 루서 킹 목사가

1963년 8월 28일, 워싱턴 링컨기념관에서 한 연설도 역사의 전환점이 되었다.

"나에게는 꿈이 있습니다. 언젠가 이 나라가 모든 인간은 평등하게 태어났다는 것을 자명한 진실로 받아들이고, 그 진정한 의미를 신조로 살아가게 되는 날이 오리라는 꿈입니다. 나에게는 꿈이 있습니다. 언젠가는 조지아의 붉은 언덕 위에 예전에 노예였던 부모의 자식과 그 노예의 주인이었던 부모의 자식들이 형제애의 식탁에 함께 둘러앉는 날이 오리라는 꿈입니다. 나에게는 꿈이 있습니다. 언젠가는 불의와 억압의 열기에 신음하던 저 황폐한 미시시피 주가 자유와 평등의 오아시스가 될 것이라는 꿈입니다. 나에게는 꿈이 있습니다. 나의 네 자녀들이 피부색이 아니라 인격에 따라 평가받는 그런 나라에 살게 되는 날이 오리라는 꿈입니다. 오늘 나에게는 꿈이 있습니다. 주지사가 늘 연방정부의 조처에 반대할 수 있다느니, 연방법의 실시를 거부한다느니 하는 말만 하는 앨라배마 주가 변하여, 흑인 소년 소녀들이 백인 소년 소녀들과 손을 잡고 형제자매처럼 함께 걸어갈 수 있는 상황이 되는 꿈입니다."

오늘 우리는 마틴 루서 킹이 꿈꾸던 시간을 살아가고 있다. 비극적인 시대가 한 사람의 연설을 시작으로 희극으로 마무리된 것이다.

"생각이 머리에 있으면 내가 생각을 다스리고, 생각이 말로 표현되면 표현된 생각이 나를 다스린다"라는 말이 있다. 표현의 중요성을 의미하는 동시에 표현된 것의 중요성도 강조하는 말이다. 우리는 내재되어 있는 것을 표현하며 원하는 것을 얻고 평가도 받는다. 표현된 것은 또 누군가의 삶에 영향을 끼친다. 표현하는 능력에 따라 삶이 달라지고, 표현된 것으로 말미암아 한 사람의 삶이 영향을 받는다. 말과 글이 삶을 가꾸고 삶을 만들어 가는 것이다.

지금 당신은 어떤 표현을 하고 있는가? 표현을 통해 생각이 훈련되고 있는가? 표현 능력은 어느 정도인가? 어떤 수준에 머물러 있는가? 자기 수준을 가늠하며 표현 능력을 향상해야 한다. 표현한 만큼이 곧 자신이고, 표현된 것이 자기 삶을 이끌어 가기 때문이다.

과거 분석·현재 직시·미래 통찰, 과학사고 예측력

"책은 늘 살아, 자기의 씨앗을 인간의 마음속에 심으며,
다가올 새로운 시대에 끝없이 행위나 의견을 불러일으킨다."

·프랜시스 베이컨·

사고력의 정점, 인간지능의 최고 능력은 무엇일까? 그것은 예측력이다. 추론을 바탕으로 한 예측이 가능하면 모든 일에 성공할 수 있다. 사람들이 일을 진행할 때 실패하는 이유는 예측력이 부족하기 때문이다. 원인이야 복합적이겠지만 모든 실패의 중심에 추론 능력의 부족, 예측력의 부재가 있다는 것은 부인할 수 없다.

예측력이란 생활과 멀리 떨어진 곳에서만 사용되는 힘이 아니다. 우리 주변은 수많은 예측으로 가득하다. 대표적인 것이 기상예보다. 기상예보를 듣고 어부들은 고기잡이를 준비하고, 농부들은 농사를 계획한다. 여행을 가는 데도 중요한 요소다. 기업도 날씨 예측으로 매출을 극대화하려고 노력한다.

예측은 스포츠에서도 활용된다. 축구는 상대 팀의 경기를 분석하며 움직임을 예측해 전술을 준비하고 훈련한다. 그 예측이 정확하면 기적 같은 승부가 연출되기도 한다. 야구 경기에서도 예측 능력은 중요하다. 타자는 투수의 투구 모습과 구질을 관찰해 통계를 낸다. 포수의 리드 성향도 파악해 다음 공을 예측한다. 투수도 타자의 스윙 궤적과 타격 모습을 파악하고 예측해 약점을 찾아낸다.

아이들의 가위바위보조차 상대방의 수를 읽는 싸움의 연속이다. 바둑과 장기는 끊임없는 관찰과 분석을 전제로 한 추리와 예측으로 한 수 한 수 진행된다. 경제 전문가의 예측은 누군가에게 이익과 절망을 안겨 주기도 한다.

같은 상황을 보고도 사람에 따라 예측은 제각각일 때가 많다. 전문가들도 첨예하게 다른 예측을 내놓을 때가 있다. 정치와 교육에서도 예측은 삶의 궤적을 다르게 만든다.

예측은 전문가들만 하는 것이 아니다. 우리 모두가 예측하며 살아간다. 부모는 자녀 마음을 예측하고, 아이들은 부모와 친구들의 마음을 예측해 말하고 행동한다. 다가올 미래를 바라보며 스스로가 예측한 대로 꿈을 꾸기도 하고 절망에 빠지기도 한다. 우리에게 웃음과 눈물을 주는 예측력이란 무엇인가? 예측력을 갖추기 위해 필요한 것은 과연 무엇일까?

첫째, 문제를 발견하는 힘이다. 미래 예측은 기업의 승부를 가른다. 미국의 금융통신회사 웨스턴유니언은 미래 예측의 실패 사례를 언급할 때 자주 인용된다. 전화기를 발명한 알렉산더 그레이엄 벨은

이 회사에 자신의 음성통신 기술 특허를 팔고 싶다고 제안했다. 그가 제시한 금액은 10만 달러(현재 가치로 약 170만 달러)였다. 혁신적인 기술 치고는 비싸다고 볼 수 없는 제안이었다. 제안을 들은 사장 윌리엄 오턴은 투자할 가치를 느끼지 못한다며 거절했다. 벨은 직접 투자자를 모집해 1877년에 벨 전화회사를 설립했다. 1910년에는 웨스턴유니언 주식을 매입해 경영권까지 확보하고 승승장구했다. 벨이 세운 회사가 바로 세계 최대의 통신기업인 AT&T(American Telephone & Telegraph Co.)다.

국내를 보면, IMF 외환위기 직전에 위기의 징후가 여러 군데서 포착되었는데도 그것을 간파하지 못했다. 해외 유수의 단체에서 위기 상황이 다가온다는 것을 수차례 경고했지만, 위기의식을 느끼지 못하고 안일하게 대처한 결과는 참혹했다. 수많은 소시민이 삶의 터전을 잃고 목숨까지 끊었다.

예측력은 과거를 분석하고 현재를 직시하는 힘이다. 이 예측력은 문제를 문제로 보는 것에서 출발해, 수많은 징후를 포착해 낸다. 현상의 문제를 제대로 파악하지 못하면 미래 예측은 불가능하다. 아니, 예측이야 누구나 하겠지만 그 예측의 결과는 불을 보듯 뻔하다.

미래 예측은 기업과 국가뿐 아니라 개인의 삶에도 매우 큰 영향을 미친다. '사람을 보는 눈이 있다.' '촉이 있다.' '센스가 있다.' '생각이 깊다.' '배려심이 특별하다.' 이런 말은 인간지능 사고력, 예측력과 관계가 있다. '배려심이 있다'는 것은 상대방에게 필요한 것이 무엇인지 알고 미리 대처하는 태도를 일컫는다. 상대방이 말하지 않았지만 여러 징후를 종합해 스스로 예측하고 행동하는 것이 배려다. '센스가 있다', '생각이 깊다'라는 말도 깊은 생각, 예측력을 전제로 한 표현이다.

예측력은 정보력과 사고력에서 출발한다. 이를 바탕으로 문제를 문제로 보는 것이다. 문제를 인식하지 못하면 그 문제는 인생의 걸림돌이 된다. 삶의 발목을 잡고 구렁텅이로 빠지게 만든다. 결국 잘못된 예측은 자기 삶을 삼키고 만다.

둘째, 과제 해결을 위한 프로세스를 설정하는 기획력이다. 예측력은 정보력과 이해력, 사고력을 기초로 한다. 수용하고 인식하는 이해력 없이는 예측력도 향상될 수 없다. 비교하고 분석하며 종합하는 사고력 없는 예측도 있을 수 없다.

예측이 되어야 기획도 가능해진다. 기획은 가보지 않은 길의 지도를 그리는 과정이다. 따라서 예측 능력이 바탕이 되어야 세밀하고도 구체적인 기획을 할 수 있다. 그 능력이 승부를 가른다.

누구나 보험 한두 개 정도는 가입해 두고 있다. 왜 그럴까? 두 가지 측면이 있다. 첫째, 예측할 수 없는 미래를 준비하기 위해서다. 언제 병에 들고, 생각지 못한 사고로 힘들어 할지 모르기에 보험에 가입하는 것이다. 둘째, 예측이 가능하기에 보험에 가입한다. 자신의 상태와 사회 전반을 보고 앞으로 일어날 일을 간파해 미리 대비하는 차원에서 보험을 든다.

예측을 하지 못하면 예기치 못한 상황에 직면하게 되는 것이 당연하다. 예측을 한다고 해서 삶이 평탄하게 흘러가는 것도 아니다. 문제는 예측한 문제를 해결할 능력이 있느냐는 것이다. 누구나 문제를 발견하고 걱정할 수는 있지만, 그것을 대비하는 계획은 누구나 세울 수 있는 것이 아니다.

2002년 한일 월드컵을 1년 6개월 앞둔 한국 축구는 절망적이었다. 시드니 올림픽 8강 진출 실패, 아시안컵 3위. 당시 성적은 위기의식을 느끼게 하기에 충분했다. 여기저기서 외국인 감독을 영입해야 한다고 목소리를 높였다. 그때 거스 히딩크가 한국 축구 대표팀 감독으로 선임되었다. 그에게 주어진 시간은 1년 6개월이었다.

한국 선수들과 훈련을 시작한 히딩크는 훈련 과정에서 대표팀의 문제는 기술이 아니라 기초 체력이라고 판단했다. 그 문제를 해결하기 위해 그는 기초 체력 향상 훈련 로드맵을 설정했다. 입에서 단내가 나는 고된 훈련이 시작되었다. 그런데도 평가전 성적은 좋아지지 않았다. 거듭되는 평가전 패배 속에 '오대영(5:0)'이라는 별명도 얻었다. 언론은 감독을 선임한 축구협회를 비난하고, 히딩크 감독의 기초 체력 훈련 프로그램을 비판했다. "한국 선수들은 개인기가 부족하니 빨리 베스트 11을 선정해 조직력과 전술 훈련에 집중해야 한다!" 여기저기서 비판의 목소리가 커졌지만 히딩크는 반응하지 않았다. 평가전에서 질 때도 이렇게 말하며 자신의 계획을 하나둘 진행해 갔다. "많은 걸 배웠다. 우리는 계속 강팀과 붙어 경험을 쌓아 갈 것이다." 그리고 마침내 월드컵 4강이라는 신화를 이루었다.

히딩크는 한국 축구의 문제를 간파했다. 그리고 문제 해결을 위한 프로세스를 디자인했다. 누구도 가보지 않은 길이었다. 히딩크는 익숙한 길을 가듯 비판에 아랑곳 않고 앞으로 나아갔다. 자신이 파악한 문제점을 해결하기 위한 훈련 계획을 세우고 전진한 것이다. 결과론적인 이야기지만, 히딩크의 지도력은 수집된 정보를 근거로 한 올바른 판단에서 나왔다.

인간의 예측 능력은 진행되는 사안의 성공과 실패를 결정하는 가장 중요한 요소다. 문제를 문제로 보는 것도 필요하다. 그렇지만 그 문제를 해결하기 위한 프로세스를 짜고 실행해 가는 것이 더욱 중요하다. 더 높은 사고력과 추론을 바탕으로 한 예측력이 동반되어야 가능하기 때문이다.

추론은 추상도 상상도 아니다. 문제를 발견하고 비교·분석·분류를 통해 종합적으로 해결 방법을 찾는 과학적 사고 과정이다. 현자들은 모두 이 방법으로 다가올 미래 문제를 예견했고, 그것에 대비하는 프로세스를 제시했다. 이이의 십만양병설도 이런 추론 과정을 전제로 한 예측이었다. 그러나 당시 위정자들은 자신들의 부족한 정보력, 사고력을 근거로 이이의 경고를 무시했다. 그 결과 임진왜란이라는 비극이 초래되었다.

아는 것의 힘은 낮은 수용 능력으로도 가질 수 있다. 낱개의 정보를 기억하고도 힘을 키워 갈 수 있다. 그러나 알아내는 힘은 정보 자체보다는 정보를 자기 것으로 만드는 프로세스를 갖춰야 얻어지는 핵심 역량이다. 예측력에서도 알아내는 힘은 추론의 원천 기술이요, 핵심 능력이 된다.

셋째, 새로운 가치를 만들어 내는 창조력이다. 4차 산업혁명 시대는 인공지능을 중심으로 하는 빅데이터, 사물인터넷, 클라우드 컴퓨팅, O2O(Online to Offline)와 같은 첨단 정보 기술로 가득하다. 거의 모든 영역에서 융합으로 더 큰 힘을 발휘하고 있다. 새로운 가치를 창조하는 융합은 예측력에 바탕을 두고 있다. 미래를 효과적으로 예측하지 못하면 더 나은 기술로 발전시키지 못한다. 아니, 발전시켜야 한다는 생각조차 할 수 없다. 장래에 인간들이 추구하게 될 삶의 패턴과 가치, 기술 발전을 읽어 내야 현존하는 것을 활용해 의미 있는 결과물을 만들어 갈 수 있다. 예측력이 새로운 세계를 창조하는 원동력이 되는 것이다.

미래를 예측하지 못해 비운의 운명을 맞이한 대표적인 기업이 노키아다. 노키아는 1998년부터 2011년까지 13년 동안 휴대폰 시장점유율 1위를 차지했다. 그런 노키아가 2013년 마이크로소프트에 인수되고 몰락하게 된 데는 두 가지 이유가 있다.

첫째, 성공에 안주하고 새로운 변화에 둔감했다. 자만에 빠져 시대의 흐름을 읽어 내지 못한 것이 몰락의 길을 걷게 했다. 애플보다 7년 먼저 스마트폰을 개발했지만 활용하지도 않았다. 오히려 애플이 아이폰을 출시했을 때 "저건 조크 같은 제품"이라고 비아냥거렸다. 휴대폰 시장의 변화 징후를 읽어 내지 못한 것이다. 조직 내에서 터져 나오는 우려의 목소리를 묵살한 요지부동의 시스템도 불행을 자초했다.

둘째, 노키아는 공동체의 융합을 이뤄 내지 못했다. 미래 사회는 자신의 역할에만 충실한 사람을 원하지 않는다. 컨베이어벨트 앞에서 제품만 만드는 사람을 좋아하지 않는다. 인공지능 시대에는 공동의 비전을 바라보며 함께 힘을 합쳐 나아가야 승리할 수 있다. 한 사람의 유능한 능력자보다 협력할 수 있는 인재를 필요로 한다. 간부와 사원, 사용자와 노동자가 원활하게 소통하며, 협업 정신으로 무장해야 한다. 그런데 노키아는 산업사회의 최고 가치였던 분업화를 고수했다. 그룹 내부의 소통도 이루어지지 않았다. 변화에 민감하게 대처할 수 없는 기업 문화가 화를 자초한 것이다.

그런데 영원히 소생할 수 없을 것 같았던 노키아가 다시 용트림을 하고 있다. 아이러니하게도 그들은 자신들의 불행을 반면교사로 삼아 회복의 길을 걷고 있다. 늦었다고 생각할 때가 가장 빠른 때라고 했던가. 노키아는 인공지능 시대에 걸맞은 기업 문화로 탈바꿈하며 변화를 모색하기 시작했다. 비전을 공유하며 함께 힘을 합쳐 옛날의 저력을 되찾아가고 있다.

그들은 과거의 영광에 집착하지 않았다. 휴대전화 대신 통신 센서 개발에 집중 투자했다. 미래를 예측하며 새로운 분야에 도전장을 내민 것이다. 그 결과 2016년에 세계적인 통신장비 업체 알카텔-루슨트를 인수하기에 이른다. 스웨덴의 에릭슨 사를 앞질러 이동통신망 구축 네트워크 장비 분야에서 세계 1위를 차지했다. 4차 산업혁명의 시작과 함께 무대에서 사라졌던 노키아가 이제는 특이점의 시대를 대표하는 기업으로 다시 일어선 것이다.

노키아는 미래 예측력에 따라 몰락의 길을 걸었고, 새로운 가치를 창출해 가는 기업으로 성장했다. 지옥과 천국을 오가게 된 배경에는 예측력이 자리하고 있다.

어제보다 더 나은 미래를 살고 싶다면 과거를 철저하게 분석하라. 무엇이 지금의 당신과 당신의 조직, 단체가 있게 했는지 살펴라. 그래야 현재를 직시할 수 있다. 현재를 직시해야 나아갈 미래도 통찰력 있게 바라볼 수 있다. 어떻게 삶을 영위해야 할지 예측할 수 있다면 효과적으로 내일을 준비할 수 있다. 다가올 문제도 극복할 수 있다. 그럴 때 내일의 삶에 희망의 빛이 비친다.

유연하게 이해하며 포용하는, 인성역량 관계력

"좋은 책을 읽는 것은 과거의 가장 뛰어난 사람들과 대화를 나누는 것과 같다."

·르네 데카르트·

지금까지 독서를 통해 추구해야 할 목표를 이야기했다. 세상을 변화시키는 사람들, 리더의 자리에 있는 사람들이 품고 있는 핵심 능력, 그리고 모든 힘의 원천 능력이 되는 프로세스에 대한 메시지였다. 주도력, 이해력, 사고력, 표현력, 예측력, 어느 것 하나 참된 변화를 위해 빼놓을 수 없다. 모두가 인간지능을 구성하고 있는 요소며 개발해야 할 목표인 것이다. 이를테면 인생의 멋진 그림을 완성하기 위한 퍼즐 조각과 같다. 위기의 순간을 극복하도록 이끄는 회복력이며, 위기를 기회로 삼아 일어설 수 있도록 하는 문제 해결력의 원천이다. 이런 능력이 준비되지 않으면 원하는 목표를 성취하는 일은 하늘의 별 따기처럼 힘겨울 수 있다. 요행으로 기회를 얻었다 할지라도 지속할 힘이 없어 성공은 안개처럼 사라지고 만다.

그러나 인간지능의 마지막 퍼즐이 하나 남아 있다. 바로 관계력이다. 인성역량 관계력은 인간 능력의 마침표이자 모든 능력의 인프라가 되는 원천 능력이다. 말하자면 인간을 인간답게 만드는 능력이다. 모든 능력이 준비되었어도 관계력이 형성되지 않으면 미완성 작품에 지나지 않는다. 관계력을 통해 인간은 진정한 행복으로 들어갈 수 있다. 삶의 의미와 행복을 관계력으로 느끼는 것이다. 목표한 바를 성취하는 것도 관계력 없이는 불가능하다. 자기 존재의 이유와 삶의 의미도 관계력을 통해 찾을 수 있다.

인성역량 관계력은 구체적으로 어떤 힘인가? 독서를 통해 개발되어야 할 다른 능력들과는 어떤 연관이 있는지 살펴보자.

첫째, 인성역량 관계력은 상황 이해력이다. 불모지라는 말이 있다. 풀도 자라지 않는 땅이나 개발이 되지 않은 땅을 말한다. 미개발 영역, 미지의 세계를 의미하기도 한다. 불모지에서는 실패할 확률이 높다. 그만큼 방해 요소가 많기 때문이다.

그러나 방해 요소를 해결하면 문제는 달라진다. 불모지가 블루오션이 될 수 있다. 경쟁 없는 넓은 바다에 먼저 그물을 내린 자가 만선의 기쁨을 얻는 법이다. 물론 블루오션이라는 대양으로 가려면 넘어야 할 파도가 있다. 그 파도는 만만치 않다. 분명한 사실은 험한 파도를 극복할 수만 있다면 불모지는 자신만의 블루오션이 된다는 것이다. 페이스북이 좋은 예다.

페이스북은 매일 14억 명이 이용하고 있다. 매월 한 번 정도 출석

도장을 찍는 사람이 22억 명이다. 페이스북은 마크 저커버그가 하버드대학교 1학년 재학 중에 만든 SNS(Social Network Service) 시스템이다. 첫 출발은 단순했다. 온라인상에서 마음에 맞는 친구들과 자유롭게 관계를 맺고 의사소통할 수 있는 비밀 사이트가 있었으면 좋겠다는 친구의 말에 시작한 것이다. 시간이 흘러 저커버그는 불특정 다수가 참여할 수 있는 시스템 구축으로 방향을 돌렸다.

페이스북 이전에도 다양한 SNS 시스템이 있었지만 오래가지 못했다. 자연스럽게 친구를 맺고 소통하는 데 방해 요소가 많았기 때문이다. 페이스북은 그런 요소들을 제거했다. 자신의 의지로 참여하도록 했고, 철저한 실명 인증 방식으로 이용자들이 신뢰할 수 있는 판을 만들어 주었다. 그것이 SNS의 새 지평을 열었다.

인간이라면 누구나 관계를 통해 자신의 존재감을 확인한다. 페이스북은 그런 인간의 본질을 활용했다. 잊고 지내던 친구들과 관계를 이어 가고 소통할 기회를 제공했고, 서로를 연결 짓는 관계망으로 존재를 드러내도록 했다. 저커버그의 고등학교 출석부 이름이었던 페이스북이 전 세계인의 출석부가 되어 소통과 관계의 대명사가 되었다.

관계력은 상황 이해력이다. 주변 사람을 이해하는 힘이며, 사람과 일의 관계를 파악하는 힘이다. 페이스북은 주변 사람들의 필요에서 출발했다. 과정은 체계적이고 전문적이었다. 사람들의 필요를 채워 주었을 뿐 아니라 일의 관계를 예측하며 한 발 앞선 행보로 관심의 끈을 놓지 못하게 했다. 불모지를 오아시스로 만든 것이다.

눈치는 주변 사람들의 마음이나 상황을 미리 알아내는 능력을 말한다. 부정적인 의미로 사용되기도 하지만, 눈치 있는 사람들이 더 좋은 관계를 맺어 가는 것은 부정할 수 없는 사실이다. 상황 이해력은 눈치, 예측력과 그 맥을 같이한다. 다만, 관계력에서 말하는 상황 이해력은 인간관계를 중심으로 한 예측력이다. 약삭빠르게 행동해 이익을 추구하는 것이 아니라 관계를 제일 중요한 목표로 삼는 것을 말한다. 관계 안에서 형성된 인간애가 인성역량 관계력이 추구하는 상황 이해력이다.

아는 만큼 보이듯이, 아는 만큼 사랑할 수 있다. 그러니 자신을 둘러싸고 있는 사람들의 욕구를 잘 살펴라. 삶의 작은 변화와 필요에 대해 눈치 빠르게 대처하라. 자기 이익을 위해서가 아니라 원만한 관계를 맺는 데 눈치를 활용해야 한다. 관계를 만들어 가는 상황 이해력도 향상시켜라. 상황 이해력이 사고력과 융합될 때 불모지는 블루오션이 된다.

둘째, 관계력은 룰과 약속을 지키는 힘이다. 인성역량은 자신과의 관계에서 드러나는 인간의 성질이 아니다. 다른 이들과의 관계 속에서 드러나는 품성이며, 공동체의 일원으로서 자신과 남이 연결되어 있음을 인정하는 것이다. 한마디로, 인생이 추구하는 행복은 나 혼자만의 힘으로 얻을 수 없는 것임을 아는 지혜다.

진정한 관계력은 보이는 법을 넘어 보이지 않는 법을 지킴으로써 세워진다. 성문법은 제도를 유지하지만 불문법은 관계를 지킨다. 노블레스 오블리주가 보이지 않는 법의 대표적인 예다. 노블레스 오블리주는 자신에게 주어진 부와 명예, 인기에 대해 사회적 책임감을 갖는 것이며, 나와 남이 연결되어 있음을 인정하는 것이다.

프랑스 항구도시 칼레에는 오귀스트 로댕의 〈칼레의 시민〉 동상이 있다. 그 동상이 세워진 유래는 다음과 같다. 백년전쟁(1337~1453) 당시 칼레는 영국군에게 정복당했다. 영국 왕 에드워드 3세는 칼레 시민 여섯 명을 처형하겠다고 선포했다. 칼레 시민들은 충격에 빠졌다. 두려움에 사로잡혀 있는 시민들 속에서 자신들이 처형당하겠다고 자원하는 이들이 나오기 시작했다. 시장, 법률가, 귀족, 부유한 상인 등 칼레의 상류층이었다. 그럼에도 그들은 기꺼이 목숨을 버리겠다고 나섰다.

처형의 날이 밝았다. 여섯 명의 자원자는 목에 밧줄을 감고 에드워드 3세 앞으로 나아갔다. 바로 그때 처형이 취소되었다. 임신 중이었던 영국 왕비가 칼레 시민을 처형하면 태아가 불행해질 수 있다는 불안감을 느껴 왕에게 간청했기 때문이다.

1884년, 칼레 시는 여섯 명의 용기와 희생정신을 기념하기 위해 동상을 제작하기로 결정하고 로댕에게 맡겼다. 로댕은 5년 동안 심혈을 기울여 작품을 만들었다. 그 동상이 바로 〈칼레의 시민〉이며, 지금도 노블레스 오블리주의 대표적인 사례로 꼽히고 있다.

노블레스 오블리주는 글로 정해진 성문법이 아니라 불문법으로서 양심의 법이다. 부유한 자, 지도자로서 갖는 책임의식이다. 관계력도 이와 마찬가지다. 사회의 일원으로 살아가면서 맺어진 무언의 룰이며, 그 약속을 지키며 사는 것이다. 자신이 공동체의 일원임을 알고 인정하는 것으로부터 시작되는 힘이다. 인성역량 관계력은 사회 공동체를 지키는 보이지 않는 신호등이다. 이 룰과 약속의 전제 속에서 자신의 비전을 완성할 때 가치 있는 것이 된다. 준비된 수용과 사고력은 자신뿐 아니라 남을 살리는 것이 되어야 한다.

셋째, 스트레스를 조절하는 능력도 인성역량 관계력의 중요한 요소다. 대부분의 인간관계는 스트레스를 중심으로 연결되고 끊어진다. 자신에게 스트레스를 주는 사람이 있으면 거리를 두게 된다. 불편함을 조금이라도 느끼면 대면하기조차 싫어 한다. 마르틴 부버(Martin Buber)가 《나와 너(Ich und du)》에서 언급한 '나와 그것'의 관계로 살아가는 것이다. 자신과 어떤 관계도 없지만 그 대상(그것)과 만남을 유지하며 살아간다. 일정한 거리를 유지한 채 말이다. 이것이 보통 사람들이 맺는 관계라고 볼 수 있다.

관계력이 끈끈한 사람들은 다르게 행동한다. 스트레스를 준다고 해서 관계를 단절하지 않는다. 속이 상하고 마음이 아플지라도 관계의 끈을 끊지 않는다. 삶을 무너뜨리는 적일지라도 함께하는 방법을 찾는다. 삶의 가장자리일지라도 마음 한 편을 내어 주는 것이다.

링컨은 대통령 선거 과정에서 자신을 무시한 사람들을 내각에 등용했다. '숲 속의 고릴라'라고 원색적으로 비난하는 사람도 장관에 임명했다. 특히 국무장관으로 임명된 윌리엄 헨리 수어드(William Henry Seward)는 엘리트 중의 엘리트였다. 그는 "소가 말을 알아들을 수만 있다면 수어드는 소마저도 선동할 만한 사람이다"라는 소리를 들을 정도로 탁월한 달변가였다. 사람들은 링컨이 그를 등용하면 오히려 쓴맛을 볼 수 있다고 반대했다. 그럼에도 링컨은 그의 능력을 보고 일을 맡겼다. 수많은 반대를 무릅쓰고 등용한 수어드는 훗날 알래스카를 단돈 720만 달러에 매입하는 협상에 성공했다. 쓸모없다고 여긴 땅이

블루오션이 되어 오늘날 미국을 강대국으로 만드는 데 일조했다.

역사에 가정은 없다고 하지만, 링컨이 수어드를 국무장관으로 등용하지 않았다면 어떻게 되었을까? 자기 입맛에 맞는 사람만으로 내각을 구성했다면 우리가 아는 미국은 존재하지 않을 수도 있다.

링컨도 자신을 적대했던 이들이 마냥 좋지만은 않았을 것이다. 자신을 향해 던진 말을 생각하면 화가 치밀어 올랐을 것이다. 자신이 가진 권력으로 멋지게 복수하고 싶은 마음도 들었을 것이다. 그러나 그는 그렇게 하지 않았다. 오히려 스트레스를 조절하며 나아갔다. 합리적인 사고와 감정을 분리해 판단했다. 공공의 이익을 위해서라면 자신에게 아픔을 준 사람도 포용한 것이다. 그는 넓은 마음으로 관계의 끈을 이어 가며 의미 있는 결과를 만들었다.

인성역량 관계력을 세워 가려면 사사로운 감정에 휩싸이지 않아야 한다. 스트레스를 준다고 복수의 칼을 가는 것이 아니라 넓은 마음으로 포용할 때 관계력이 향상된다. 참으로 쉽지 않은 일이다. 아무나 할 수 있는 일도 아니다. 그래서 더더욱 훈련하고 준비해야 한다. 인성역량 관계력이 성공의 마침표이자 시작점이기 때문이다.

플라톤은 이렇게 말했다. "남을 행복하게 할 수 있는 자만이 또한 행복을 얻는다." 올바른 관계 없이는 행복한 삶을 살 수 없다는 이야기다. 아무리 뛰어난 사고력과 능력이 있어도 관계가 엉망이면 결국에는 실패로 향할 수밖에 없다. 그러니 관계력을 키우는 데 온 힘을 쏟아야 한다. 인간지능 독서법으로 다져진 능력들은 관계력과 함께 어우러져야 그 빛을 발할 수 있다.

4장

독서를 디자인하라

인공지능 시대,
독서에서 희망 찾기

"책이 없다면 신도 침묵을 지키고, 정의는 잠자며,
자연과학은 정지되고, 철학도 문학도 말이 없을 것이다."

·토마스 바트린·

계획 없이 사는 사람들

누구나 일을 진행하기 전에 계획을 세운다. 2박 3일 가족여행을 가는 일조차 계획은 필수적이다. 어디로 갈지, 어디에 묵을지, 어떤 교통수단을 이용할지 사전에 조율한다. 무엇을 먹을 것인지도 여행에서 결코 빠뜨릴 수 없는 문제이기에 현지의 유명 맛집을 인터넷으로 찾아보며 신중하게 식사 계획도 잡는다. 아이들과 함께 떠나는 여행이라면 그들이 즐길 만한 관광지나 탐방지, 체험 공간을 미리 예약하는 일도 여행 계획에서 빠질 수 없다.

학교, 사회, 기업, 국가기관 등 어느 곳에서나 사업을 진행할 때는 계획과 기획이 필수적이다. 기간이 길수록, 규모가 클수록 기획 규모는 커지고 준비 기간도 늘어난다. 기획과 계획이 어느 정도 완성되었다고 생각할 때, 비로소 준비한 사업을 진행한다.

사전에 철저하게 준비해도 예상치 못한 일은 일어나기 마련이다. 너무나 많은 변수가 여행과 사업과 삶 속에서 벌어지기 때문이다. 예측하지 못한 경우의 수가 많을수록 리스크는 커질 수밖에 없다. 기획 단계에서 예측이 잘못되면 그 파장은 걷잡을 수 없이 크다.

그래서 대부분의 기관은 최고의 인재를 기획실, 전략실에 배치하고 기업과 기관의 업무에 대한 큰 그림을 그리며 세부적인 계획을 잡아 나간다. 기업들은 기획 실력자를 찾아 거액을 아끼지 않고 영입하려 한다. 왜 그럴까? 그들의 훈련된 사고 능력은 미래를 예측해 내는 힘이 있기 때문이다. 예측 가능한 것은 대비할 수 있고, 그들의 판단과 의결에 기관의 미래가 좌우된다. 예측한 결과에 따라 수익 구조도 좋아지기 마련이다.

여행과 사업만 그런 것이 아니다. 인생사도 다르지 않다. 미래를 꿰뚫어 보고 앞으로 살아갈 인생을 예측하여 효과적으로 준비한 인생은 다르다. 인생의 다양한 변수에 적응하고 대처할 능력이 있다면 인공지능 시대도 두렵지 않다. 리스크를 최대한 줄일 수 있기 때문이다. 그래서 자기 인생의 계획서를 가지고 있어야 한다. 1년, 3년, 5년, 10년 뒤 어떤 자리에서 무엇을 하기를 원하는지 말이다. 그것을 위해 중·단기적으로 무엇을 준비해야 하는지 알아야 한다. 구체적인 계획과 절차도 필요하다.

계획을 세운다고 해도 예상치 못한 변수를 만나 곤란한 상황에 빠지는 일은 허다하다. 그렇다고 무계획이 최선일 수는 없다. '꼭 그렇게까지 할 필요가 있나? 인생이 사업은 아니잖아?'라고 반문할 수도 있지만, 그럼에도 인생의 계획은 필요하다. 그것이 차이를 만드는 힘이다.

인생 계획을 세울 때 꼭 디자인해야 하는 부분이 배움이다. 무엇을 이루기 위한 계획만으로는 인생의 성취를 이루기 힘들기 때문이다. 원하는 목표를 이루기 위해 무엇을 보고 배우고 익혀야 하는지를 차근차근 계획해야 한다. 그중에서도 독서 계획은 핵심적인 사안이다. 주먹구구식으로 할 것이 아니라 배움의 전체상을 바라보며 체계적으로 독서 계획을 준비해야 한다. 독서는 리스크를 줄이는 최적의 도구이자 앞으로 살아갈 인생의 길잡이가 되어 주기 때문이다.

독서 프로그래밍 알고리즘

이 책의 독서법은 책을 읽지 않는 오늘의 현실을 문제로 보고 있다. 책을 읽을지라도 독서를 통해 참다운 변화, 능력의 성장과 진보를 이루지 못하는 상황도 해결해야 할 과제로 여긴다. 이미 도래한 인공지능 시대에 어떻게 반응하고 준비해야 하는지에 대해 답을 찾지 못한 것도 해결할 과제로 보고 있다.

인간지능 독서법은 이러한 문제를 해결하기 위한 마스터키에 대한 이야기다. 따라서 이 책에서는 현실적인 고민거리에 대한 구체적인 대안을 독서로 어떻게 풀어갈 것인지 그 설명을 담으려 한다. 무엇보다 인간지능 독서법은 독서의 전체상, 변화와 성숙을 이루는 체계적인 독서 커리큘럼을 제공하기 위해 기획되었다.

인간지능 독서법 프로그래밍은 6단계 독서 알고리즘에 아홉 가지 독서법을 제시한다. 독서가 중요한 것이라는 데서 끝나지 않고 실제 능력을 키우는 실현 가능한 독서법이 되도록 기획했다. 그렇다고 독서의 모든 방법과 기술을 담지는 않았다. 그러기 위해 노력하지도 않았다. 그보다는 수많은 독서법 책에서 소개하는 독서 방법과 기술을 6단계 독서 알고리즘에 담을 수 있도록 패턴화된 독서의 전체상을 디자인하는 데 집중했다. 6단계 독서 알고리즘을 읽고 소화하면 자신에게 이미 수용된 독서 지식과 정보가 정리되는 경험을 하게 될 것이다. 더 나아가 그 정보와 지식이 체계화되어 의미 있는 결과를 도출해 내는 데 밑거름으로 작용하는 경험도 할 수 있다.

이 책에서 제시하는 방법 가운데 지금까지 한 번도 들어보지 못한 독서법이 등장할 수도 있다. 그러나 의심할 필요가 없다. 그것은 이 세상 모든 독서법 정보와 지식을 융합하고 체계적인 패턴으로 재창조한 통전적인 독서법이기 때문이다. 또한 각 독서법이 독립적인 가치를 지니면서도 유기적으로 연결되어 있다. 순서를 따라가면 좋지만 자신의 판단에 따라 부분을 발췌해 적용해도 전혀 문제 될 것이 없다.

인간지능 독서법을 적용해 본 사람마다 '할 만하다'고 이구동성으로 말한다. 그럼에도 이 책에서는 실전 전략과 그에 따른 지침도 마련해 줄 것이다. 책에서 전하는 메시지대로 시도하다 보면 '이 정도는 나도 할 수 있겠는데! 이대로 진행하면 지금까지와는 다른 독서의 결과를 마주할 수 있겠구나!'라는 생각이 들 것이다. 자신감을 갖게 해 변화를 이끌어 내는 것이 이 책의 최대 장점이다.

6단계 독서 알고리즘은 1단계 독서 동기 디자인(motivation of reading),

2단계 독서 태도 디자인(attitude of reading), 3단계 독서 내용 디자인(contents of reading), 4단계 독서 방법 디자인(method of reading), 5단계 독서 기술 디자인(skill of reading), 6단계 독서 앵커 디자인(anchor of reading)으로 구성되어 있다. 이 장에서는 1~5단계 독서법을 소개한다.

1단계 독서 동기 디자인에서는 동기부여 독서법을 소개한다. 책을 읽어야만 하는 분명한 이유를 고민하고 성찰한 내용을 담았다. 동기를 갖는 것은 모든 일의 시작이다. 어떤 일이든 동기부여 없이 시작하는 것은 효과적이지도, 효율적이지도 않다. 좋은 결과를 낼 수도 없으며, 그 일에서 행복감을 느낄 수도 없다. 동기부여 독서법을 통해 책을 읽어야만 하는 분명한 이유를 갖게 된다면 '시작이 반이다!'라는 말이 실감날 것이다.

2단계 독서 태도 디자인에서는 전인 독서법을 이야기한다. 독서의 목표를 분명히 하고 과정의 질을 높여 균형 잡힌 전인(全人)을 만들어 가는 것을 목표로 제시한다. 독서는 원래 즐거운 것이지만, 그저 감성적이고 심리적인 즐거움에 머무는 취미독서를 넘어선 차원이 다른 즐거움의 세계가 있음을 강조한다. 독서로 능력 있는 사람이 되기 위한 과정을 설계하고 성장을 이루는 데 도움이 되는 과정을 이야기한다. 전인 독서법을 통해 질을 높여 가는 독서의 새로운 목표를 제시한다.

3단계 독서 내용 디자인에서는 어떤 책을 읽어야 하는가에 대한 전체상을 십진분류 독서법을 통해 제시한다. 도서관의 서가 분류 시스템인 십진분류법을 활용한 독서법은 지금까지 진행해 온 독서의 경향성을 살펴볼 수 있는 탁월한 도구가 되어 준다. 그뿐 아니라 2단계 독서 태도 디자인의 목표인 전인으로 변화해 가는 일에 구체적인 마중물이 되어 준다.

인공지능 시대는 한 가지 직업을 평생직장 삼아 살아갈 수 없다. 지금까지는 두 마리 토끼를 좇는 것을 한 가지에 집중하지 못한다고 부정적인 시각으로 바라보았다. 그러나 인공지능 시대는 다양한 영역에서 영향력을 나타낼 수 있는 인재를 요구한다. 십진분류 독서법은 지난 독서 이력을 살펴봄으로써 오늘의 자신을 있게 한 프로세스가 무엇인지 확인할 수 있게 해준다. 자신의 현재를 알고 나아갈 구체적인 방향을 설계하는 계기를 마련하도록 돕는다.

4단계 박이정 독서법은 십진분류 독서법의 업그레이드 버전이다. 수준을 높여 전문적인 지식과 능력을 소유하는 방법을 제시한다. 전문가로서 자신을 바로 세우는 독서 방법인 동시에 두세 마리 토끼를 함께 잡을 수 있는 독서법이다. 십진분류의 방대한 내용 중에서 관심사를 따라 독서의 질을 높여 가는 연구독서를 제시한다. 박이정 독서법은 과정이 전개되어 갈수록 그 힘을 더해 간다.

5단계 트리비움 독서법은 모든 독서 활동의 실행 체계다. 아는 것이 힘이라고 했던가! 트리비움 독서법에서는 아는 것이 힘인 시대에도 시대를 선도했던 이들이 공통적으로 지녔던 알아내는 힘을 어떻게 키워 갈 것인지에 대해 구체적인 로드맵을 제시한다. 배우는 방법을 배우는 학습법이며, 자신의 사고 체계를 점검하고 인지하는 생각·사고 훈련 독서법이다. 생각이 무엇이며 사고의 작용은 어떻게 이루어지는지에 대해 이야기한다. 더 나아가 누군가 알아낸 사실을 배우는 독서에 머물지 않고, 훌륭한 지식을 뛰어난 방법으로 기존 지식과 연결 지어 가며 새로운 세계를 창조해 내는 인간지능의 원천 기술 트리비움을 소개한다.

다음 장에서는 6단계 독서 앵커 디자인의 네 가지 독서법을 소개한다. 앵커(anchor)란 바다에 배를 정박할 때 사용하는 닻을 의미한다. 닻은 항해를 마치고 항구로 들어온 배를 고정하는 장치다. 흐르는 파도에 떠밀려 내려가지 않도록 배를 붙잡아 주는 앵커는 작지만 커다란 배의 안전에는 필수적인 도구다. 독서를 통해 배운 내용을 온전히 자신의 것으로 체화해야 함을 강조하는 앵커 독서는 성공독서를 위한 마무리 과정이다. 책을 읽는 궁극적인 목적은 그 내용을 있는 그대로 수용하기보다는 수용과 이해, 표현의 과정을 통해 자신만의 생각을 정립해 가는 데 있다. 네 가지 앵커 독서법의 활용으로 수용된 정보와 지식이 자신만의 독창적인 지식으로 재창조되어 가는 과정을 경험하게 된다. 앵커 과정을 거친 지식은 성공을 추구하는 사람들의 힘과 무기가 되어 주며, '알아내는 힘'의 핵심 요소로 자리한다. 바로 앵커 읽기가 필요한 이유다.

독서에서 희망을 노래하다

세상을 변화시키고 주도하는 사람들의 공통점은 모두 독서가라는 것이다. 책을 읽다 보면 어디서나 독서를 통해 성공한 사람들의 이야기가 등장한다. 이것은 책을 읽어야 성공적인 삶을 살 수 있다는 말처럼 들리기도 한다. 상투적으로 들릴지 모르겠지만, 실제 삶의 현장에서 나타나는 모습이다.

토머스 에디슨의 업적, 빌 게이츠의 영향력이 어디서 비롯되었겠는가. 처음에는 샴쌍둥이 분리수술로 유명해졌고 미국 공화당 대통령 경선에까지 나왔던 세계 최고 신경외과 의사 벤 카슨(Ben Carson)의 영향력도 독서를 빼놓고는 이야기할 수 없다. 싱가포르의 리콴유(李光耀) 수상이 싱가포르를 디자인하여 도시국가를 넘어 세계 속의 영향력 있는 국가로 만들 수 있었던 것도 독서의 힘이 아니고는 설명할 길이 없다. 그들은 독서를 통해 생각했고, 정보를 얻었다. 새로운 아이디어의 마중물은 언제나 책을 통해 얻을 수 있었다. 책이 삶을 바꾸는 최적의 도구였던 것이다.

지금 우리가 살고 있는 시대는 금수저 논란으로 시끄럽다. 흙수저 계급론으로 현실을 바라보며 희망을 가질 수 없는 사회 현실을 비판하는 이들도 적지 않다. 삼포 세대, 오포 세대에서 이제는 N포 세대라는 말까지 나왔다. 모든 것을 포기할 정도로 희망이 없어 보이기 때문이다. 청년 세대의 투정으로만 받아들이기에는 현실의 벽이 너무 높다. 개천에서 용 난다는 말은 이제 옛말이 되어 버렸다.

그럼에도 어려운 시대를 돌파할 도구가 있다. 한 치 앞을 예측하기 힘든 인공지능 시대를 이길 비법도 존재한다. 그것이 바로 독서다. 독서는 인간지능을 키우는 최고의 수단이요 방법이다. 독서는 계급과는 상관없이 누구에게나 동일한 기회를 준다. 자신이 처한 상황과 상관없이 원하는 목표로 도약할 수 있도록 해준다. 너무도 빠르게 변화하고 예측이 어려운 시대에도 독서가 희망임을 노래해 본다.

독서 동기 디자인(motivation of reading): 동기부여 독서법

"신이 인간에게 책이라는 구원의 손을 주지 않았더라면,
지상의 모든 영광은 망각 속에 되묻히고 말았을 것이다."

· 리처드 베리 ·

독서해야 할 이유가 없는 사람들

"사회생활 하기도 바쁜데 무슨 책이냐!"

"영어 배우기도 벅찬데 독서까지?"

"바쁜 회사 일과 일상에 지쳐 책 읽을 여력이 나지 않는다!"

"독서가 좋은 건 알겠는데, 책 몇 권 읽는다고 인생에 큰 변화가 일어나는 것도 아니잖아."

독서하지 않는 이들의 변명은 크게 다르지 않다. 읽을 시간이 없다. 읽을 필요성을 크게 느끼지 못한다. 굳이 머리 아프게 책을 읽지 않아도 살아가는 데 큰 불편을 느끼지 않는다.

고대부터 독서가 삶을 바꾸는 근간이라고 이구동성으로 이야기한다. 그런데도 사람들은 읽지 않는다. 자기 삶의 영역에서 책을 읽어야 할 이유를 찾지 못했기 때문이다. 짧으면 한 시간, 길면 서너 시간을 투자해야 할 명확한 이유를 발견하지 못해 책을 잡지 않는다. 그렇기 때문에 독서로 삶을 변화시키려면 '왜 책을 읽어야 하는가?'라는 질문에 대해 자신만의 답을 찾아야 한다. 분명하고 간절한 이유가 있어야 한다. 책을 읽을 이유가 없으면 읽을 필요도 사라지기 때문이다.

통계를 보면 대부분의 사회인이 현재의 일자리에 만족하지 못한다. 좀 더 즐겁고 자기 가치를 알아주는 좋은 자리를 바란다. 더 많은 연봉도 바란다. 자신의 꿈을 실현시켜 줄 직장을 꿈꾼다. 좀 더 소박하게는, 저녁이 있는 삶이 가능한 직장을 꿈꾸기도 한다. 그런 자리로 옮겨갈 수 있는 기회만 오면 언제든지 박차고 나갈 기세다. 그런데도 왜 자리를 지키고 있을까? 현재의 자리를 지켜야 할 이유가 있기 때문이다. 미래의 비전 때문인 경우도 있지만, 때로는 매우 현실적인 이유로 자리를 떠나지 못한다.

세상의 모든 일에는 이유가 있다. 그 이유가 좋건 나쁘건, 가치가 있건 없건 간에 이유가 있기에 일상을 살아간다. 회사를 다녀야 할 이유를 찾지 못하면 떠난다. 삶을 살아가야 할 이유를 찾지 못하면 극단적인 선택을 하기도 한다.

이유는 동기를 부여하는 촉매다. 동기가 부여되면 인간은 스스로 움직이게 되어 있다. 뜯어 말려도, 감시를 해도, 체벌을 가해도 소용없다. 그래서 무슨 일이든 시작하기 전에 필요한 것이 동기부여다. 무엇을 해야만 하는 이유가 많으면 많을수록, 간절하면 간절할수록 일의 지속성이 길어진다. 시간을 쏟고 돈을 투자해야 할 이유, 고통과 고난을 참고 인내해야 할 이유, 그 이유가 동기를 부여해 준다.

우리나라는 독서율이 매우 낮다. 사회가 독서를 할 여건과 이유를 제시하지 못했기 때문이고, 개인도 독서를 해야만 하는 이유를 스스로 발견하지 못했기 때문이다. 비즈니스 철학자이자 경영전략가인 게리 해멀(Garry Hamel) 교수는 《꿀벌과 게릴라(Leading the Revolution)》에서 독서의 중요성에 대해 이렇게 말했다.

"책을 읽지 않는 사람은 평생을 똑같은 수준으로 부지런히 꿀벌처럼 일할 수는 있지만, 게릴라처럼 갑자기 출세하거나 사업에 성공하지는 못한다. 평소에 꾸준히 책읽기를 통해 놀라운 지식 능력, 그리고 자신감을 얻은 자만이 혁명적인 두각을 나타낼 수 있다. 앞으로는 개선 정도로는 안 된다. 그 누구도 상상하지 못한 혁명적인 새로운 일을 시작해야 한다는 것이다. 마치 게릴라처럼 (…)."

해멀 교수의 말처럼 독서는 삶을 변화시키는 가장 좋은 수단이다. 지위와 학력을 뛰어넘어 자기 삶을 업그레이드하는 탁월한 도구다. 평생직업이 사라지고 사회 변화 속도를 예측하기 힘든 인공지능 시대에 독서는 필수다. 과거부터 현대까지 그 사실은 변하지 않았다.

그러므로 삶의 변화를 원한다면 독서를 해야만 하는 이유를 찾아야 한다. 그 이유를 종이 위에 기록할 수 있어야 한다. 주변 사람들에게 언제든지 보여줄 수 있을 정도여야 한다. 기록으로 보여주고 말로 선언할 정도가 아니면 동기부여가 되지 않는다.

동기부여는 모든 것의 시작이다

동기는 세상을 움직이는 힘이며 개인을 움직이는 힘이다. 세상을 파괴하는 힘이 되기도 하며 세상을 살리는 힘이 되기도 한다. 동기가 부여되면 세상에 흩어져 있던 모든 것이 내 안에서 질서를 이룬다. 동기가 부여되지 않으면 어떤 것도 능력을 발휘하지 못한다.

사람에게 가장 큰 동기부여는 무엇일까? 바로 인정을 받는 것이다. 공부하는 이들은 부모님과 선생님에게, 자신이 소속되어 있는 곳에서 인정받고 싶어 공부에 열성을 다한다. 입신양명의 목표도 누군가를 기쁘게 해주기 위한 것일 때가 많다.

학문을 탐구하는 이들은 학계에서 인정받기를 원한다. 운동하는 사람들이 승리를 위해 노력하는 것도 다 인정받고 싶은 욕구 때문이다. 인정을 받는 만큼 몸값이 상승한다. 무슨 일을 할 때 인정받는 것이 유일한 목표는 아니지만 제일의 목표임은 분명하다. 사람에게 있는 인정 욕구는 본능에 가깝다.

다른 사람의 인정은 사람을 움직이는 동력으로 작용한다. 그러나 자기 자신에게 인정받는 것에는 미치지 못한다. 가장 큰 동기부여는 자신에게 인정을 받는 것이다. 삶의 변화를 스스로 느끼면 자신감이 솟아난다. 더 해보고 도전하고 싶은 욕구가 불 일듯 일어나 포기하지 않게 된다.

이유를 찾아라! 인생을 살아야 하는 이유를 찾고, 돈을 벌어야 하는 이유를 찾아라! 승진해야 하는 이유를 찾고, 지금 고통을 감수하며 참아야 하는 이유를 찾아라! 그 이유가 가치 있을수록 당신의 삶은 지금과는 다른 기회를 맞이하게 될 것이다.

독서도 다르지 않다. 역사의 수많은 현인들이 왜 그토록 독서를 강조했는지, 그들에게 독서의 이유가 무엇이었는지 살펴라! 그들의 이유를 당신의 것으로 만들어라. 이 책을 통해 그 이유를 찾아가기를 바란다. 그저 그런 이유 말고, 자신의 삶을 변화시키는, 책을 읽어야만 하는 분명한 이유를 찾아야 한다. 그 이유를 찾게 된다면 책은 당신의 인생에 의미 있는 대상이 될 것이다. 그저 책을 읽는 행위만 있는 것이 아니라 당신의 삶에 대한 새로운 희망, 차원이 다른 삶을 살아갈 기회를 얻게 된다.

의무를 '원함'으로 만들어라

독서해야만 하는 이유를 찾았다고 해도 그것이 삶의 일부가 되는 일은 만만치 않다. 독서가 그저 해야만 하는 의무일 때는 진정한 변화로 연결되지 않는다.

2장의 '독서의 두 얼굴, 취미성과 학습성'에서 독서가 취미 이상의 것이 되어야 한다고 이야기했다. 독서가 취미일 때의 장점은 '즐거움'에서 찾을 수 있다. 부담도 없고 그저 즐거운 것이다. 모든 취미가 그렇다. 의무감이 없기 때문에 즐겁다. 만일 취미를 넘어 의무감이 부여되면 상황은 달라진다. 독서도 마찬가지다. 변화와 발전을 위한 독서는 어느 정도 부담을 동반해야 한다. 취미독서를 넘어 학습독서의 차원으로 넘어간다는 것은 어느 정도 부담이 따르는 상황 속에서 의무적인 독서가 된다는 것을 의미한다.

여기서 한 가지 풀어야 할 숙제가 생긴다. 독서가 의무로만 남아 있어서는 안 된다는 것이다. 어느 정도 의무감이 필요하다는 것은 독서 시작 지점에서 품고 있는 마음가짐과 태도를 의미한다. 의무적인 마음가짐이 계속되면 문제점이 되어 자신을 괴롭힌다. 독서로 진정한 변화를 추구하려면 의무가 '원함'이 되도록 해야 한다. 독서가 스스로 원하는 삶의 일상이 될 때라야 비로소 눈으로 목도할 수 있는 변화를 맛볼 수 있다.

'스탠퍼드대 미래실행 보고서'라는 부제가 달린 《시작하기 전에 알았더라면 좋았을 것들(Insight Out)》에는 인생을 주도적으로 살아야 한다는 것을 강조하는 이야기가 나온다. 저자인 티나 실리그(Tina Seelig)는 실리콘밸리와 스탠퍼드대학교의 사례를 중심으로 미래 로드맵을 제시한다. 그 안에 컨설팅 회사 맥킨지앤드컴퍼니(McKinsey & Company)에서의 존 가드너(John Gardner) 연설을 인용해 이런 메시지를 전한다.

"의미란 수수께끼에 대한 답이나 보물찾기의 상금처럼 우연히 얻게 되는 것이 아닙니다. 의미는 당신 삶에서 당신이 만들어 가야 하는 것입니다. 우리의 과거 경험에서, 애정과 헌신에서, 오랜 세대에 걸쳐 전해 내려온 인류의 경험에서, 우리 자신의 재능과 지식으로부터, 우리의 믿음에서, 우리가 사랑하는 것들과 사람들로부터, 무엇인가를 희생하더라도 기꺼이 지키고자 하는 가치로부터 의미는 만들어집니다. 모든 재료는 준비되어 있습니다. 당신만이 그 모든 것을 조합해서 당신만의 패턴, 곧 당신의 삶으로 만들 수 있습니다."

이 이야기는 '독서를 시작하기 전에 알았더라면 좋았을 것들'이라고 해도 설득력이 있다. 성공독서를 꿈꾸는가? 독서가 의무가 아닌 원함이 되게 하라! 인생이 그러하듯 모든 변화는 의무감이 아닌 스스로 원하는 마음에서 비롯되니 말이다.

인문학 독서로 목적적 지식을 추구하라

삶에 동기를 부여하는 데 인문학만큼 도움이 되는 것도 없다. 10여 년 전부터 독서 시장에 인문학 열풍이 불기 시작했다. 인문학을 모르면 안 될 것 같아 입문하는 사람도 생겼다. 인문학이 무엇인지는 모르지만 그 자체가 좋기도 하고, 뭔가 있어 보여 발을 내딛는 사람도 있었다. 사회적 열풍에 힘입어 도서관과 평생교육원에서 인문학 강좌를 개설했다. 지자체들도 다양한 인문학 강좌를 열어 시민들에게 배움의 기회를 제공하려 힘쓴다.

인문학이 과연 무엇이기에 이토록 관심을 갖고 한 시대의 핵심 키워드로 자리하게 되었을까? 인문학(人文學)은 말 그대로 사람에 대한 학문이다. 철학을 통해 일상에 질문을 던지고, 문학으로 오늘 우리의 삶을 그려 본다. 역사를 통해 과거를 살피고 우리가 살아갈 미래를 가늠하며 인간의 존재, 마음, 생각과 행동, 꿈과 소망을 탐구한다. 거창하기도 하지만 소박함을 담고 있다. 추상적이기도 하지만 우리 삶의 실제를 다룬다.

'나는 누구인가? 나는 어디서 와서 어디로 가는가? 행복이란 무엇인가? 결혼이란 무엇인가? 역사란 무엇인가? 공부한다는 것은 무엇인가? 진리란 무엇인가? 정의란 무엇인가? 아름다움이란 무엇인가?'라는 질문을 던지며 인간을 탐구한다.

살면서 누구나 한 번쯤은 던져 보았던 질문이다. 해답은 명확하지 않으나 분명히 던져야 하는 질문이기는 하다. 왜 이런 질문에 답을 찾아야 할까? 그것은 바로 목적적 지식 때문이다.

인문학은 인생의 방향성에 대한 질문이며 현실의 고뇌다. 목적적 지식은 모든 것들의 이유가 되어 준다. 왜 공부하고, 결혼하고, 돈을 벌고, 성공하려는가? 누구나 던지는 질문이지만 분명한 답을 내놓지 못한 이가 많다. 하루하루 살아가기도 바쁜데 그런 질문에 답을 내릴 시간이 어디 있냐고, 숨이 붙어 있으니까 살아가는 것 아니냐고 항변하기도 한다.

그러나 목적적 질문에 답을 내놓지 못하면 인간은 방황하기 마련이다. 어느 순간 '내가 고작 이런 것을 추구하려고 몸부림치며 살았어?'라며 자조적인 넋두리를 하게 된다. 목적적 지식은 삶의 이유와 방향과 인생의 본질을 알게 해주는 가장 기본적인 질문이기 때문이다. 가치 있는 목적적 지식을 가진 사람들은 어디에 있든, 무엇을 하든, 어떤 상황 속에 있든 행복하다. 고난이 닥쳐와도 견뎌 내야 할 이유가 분명하기에 그렇다.

인생을 살아갈 명확한 동기를 찾으려면 목적적 지식을 제공하는 책을 읽어야 한다. 전문가가 되려면 전공 서적을 읽어야 그 분야의 전문성을 키워 갈 수 있듯이, 인생을 사는 사람은 인생을 논하는 책을 읽어야 한다. 그 책이 바로 인문 고전이다. 인문 고전은 아주 오랜 시간 살아남아 여전히 사람들의 사랑을 받고 있는 책이다. 세월이 흘러도, 최첨단 기술로 무장한 기술이 밀려와도 인간이기 때문에 필연적으로 고민하는 질문들이 있다. 바로 인문학이 추구하는 본질적인 질문이다. 이 질문에 대한 답이 고전에 숨겨져 있다.

인문학은 속도에 대한 이야기가 아니다. 방향에 대한 이야기다. '무엇을 해야 하는가'에 대해 이야기하는 것이 아니라 '왜 해야 하는가'에 집중한다. 모든 사람이 오른쪽을 향해 달려가도 나 홀로 왼쪽을 향해 나아갈 수 있는 당위성을 제공한다. 모두 앉아 있을 때 홀로 일어설 수 있는 용기, 모두 '예'라고 외칠 때 '아니오'라고 말할 수 있는 용기는 목적적 지식을 가진 사람만이 얻을 수 있다. 세상을 움직이는 힘이 바로 여기에 있다.

철학의 여러 책이 도움을 줄 것이다. 형이상학, 인식론, 인과론, 인간학, 동양철학, 동양사상, 서양철학, 논리학, 심리학, 윤리학, 도덕철학의 주제들에 관심을 가져 보자. 딱딱해 보일 수도 있지만 서점과 도서관의 철학 코너를 찾으면 이런 주제를 통해 사람과 인생, 사물과 사건, 꿈과 직업, 정의와 진리에 대해 질문을 던지고 고민하고 길을 찾아 나가는 철학의 목적적 지식을 담은 책이 가득하다.

종교 서적에도 관심을 가져 보자. 개인적으로 믿는 종교가 있는지는 중요하지 않다. 진리가 무엇인지, 사랑과 평화가 무엇인지, 인생은 무엇이며 어떻게 살아가야 하는지에 대해 종교가 내놓는 답변에 귀를 기울여 보라. 돈이 되는 지식은 아닐지라도 당신의 삶을 풍요롭게 만드는 가르침임은 분명하다.

문학과 역사 서적에도 관심을 갖자. 학창 시절에 역사는 시험과 뗄 수 없었으니 따분한 것일 수도 있었겠지만, 인생을 살며 사회생활을 하는 이들에게 역사만큼 재미있는 것도 없다. 시대를 불문하고 고민하고 갈등하며, 사랑하고 미워하며 행복을 추구하는 인간 군상들의 이야기 속에서 자신을 만나게 된다. 성공과 실패, 다스리는 자와 다스림을 받는 이들의 이야기 속에서 잊고 있던 자신의 모습을 발견하게 된다.

인문학 독서를 통해 목적적 지식을 추구하는 이들에게 공통적으로 주어지는 선물이 있다. 바로 인생을 사는 목적을 발견하게 된다는 것이다. 당신의 삶을 더욱 빛내 주는 주변 사람들의 가치를 발견하게 된다. 직업이 단순히 돈을 버는 수단이 아니라 살며 사랑하며 배우며 나누는 통로라는 것을 깨닫게 된다.

인물 독서로 비전을 디자인하라

인문 독서를 통해 목적적 지식을 찾아볼 수 있다면, 인물 독서를 통해서는 인생의 비전을 찾고 디자인해 볼 수 있다. 인생의 방향을 정했다면 자신의 전문성을 키워 갈 분야를 정하고 좁혀 가는 일이 뒤따라야 한다. 자신이 걸어갈 길을 아는 것만큼 동기부여가 되는 것은 없다. 적성을 찾고 비전을 찾아가는 독서법은 다음에 소개할 십진분류 독서법에서 자세하게 다룰 것이다. 여기서는 900 역사 분야 가운데서 990 인물전, 위인전 독서의 중요성과 필요성을 이야기하려 한다.

위인들은 각기 다른 분야에서 자신만의 전문성을 갖고 살아간 이들인 경우가 많다. 그러나 단순한 전문가가 아니다. 그것만으로 위인이라는 칭호를 받을 수는 없다. 그 전문성을 자신을 넘어 타인을 위해 사용한 이들이 바로 위인이다. 일회성 봉사, 선심성 기부나 활동이 아니라 전 생애에 걸쳐 지속성이 있어야 한다.

위인들에게는 빠지지 않는 한 가지 공통점이 있는데, 바로 그들의 삶에 찾아든 고난과 역경이다. 자신의 실수 때문에 닥친 불행이 아니다. 자신의 실수와는 전혀 관계없이 타인을 위해 헌신하는 가운데 찾아든 고난이다. 아니, '찾아든 고난'이라고 하기보다는 스스로 그 길을 걸어갔다고 해야 맞는다. 자신이 추구하는 삶의 방향에 아픔이 있는 줄 알면서도 뛰어든다. 가족과 친지와 이웃이 아니어도 도움이 필요한 사람들에게 기꺼이 다가가고 함께한다. 가만히 있으면 편한 삶을 살아갈 수 있지만 정의와 보편적인 가치를 위해, 더불어 행복을 누리기 위해 불편을 선택한 이들이 위인이다.

전기를 통해 들여다보면 이렇게 훌륭한 인생을 산 사람들에게 누구나 감동을 받는다. 감동은 누구나 할 수 없는 것을 할 때, 예상치 못한 것에 뛰어들 때, 선한 일을 위해 자신을 희생할 때 일어나는 감정이다. 위인전기에서 받은 감동은 삶의 방향성을 점검하는 계기를 선물해 준다. 위인들과 똑같은 삶을 살지는 못하더라도 흉내 정도는 내자고 동기를 부여한다. 삶에서 무엇이 좋은지, 중요한지, 먼저 해야만 하는 일이 무엇인지 깨달음을 얻는다. 삶의 기준을 재정리해 보는 시간을 갖도록 이끌어 준다.

역사의 위인들에게서만 배움과 깨달음을 얻는 것은 아니다. 우리와 동시대를 살아가고 있는 인생의 선배, 이웃 동료들을 통해서도 새로운 배움은 찾아온다. 한 분야의 전문가로 살아가며 자신이 경험한 이야기를 담아 낸 자서전도 비전을 디자인하는 데 큰 도움이 된다. 위인전이 인문학 서적처럼 삶의 의미와 방향성을 찾는 데 도움이 된다면, 인물전이나 자서전은 자신이 관심을 갖고 있는 분야에 대해 큰 그림을 그리게 해준다.

인문학 독서를 통해 추구하는 목적적 지식은 추상적이다. 그러나 인물 독서를 통해 디자인하는 비전은 구체적이다. 비전은 자신의 미래를 이미지화한 것이다. 방향성인 동시에 구체적인 미래상이기도 하다. 관심 분야에서 핵심적인 인물의 책으로 자신의 미래 모습을 그려 볼 수 있기 때문이다.

살아 있는 인물의 자서전도 좋고, 에세이도 괜찮다. 방향이 정해졌으면 도달할 목적지를 구체화하는 일이 뒤따라야 한다. 비전을 발견하고 디자인해야 하는 것도 다 이 때문이다. 비전이 그려지면 책을 읽어야 하는 이유와 동시에 읽어야 할 내용, 책의 분야와 종류가 결정된다. 수많은 사람이 먼저 달려간 길, 그들의 족적을 뒤따라가는 여정이 시작된다. 책을 통한 간접경험은 직접경험만큼 가치가 있다. 성공의 요소를 그려 볼 수 있으며, 실패의 요인을 살펴 반복된 실수를 줄일 수 있다. 책을 통해 생각이 바뀌고 그 생각이 인생을 바꿔 가는 선순환 고리가 형성된다. 자연스레 삶에 동기가 부여되어 인생의 돌파구를 찾게 된다.

설득적 동기부여에서 경험적 동기부여로 나아가라

동기부여는 크게 설득적 동기부여와 경험적 동기부여로 나뉜다. 설득적 동기부여는 자신도 해보지 않은 상태에서 누군가를 설득하거나 설득되는 것을 말한다. 대부분의 동기부여가 여기에 속한다. 독서도 누군가의 독려와 조언으로 책을 읽겠다는 마음을 품을 수 있다. 인터넷의 짧은 영상과 TV 기사를 통해서도 동기를 부여받을 수 있다. 독서의 위력을 체험하지는 않았지만 다양한 설득적 동기부여를 통해 책을 읽어야 하는 당위성을 부여받는 것이다.

설득적 동기부여는 새로운 일을 시작할 때 주로 받는다. 누군가의 도움과 조언으로 새로운 일에 도전하는 경우가 많다. 때로는 필요성에 의해 새로운 일에 뛰어들기도 한다. 뛰어든 일을 지속해 나가는 과정에서도 설득적 동기부여는 계속되어야 한다. 시작보다 지속해 나가는 과정이 더 힘겹기 때문이다. 힘겨운 삶의 여정에 설득적 동기부여는 다시 일어설 힘을 제공해 준다. 그 힘을 덧입어 지속성을 유지하게 된다.

설득적 동기부여에는 한계가 있다. 외부의 동기부여가 끊어지는 순간 지속해야 할 동기도, 의지도 힘을 잃는다. 그래서 경험적 동기가 함께 병행되어야 한다. 설득적 동기가 외부의 설득을 통한 내적 변화라면, 경험적 동기는 과정의 진보와 성취의 경험을 통해 얻게 되는 내적 동기를 말한다. 동기의 뿌리가 외부가 아닌 자신에게 존재한다.

이 책을 읽고 독서로 삶을 변화시켜 가야겠다는 동기를 부여받았다면 그것은 설득적 동기부여다. 경험적 동기부여는 이 책에서 전하는 메시지대로 한 번 해봤더니 생각이 변화되고 실력이 향상되며 인생이 서서히 좋은 쪽으로 움직이고 있다는 것을 경험하고 느끼는 것이다. 그렇게 스스로 변화를 경험하면 독서와 글쓰기에 더욱 매진하게 된다. 이 책에서 전하는 메시지를 지속적으로 실천할 동기를 부여받게 되는 것이다.

중요한 것은 설득적 동기를 부여받아 시도하는 것이다. 그리고 스스로 변화를 경험하고 눈으로 확인할 때까지 포기하지 말아야 한다. 변화를 느끼고 경험하면 그때부터는 누구도 예측하지 못한 폭발력이 생긴다. 그 의미는 방송인 조니 카슨(Johnny Carson)의 말로 설명할 수 있다. 그는 중요한 것은 자기 마음에 있다며 이런 말을 전한다.

"재능 하나만으로는 성공할 수 없다. 알맞은 시간, 알맞은 장소에 있다고 해도 당신이 준비되지 않았다면 성공은 찾아오지 않는다. 그러니 가장 중요한 것은 이것이다. '준비는 되어 있는가?'"

이 책을 읽는 당신이 설득적 동기부여와 경험적 동기부여를 경험하길 간절히 바라는 마음으로 준비되어 있다면 변화의 날갯짓이 시작되었다고 볼 수 있다. 비록 시작은 미약하지만 나중은 창대해질 날갯짓이다. 그 미래를 희망의 눈으로 바라보고 책을 가까이 하면 된다. 그거면 충분하다.

'인간지능 독서법'을 실제로 이루며 사는 사람

2004년으로 기억한다. 나는 대전에 살며 독서 지도와 강의, 교재 개발에 매진하고 있었다. 학교와 교회, 사회단체에 공급할 교육 커리큘럼을 기획하는 일과 교사 교육이 일상이었다. 바로 그곳에서 임재성 작가를 만났다. 독서문화원에서 강사와 수강생으로 처음 만나게 된 것이다.

그때만 해도 임재성 작가는 책이나 글과는 거리가 먼 분이었다. 교육과정에 등록한 것도 자신의 필요 때문이 아니었다. 중등교사 자격증을 가지고 있던 아내가 독서와 논술, 질문 교재 만드는 과정을 위해 정읍과 대전을 매주 오고 가야 했고, 아내 홀로 보내는 것이 걱정된 그가 동반하게 되었다. 자신의 의지에 따라 원해서 시작한 것은 아니었지만 진행 과정에는 매우 적극적으로 동참했다. 결석도 하지 않았고, 적지 않은 독서 과제도 빼먹는 일이 없었다.

시간이 지나며 임 작가에게 작은 변화가 나타나기 시작했다. 아내보다 독서와 논술, 질문 교재 만드는 일에 더욱 적극적으로 관심을 보이고 참여한 것이다. 1년 여의 모든 교육과정을 마치고 연구원 과정에 인턴으로 참여하며 질문 교재를 만드는 일에도 동참했다. 초기에 제작된 교재는 완성도가 높지 않았다. 그럼에도 누구보다 성실하게, 그리고 적극적으로 연구원 과정에 참여했다. 먼 거리를 오가며 참여하기가 쉽지 않았을 텐데도 연구 과제 수행을 단 한 번도 거른 적이 없었다. 물론 그 과정 또한 만만치 않았다. 그는 자서전에서 이때의 일을 이렇게 회상했다.

"독서지도사 공부를 마치고 우리 부부는 더 심화된 공부를 시작했다. 학습설계사 과정으로 직접 교안을 만들고 기획도 하는 과정의 실무를 배우는 것이었다. 학생들을 가르칠 때 남이 만들어 준 교안으로 수업하는 것과 내가 직접 교안을 기획하고 작성해서 수업하는 것은 많은 차이가 있었다. 책을 읽고 다양하고 깊이 있게 이해하기 위해서는 꼭 필요한 학습이었다. 하지만 학습 과정이 만만치 않았다. 수행해야 할 과제는 산더미 같았고 교안 하나 작성에만 몇 십 페이지의 분량이 요구되었다. 매주 과제를 수행하는 것이 너무 벅차고 힘들었다. (…) 나는 그 후로도 계속 공부를 하러 다니면서 독서문화원의 연구원으로 일하게 되었다. 연구원으로 일하면서 나는 굉장히 많은 책을 읽고 지도안을 만들었다. 정말 미친 듯이 읽고 지도안을 만들어 냈다. 지도안 만드는 일 말고는 아무것도 하지 않았다. 2년여 동안 천여 권의 책을 읽어 댔다. 사고의 폭도 넓어지고 깊어졌고, 다양한 지식을 알 수 있었다."

시간이 지나며 제작되는 교재의 권수도 늘어났고, 교재의 완성도도 높아졌다. 2007년, 내가 분당으로 자리를 옮겨 일할 때 개설한 비전 디자인 과정에도 등록해 먼 길을 달려와 강좌에 참여했다. 당시 나는 청소년들의 비전을 디자인하는 독서 프로그램인 미래자서전 쓰기 과정을 오래전부터 운영해 오고 있었다. 임 작가도 당시 가르치던 정읍 지역의 청소년들에게 미래자서전 독서 프로그램을 진행해 보겠다고 했다. 정읍 지역에서 진행된 미래자서전 과정은 반응이 좋았다. 기수마다 정읍시 강당을 빌려 출판기념회도 열어주며 아이들 삶에 동기를 부여해 주었다.

임 작가는 "아이들에게 미래자서전을 쓰도록 지도하면서 정작 나는 지난 삶을 돌아보는 자서전을 써보지 않았다"면서 자서전을 써보기로 결심했다는 생각을 내비쳤다. 얼마 되지 않아 원고는 완성되었고 디지털 소량 출판으로 출간했다.

임 작가는 이렇게 자신과 정읍 지역 청소년들의 꿈과 비전을 찾는 일에 몇 년 동안 집중하더니 미래자서전 프로그램으로 책을 써보겠다고 결심했다. 그리고 2011년, 그의 첫 책 《미래자서전으로 꿈을 디자인하라》가 출간되었다. 그는 첫 책을 시작으로 매년 집필을 이어 가며 좋은 소식을 전해 왔다. 지난 8년간 15권의 책을 출간했다. 그중 두 권은 태국과 대만에 번역 출간되어 한국에서보다 더 큰 호응을 얻고 있다.

처음에는 강사와 수강생, 연구원 책임자와 인턴으로 만났다. 그러나 그는 지금 사람들에게 인정받는 저술가로 성장했다. 그리고 이 책을 저술하는 동역자로, 책 쓰기에 있어서는 선배이자 조언자로 함께 하고 있다.

《더 넓고 더 깊게 십진분류 독서법》에서 전하는 다양한 독서법은 임 작가의 삶 속에서 이론이 아니라 실제였으며 꿈을 이루는 도구였다. 지금까지 보여 온 과정의 진보가 비단 독서 한 가지 때문만은 아니었을 것이다. 그러나 이 책에서 강조한 모든 원리가 생활 속 모든 영역에서 실행되고 지속되었기에 지금의 임 작가가 있게 되었다는 것만은 분명하다.

독서와 글쓰기를 가까이 하지 않는 삶을 살다 인정받는 작가로 성장한 임 작가처럼 여러분도 얼마든지 인생의 변화를 가져올 수 있다. 글쓰기 영역은 물론이고 다양한 분야에서 전문가로 거듭날 수 있다. 그럴듯한 스펙과 명문대 졸업장보다 중요한 것은 독서로 삶을 변화시켜 보겠다는 의지다. 그 의지가 동기를 일으켜 인생의 변화를 돕는다. 동기부여 없이는 책을 읽고 글을 쓰는 일을 지속할 수 없다.

동기부여 독서법 워크숍

하나, 미래자서전으로 꿈을 디자인하라

미래자서전에 도전해 보자. 지나온 시간을 돌아보며 미래의 자신에 대해 꿈꾸는 상을 글로 그려 보는 과정이다. 미래자서전을 쓰는 시간은 단순히 글을 쓰는 시간이 아니다. 자기 미래를 좀 더 구체적으로 돌아보고 생각해 보는 시간이다. 인생을 사는 삶의 동기를 확인하는 시간이다. 자신이 공부해야 하는 이유를 찾고, 직장 생활에 충실해야 할 이유를 분명히 하는 시간이다. 미래에 대한 계획이 소설처럼 느껴져도 좋다. 미루어 생각해 보는 행위 자체에 의미가 있다. 그 자리는 단순히 공허한 생각의 자리로 끝나지 않을 것이다. 미루어 짐작하며 다가올 미래를 준비하는 기획의 과정이다. 꿈을 이루는 첫 단계이자 성취의 마중물과도 같은 시간이 되어 줄 것이다.

둘, '나는 꿈이 있다!' 리스트 100 작성하기

미래자서전을 당장 쓴다는 것이 쉽지만은 않다. 쓸 여력이 되지 않는다면 자신의 꿈과 소원, 희망을 기록하는 것에 도전해 보자. 어떤 것이어도 좋다. 다른 사람에게 유치한 일이어도 자신에게 의미 있으면 된다. 비윤리적이지만 않다면 모든 바람은 의미 있다. 자기 삶에 동기를 부여해 주기 때문이다.

나는 꿈이 있다! **100**

	(꿈)이름	뜻
이름	장대은 ❶	베풀 張 큰 大 은혜 恩 – 큰 은혜를 베푸는 사람이 되라
꿈이름	호도애 ❷	'길'을 의미하는 헬라어 hodos + 사랑 愛 = 사랑의 길이 되자

번호	목록 ❸	바라는 목표 ❹
1	책 구입	개인적으로 매월 30만 원 정도의 책을 구입한다
2	독서	매일 두 권 박이정 독서하기
3	글쓰기	매일 2~3꼭지의 글쓰기(A4 세 장 분량)
4	세계 여행	2024년에 세 번째 세계 여행을 6개월간 떠난다
5	악기	플루트 연습용에서 연주용으로 바꾼다(2019년 3월)
6	악기	색소폰 중급 과정 및 동아리에 가입, 주 1회 모임 참여
7	차–캠핑카	중고 캠핑카 트레일러 1500만 원에 구입(2019년 6월)
8	맛집	매주 1회는 가족과 외식하기
9	운동–주짓수	주짓수, 매주 3회 이상 체육관 수련에 참여한다
10	주짓수 대회	최소 3개월 1회, 1년 4회 대회에 참여한다
11	영화 · 연극	최소 2개월에 1회 극장에서 아내와 관람한다
12	책 쓰기	최소 1년에 세 권 책 출판을 위한 책 쓰기 5개년 계획
13		
14		
15		
16		
17		
18		
19		

❶ 이름을 적는다. '뜻' 칸에는 나를 사랑하는 분들이 지어 준 소중한 이름의 의미를 다시 기억해 적어 본다.

❷ 앞으로의 삶을 생각하며 꿈꾸는 인생을 대변해 줄 '꿈이름'을 직접 지어 본다. 남들이 이름 대신 불러도 좋을 만한, 앞으로 완성될 인생의 바람이 담긴 어휘면 된다. 형용사를 사용해도 좋다. 존경하는 사람의 이름이어도 좋다. 분명한 것은 자신이 간절하게 살아가고 싶은 인생을 포함해야 한다는 점이다. 그 의미도 '뜻' 칸에 적으면 좋다.

예) 꿈꾸는님, 예쁜님, 친절한님, 아름다운님, 테레사님, 좋은님, 착한님, 사랑하는님, 간디님, 꿈님, 자비로운님, 달님 등.

❸ 꿈의 영역 또는 역할과 관계된 어휘를 써 넣으면 된다. 예를 들어 직업, 언어, 여행, 악기, 차, 맛집, 부모, 자녀, 독서, 글쓰기 등과 같은 영역과 역할을 써 넣으면 된다. 하나의 영역이나 역할에 대해 다수의 내용을 작성할 수도 있다. 예를 들어 독서에 대한 목표라고 한다면 하루 몇 권을 읽겠다, 어떤 독서 동아리에 참여하겠다는 등 다수의 목표를 잡을 수 있다.

❹ ❸번의 영역과 역할을 통해 바라는 내용을 적으면 된다. 구체적일수록 좋다.

나는 꿈이 있다!

100

	(꿈)이름	뜻
이름		
꿈이름		

번호	목록	바라는 목표
1		
2		
3		
4		
5		
6		
7		
8		
9		
10		
11		
12		
13		
14		
15		
16		

번호	목록	바라는 목표
17		
18		
19		
20		
21		
22		
23		
24		
25		
26		
27		
28		
29		
30		
31		
32		
33		
34		
35		
36		
37		

번호	목록	바라는 목표
38		
39		
40		
41		
42		
43		
44		
45		
46		
47		
48		
49		
50		
51		
52		
53		
54		
55		
56		
57		
58		

번호	목록	바라는 목표
59		
60		
61		
62		
63		
64		
65		
66		
67		
68		
69		
70		
71		
72		
73		
74		
75		
76		
77		
78		
79		

번호	목록	바라는 목표
80		
81		
82		
83		
84		
85		
86		
87		
88		
89		
90		
91		
92		
93		
94		
95		
96		
97		
98		
99		
100		

독서 태도 디자인(attitude of reading): 전인 독서법

"한 권의 좋은 책은 위대한 정신의 귀중한 활력소이고,
삶을 초월하여 보존하려고 방부 처리하여 둔 보물이다."

·존 밀턴·

늘 딛고 살던 땅이 흔들릴 때

대중은 유행에 민감하다. 유행에 뒤처지면 관계에서 소외될까봐, 트렌드를 읽지 못하는 구세대라는 소리를 들을까봐 유행을 좇는다. 유행을 좇으며 관계를 주도하고 자기 존재감을 인정받는 것은 괜찮다. 그러나 유행을 좇아서는 안 될 영역에서까지 아무런 생각 없이 유행을 좇듯 따라 하는 이들이 있다. 지혜를 쌓아 가고 성공적인 인생을 추구하는 삶의 과정에서조차 유행을 좇는 것은 문제다.

청년들의 취업난뿐 아니라 40대에 퇴직하는 이들의 재취업 문제도 사회적 이슈가 되고 있다. 취업의 문이 좁다 보니 많은 사람이 프랜차이즈 사업으로 눈을 돌린다. 유행을 주도하고 있는 프랜차이즈를 선택하면 성공을 보장받을 것만 같다. 그러나 성공하고 있는 프랜차이즈의 이면을 들여다보면 실패한 점주들이 훨씬 많다. 성공 신화 뒤에 숨겨진, 고개를 떨군 점주를 보지 못하고 유행과 이상에만 사로잡히면 실패가 당신의 미래상이 될 수 있다.

독서도 이러한 현상에서 자유롭지 못하다. 사람들은 자기계발서 읽기를 좋아한다. 자기계발서에는 성공 비법이 담겨 있다. 구체적인 사례를 들어 책에 쓰인 대로 따라 하면 누구나 성공적인 삶을 살아갈 수 있다고 동기를 부여한다. 그래서 사람들은 자기계발서를 집어 든다. 그러나 성공 이면의 '실패한 독자' 수가 더 많은 것이 현실이다.

독서법 책을 읽고 독서에 성공한 사람이 많지 않고, 글쓰기 책을 읽고 글쓰기를 더 잘하게 된 사람도 많지 않다. 주식 투자에 대해 조언하는 책은 많으나 현실에서 좋은 결과를 내는 이들은 소수에 불과하다.

자기계발서류의 책을 읽지 말자는 것이 아니다. 자기계발서들에 담긴 내용은 대부분 사실이다. 그대로 따라 하면 성공할 확률이 높다. 문제는 대부분의 자기계발서가 지극히 부분적인 사실을 이야기하고 있다는 것이다. 한 분야에서 성공할 수 있었던 노하우는 전 생애를 더듬어보고 살펴야 이해할 수 있는데, 자기계발서 작가가 성공적인 삶을 살 수 있었던 비결을 지면으로 설명하는 데는 한계가 있다. 작가의 처지와 너무 다른 상황을 사는 독자가 작가의 인생 노하우를 터득해 성공하는 것은 쉽지 않다. 서로의 초깃값이 다르기 때문이다. 물론 작가의 세밀한 부분까지 읽어 내는 능력이 있다면 자기계발서를 읽고 성공할 수 있다. 그러나 부분적 사실을 전체인 양 착각하는 이들의 시도는 실패할 확률이 높을 수밖에 없다.

근래에 우리나라의 지진 빈도수가 높아졌다. 어떤 지역은 공포가 확산될 정도로 심각하다. 정부는 우리나라가 더 이상 지진의 안전지대가 아니라는 것을 인식하고 건물을 지을 때 내진 설계를 의무화했다. 지진뿐 아니라 다양한 천재지변을 이겨내기 위한 기술을 덧입혀 건물을 짓게 한 것이다.

그런데 내진 설계는 건물을 짓는 데뿐만 아니라 인생을 설계할 때도 필요하다. 아니, 의무적으로 고려해 일상을 디자인해야 한다. 우리가 살아가는 세상은 언제 어느 때 흔들릴지 모르는 위기 속에 있기 때문이다. 어쩌면 흔들리고 있는 중심에 서 있다고 해도 틀린 말이 아니다. 특이점의 시대는 이미 현실이 되었으니 말이다.

위에서 언급한 유행, 프랜차이즈, 자기계발서는 우리 삶의 밑바탕을 이루고 있는 이야기다. 교육과 사회 시스템도 갖가지 문제를 야기하고 있다. 우리 삶의 근간이 되고 기반이 되는 것들이 인공지능 시대가 도래하면서 더 흔들리고 있다. 인생의 지진이 예고도 없이 우리 삶의 근간을 흔든다. 인생의 기초, 늘 딛고 살던 땅이 흔들리는 것이다. 우리 삶의 배경이 되는 근간이 흔들리면 각자의 노력 여부는 삶에 큰 영향을 주지 못한다.

그래서 삶의 근간이 되는 것에 대해 더 깊이 알아야 한다. 근간이 되는 것이 자기 삶에서 갑작스럽게 사라질 때 일어날 일에 대해 미리 생각해 보아야 한다. 이것이 인생의 내진 설계다. 내진 설계를 제대로 한 사람이 위기를 기회로 만들어 승리할 수 있다.

'무데뽀' 시스템 극복하기: '데뽀'로 무장하라!

임진왜란 전후의 일본에서는 불패 기마부대로 유명한 다케다 가쓰요리(武田勝頼) 장군이 이름을 날리고 있었다. 그때 혜성처럼 등장한 장군이 있었으니, 바로 오다 노부나가(織田信長)였다. 오다 장군은 조총(데뽀)으로 무장한 군대를 이끌고 있었다. 두 장군이 전투를 벌이게 되었다. 다케다의 기마부대는 불패 신화에 도취해 조총부대를 무시했고, 참혹하게 패배하고 말았다.

이 전쟁 이후 '무-데뽀'라는 말이 회자되기 시작했다. 예전의 위력을 맹신하여 패배를 자초한 다케다 군대를 비유해 '무데뽀, 즉 조총이 없다!'고 한 것이다.

우리 시대에도 '무데뽀' 정신으로 살아가는 사람이 많다. 이전의 경험과 지식에 사로잡혀 새로운 변화에 관심을 두지 않는 이들 말이다. 성공의 구성 요소를 갖추는 데 무관심하고 기존에 축적된 것만을 맹신하며 살아가는 이들도 있다.

취업에 도움이 된다며 많은 사람이 스펙 쌓기에 여념이 없다. 그것을 보고 자신도 스펙을 쌓는 데 주력한다. 그 스펙이 어디에 필요하고 어떻게 활용되는지에 대해 진지하게 고뇌하지 않고 일단 스펙을 쌓고 보자는 마음으로 도전한다. '언젠가는 취업이나 전직에 도움이 되겠지'라고 쌓았던 스펙은 별다른 차별성을 주지 못하는 경우가 많다. 도리어 발목을 잡기까지 한다. 자신이 원하는 삶의 방향과 관련된 변화를 읽어 내지 못하고 세상에 끌려다니다 허송세월을 보내게 된 것이다.

'무데뽀'의 용기는 높은 점수를 줄 수 있다. 아무것도 하지 않는 것보다는 낫기 때문이다. 그러나 '아무런 목적 없는 열심히'는 의미가 없다. 어디로 가는지도 모른 채 열심히 도로를 달린들 무슨 소용이 있겠는가. '무데뽀' 정신으로 사는 사람들에게 맹자는 이렇게 말한다.

"분명한 이해 없이 행동하고, 생각 없이 습관을 만들고, 어디로 가는지도 모른 채 모두가 가는 길을 맹목적으로 따라가는 것은 군중이 하는 행동이다."

이리저리 휩쓸려 다니는 군중의 삶으로는 자신이 원하는 인생을 살아갈 수 없다. 삶의 근간이 흔들리고 있는 시대에 효과적으로 자기 인생의 내진 설계를 할 수 없다. 그래서 '무데뽀'가 아니라 '데뽀'로 무장해야 한다. 자기 인생에서 '데뽀'가 무엇인지 찾고 오늘 삶으로 끌어들여야 한다. 그것을 무기 삼아 세상으로 나아가야 한다.

자기 인생의 '데뽀'는 조총처럼 대단한 것이 아닐 수 있다. 그러나 사람들이 중요하게 여기지 않는 것들이 자신에게는 '데뽀'가 될 수 있다. 그 '데뽀'를 찾아 자신의 것으로 만드는 사람이 흔들리는 세상에 굳건히 서서 삶을 리드하게 될 것이다.

인공지능 시대를 이길 '데뽀', 전인 독서

인공지능 시대를 이길 '데뽀'는 인간지능이다. 인간지능을 세우는 구체적인 방법으로 독서만큼 효율적이고 효과적인 것은 없다. 제대로 된 독서를 할 수 있다면 어떤 흔들림에도 견고하게 설 수 있다.

독서를 통해 삶의 변화를 꿈꾸려면 독서에 대한 정의를 새롭게 내려야 한다. 무언가에 대한 정의는 태도를 결정하기 때문이다. 독서에 대한 자기 정의에 따라 단순히 책을 읽는 행위가 될 수도 있고, 삶을 변화시키고 바라는 목표를 이루는 수단이 될 수도 있다.

인간지능으로 내진 설계를 제대로 하려면 전인 독서법으로 다가가야 한다. 전인의 사전적 정의는 '지정의를 모두 갖춘 사람'이다. '결함이 없이 완전한 사람'을 뜻하기도 한다. 독서를 통해 지정의가 균형 잡힌 사람으로 자신을 세우는 것이 전인 독서법의 목표다.

신의 특징을 가장 잘 설명하는 말은 전지전능(全知全能)이다. 모든 것을 알고, 모든 것을 할 수 있다는 이 말만큼 신을 잘 설명해 주는 말은 없다. 전인 독서법에서 추구하는 방향성 또한 전지전능이다. 독서를 이야기하며 무슨 전지전능인가, 의문을 품는 이들도 있겠지만 인간지능 독서법에서 강조하는 독서 태도 혁명은 '결함이 없는 완전한 사람'으로 나아갈 수 있다는 인식의 전환으로부터 출발한다. 인간은 결코 전지(全知)할 수 없다. 전능(全能)할 수도 없다. 아이러니는 이러한 추구가 결코 특별한 것이 아니라는 점이다.

알고 보면 세상 사람들은 누구나 전지전능을 꿈꾼다. 모든 인간은 그럴 수 없다는 걸 알면서도 전지전능하기 위해 몸부림치고 있다. 완벽은 아닐지라도 자신이 속한 분야에서 누구보다 온전한 지식을 소유하기 위해 힘쓴다. 누구보다 뛰어난 능력을 갖추기 위해 혼신의 노력을 기울인다. 특별한 존재가 아니라 이 세상에서 유일한 자신이 되기 위해 힘쓰는 것이다. 그렇게 노력하는 사람들을 향해 우리는 이렇게 말한다.

"저 사람은 모르는 게 없어!"

"도대체 못하는 게 뭐야?"

"그에게 불가능은 없어. 하고자 하는 것은 모두 해내고야 말아."

"인간이 아닌 것 같아. 어떻게 저렇게 완벽할 수 있지?"

전지전능할 수 없기에 전지전능을 꿈꾼다는 이 역설은 인간의 자연스러운 욕망을 보여준다. 전인 독서법은 인간의 욕망과 욕심이라는 차원이 아닌 해결해야 할 과제로 전지전능을 바라본다.

현재 우리의 인간지능은 만족스러울 정도로 훈련되고 계발되지 않았다. 그렇기에 오늘보다 더 나은 지식을 쌓고 능력을 키우는 일이 가능하다. 그것을 가능케 하는 것이 바로 독서다. 목적과 목표, 새롭게 정의 내린 전인 독서법으로 당신의 능력을 업그레이드해야 한다. 인간지능 독서법의 새로운 독서 시스템을 통해 견고한 내진 설계를 하도록 힘써야 한다.

공이 없을 때의 움직임이 승부를 가른다

운동선수는 필드에서 자신의 실력을 증명한다. 훌륭한 선수는 안타를 치고, 골을 넣고, 주어진 경기에서 좋은 성적을 내 자신의 능력을 검증받는다. 2002년 월드컵의 주인공 박지성은 그 실력을 검증받아 세계 최고의 구단인 맨체스터유나이티드에 스카우트되었다. 박지성의 어떤 능력을 높이 평가하느냐는 기자의 질문에 알렉스 퍼거슨(Alex Feguson) 감독은 이렇게 말했다.

"박지성은 공이 없을 때의 움직임이 매우 좋다. 다른 사람의 능력을 활용할 줄 알고 팀의 구성을 이해하는 능력이 좋아 흥미롭다."

최고 축구선수는 공이 없을 때의 움직임으로 승부를 결정짓는다는 것이다. 공이 없을 때의 움직임에 따라 골을 넣을 수도 있고 어시스트로 공격 포인트를 쌓을 수도 있다.

북미아이스하키리그(NHL)의 전설적인 골게터 웨인 그레츠키(Wayne Gretzky)는 894골의 정규 리그 최다 득점 기록과 1963개의 어시스트 기록을 보유하고 있다. 어떤 선수도 그레츠키의 기록을 넘지 못하고 있다. NHL 전 구단은 그의 등번호 99번을 영구 결번하기로 했다. 그레츠키는 인터뷰에서 기자의 질문에 이렇게 말했다.

"나는 퍽이 있는 곳이 아니라 퍽이 가야 할 곳으로 움직입니다."

그래츠키 역시 공(퍽)이 없을 때의 움직임이 얼마나 중요한지 역설하고 있다.

이 점은 스포츠에만 해당되지 않는다. 독서도 다르지 않다. 독서는 스포츠 경기에서 '공이 없을 때의 움직임'과 같은 것이다. 누군들 성공하고 싶지 않겠는가? 누군들 인정받고 싶지 않겠는가? 누구나 실력을 갖추고 그 능력을 인정받고 싶어 한다. 그러려면 아무도 보지 않는 곳에서도 활발한 움직임을 추구해야 한다. 사고의 움직임이 활발해야 한다는 것이다. 생각 근육을 확장하고 단련해 인간지능 능력을 향상해 나가는 일을 일상 속에서 지속해야 한다.

많은 사람이 가장 효과적인 배움인 독서를 포기하며 살아간다. 가장 효율적인 배움의 대로를 피해 아슬아슬한 절벽 같은 길을 걸어가며 성공을 추구한다. 무엇보다 안타까운 것은 그 절벽 길 이후에 다다를 목표조차 요원하다는 사실이다. 전인 독서법은 암울한 현실에서 독서가 우리 삶과 어떤 상관관계에 놓여 있는지를 깨닫게 해주는 길잡이가 되어 준다. 독서와 교육, 능력과 독서의 연결고리를 제시한다. 사회생활에서 독서가 가장 효과적이고 효율적인 학습 방법이 되게 하는 구체적인 기술까지 제시한다. 그 길을 따라 걷는다는 것은 곧 유행이나 트렌드를 좇는 삶이 아니라 실패하지 않는 삶의 길을 걷는 것이다.

전인 독서법은 뒤에서 소개할 십진분류 독서법과 박이정 독서법, 트리비움 독서법을 통해 터득할 수 있다. 세 가지 독서법을 삶의 습관으로 익히면 기존 지식에 질서가 생기고 체계가 잡힌다. 기존 정보가 줄을 서고 정리되는 경험을 저절로 하게 된다. 독서를 마중물로 인생이 변화되는 축복을 경험하게 될 것이다.

보고, 듣고, 읽고, 쓰는 것이 달라져야 할 때

아무도 없는 곳에서 목표를 성취하기 위해 좋은 움직임을 보이는 사람은 그렇지 않은 사람과 차이를 드러낼 수 있다. 균형감 있는 사고체계를 형성하여 영향력 있는 인물이 될 수 있다. 그러기 위해 보고, 듣고, 읽고, 쓰는 것이 달라져야 한다. 이 말은 삶의 모든 영역에서 태도가 달라져야 한다는 말과 같다. 전반적인 생활을 새롭게 디자인해야 한다는 것이다. 전인적인 인재가 되기 위해 필요한 것이 무엇인지 살펴야 한다. 이 말은 율곡 이이를 통해 깊이 이해하면 좋겠다.

율곡 이이는 학문이 특별한 것이 아니라 일상생활의 일부라 말했다. 그는 대다수의 사람이 학문을 높고 먼 것으로 생각한다고 했다. 특별한 사람들이 하는 것이라 판단하여 뒤로 미루고 자포자기하는 모습을 보며 가슴 아파했다. 《격몽요결(擊蒙要訣)》은 이 문제를 생각하며 쓴 책이다. 이 책에서 이이는 뜻을 세우고(입지) 낡은 습관을 개혁하며

(혁구습) 몸을 가다듬는(지신) 것부터 배움과(독서장) 사람을 대하고(접인) 세상을 살아가는 방법에(처세) 이르기까지 그 내용을 10개의 장으로 나누어 설명했다.

이이는 전인이 되기 위한 아홉 가지 사고 습관과 아홉 가지 행동 습관을 제시했다. 그중에서도 아홉 가지 사고 습관인 구사(九思)는 전인 독서에 필요한 훈련이다. 일상을 통해 훈련된 사고 습관은 독서를 통해 지식을 수용하고 체화하는 데 쓸모 있는 생각 근육으로 활용되기 때문이다.

첫째, 시사명(視思明)이다. 사물과 사건을 보고 인식함에 있어 명확하게 보기 위해 생각하라. 명확하게 본다는 것은 자세히 보고 세밀하게 보는 것이다.

둘째, 청사총(聽思聰)이다. 다른 사람의 이야기나 세상 이야기를 듣고 수용할 때에는 총명하게 듣기 위해 생각해야 한다. 듣기에 정확할 것을 요구한다.

셋째, 색사온(色思溫)이다. 태도와 표정에 대한 가르침을 의미한다. 대인 관계에서 반응할 때 온화함과 따뜻함을 담아 표현할 것을 생각해야 한다.

넷째, 모사공(貌思恭)이다. 용모는 단정하고 태도는 공손할 것을 생각해야 한다.

다섯째, 언사충(言思忠)이다. 발언은 충실할 것을 강조한다. 말을 함에 있어 자신의 주장이 진실한 것인지, 사실에 근거한 것인지 생각하며 발언할 것을 요구한다.

여섯째, 사사경(事思敬)이다. 일을 진행할 때는 성실하게 집중할 것을 생각하며 임해야 한다.

일곱째, 의사문(疑思問)이다. 의문이 있으면 항상 질문할 것을 생각하라는 뜻이다.

여덟째, 염사난(忿思亂)이다. 감정을 드러낼 때에도 감정 표현 이후의 일을 염두에 두고 신중하게 생각해야 한다.

아홉째, 견득사의(見得思義)다. 일을 진행하다 보면 이익을 위해 힘쓰고 득이 되는 일에 집중하는데, 추구하는 이득이 정당하고 의로운 것인지 생각하며 일을 진행하라는 뜻이다.

율곡 이이가 일상 속에서 생각할 것을 강조했던 구사를 표어로 요약해 보면 다음과 같다.

보기에 세밀(細密)할 것—시사명
듣기에 정확(精確)할 것—청사총
표정은 온화(溫和)할 것—색사온
태도는 공손(恭遜)할 것—모사공
발언은 충실(忠實)할 것—언사충
일에는 집중(集中)할 것—사사경
의문은 질문(質問)할 것—의사문
감정에 신중(愼重)할 것—염사난
이익은 정당(正當)할 것—견득사의

이이의 주장처럼 전인 독서법을 기획할 때 중요한 것도 일상이다. 일상을 벗어난 프로그램이 아니라는 것이다. 일상 자체가 배움이 되도록 해야 한다. 일상을 채우고 있는 반복되는 생활의 모든 것을 점검해야 한다. 전인 독서법은 그냥 그런 독서법이 아니기 때문이다.

책을 많이 읽고 삶을 변화시키려면 읽는 태도와 내용이 달라야 한다. 방법이 달라야 하며 구체적인 기술도 적용되어야 한다. 마음 가는 대로 읽어서도 안 된다. 목표가 분명하기에 계획적으로, 집중적으로 보아야 한다. 그러면서도 균형을 잃지 말아야 한다.

전인을 키워 가기 위해서는 일상이 새롭게 기획되어야 한다. 그러기 위해 무엇보다 현재를 살펴야 한다. 그리고 그 일상에 변화를 주어야 한다. 책상 위에서 진행되는 변화가 아니라 매일의 삶 속에서 변화를 추구하는 것이 전인 독서법의 목표다.

먹고 자는 일상을 점검하고 변화를 주자. 자고 일어나는 일상을 점검하고 변화를 주자. 무엇을 듣고 있는가? 왜 들었는가? 어떻게 들었는가? 무엇을 읽어 왔는가? 왜 그것을 읽었는가? 어떻게 읽어 왔는가? 누구를 만나고 있는가?

가족을 제외한 반복적인 만남을 체크하자. 왜 그들과 함께하는가? 그들과 무엇에 대해 이야기하는가? 함께 추구하는 것은 무엇인가?

전인 독서법은 책읽기 능력만을 키워 가는 과정이 아니다. 사람을 키워 가는 과정이며, 인류 역사와 소통하는 자리다.

생각을 훈련하라

사람들은 훈련된 목소리를 듣기 위해 콘서트를 찾는다. 훈련된 운동 능력을 감상하기 위해 야구장을 찾고, 축구장을 찾는다. 훈련된 이야기를 듣기 위해 강연장을 찾고, 훈련된 생각을 만나기 위해 상담사를 찾고 컨설턴트에게 도움을 요청한다. 프랜차이즈 시스템에 가입하여 사업장을 운영하려는 것도 나보다 훈련된 생각의 결과인 시스템의 도움을 받기 위해서다.

누구나 생각은 한다. 누구나 읽고, 쓰고, 듣고, 말한다. 그러나 사람들이 관심을 갖는 것은 누구나 하는 사언행(思言行)이 아니다. 훈련된 생각, 훈련된 말, 훈련된 행동이 영향력이 있으며 감탄을 자아낸다.

올림픽에서 멋진 공연을 펼치는 피겨스케이트 선수들의 움직임 하나하나가 탄성을 자아내는 것은 그 움직임이 그저 즐거움을 위한 동작이 아니기 때문이다. 수많은 시간을 들여 힘들게 훈련한 결과로 만들어 낸 과정의 진보, 훈련된 손과 발의 움직임이기 때문이다.

독서가 중요하다면서도 책을 읽지 않는다. 생각을 훈련하는 데 세상 어떤 것과도 비교할 수 없는 최고의 수단이며 방법인데도 말이다. 독서는 생각 훈련의 왕도(王道)다. 지금보다 더 나은 삶을 꿈꾸고 있다면 독서를 디딤돌로 삼아야 한다. 인공지능 시대를 효과적으로 준비하고 대비하려면 독서해야 한다. 더 나은 직장과 직업으로 전환하려면 독서로 생각의 깊이와 넓이와 높이를 만들어 가야 한다. 삶의 변화를 추구하는 사람이라면 독서를 통해 생각하는 훈련으로 변화를 창조하라. 그것이 가장 이상적인 답이며 현실적인 선택이다.

전인 독서법 워크숍

누구나 책을 읽고 한두 번쯤은 독서록 작성에 도전해 보았을 것이다. 그러나 도전해 본 그만큼 실패 경험도 있을 것이다. 한 번 독서록을 기록하는 것은 쉬워도 지속하기는 어렵다. 그러나 취미독서가 아니라 학습독서, 연구독서로 우리의 태도를 분명히 했다면 독서 후 정리 과정은 우리가 넘어야 할 산이다.

전인 독서법의 첫 번째 목표는 지속 가능한 독서록을 작성하는 데 있다. 독서록 작성이 지속 가능한 상태가 되었다면, 그다음 목표는 독서록의 질을 높여 가는 것이다. 이번 장에서는 한 가지 종류의 독서록을 3단계 레벨 독서 워크시트로 소개한다. 레벨 1 워크시트는 누구나 작성할 수 있는 자신의 독서 목록표를 정리하는 수준이다. 레벨 1 워크시트가 익숙해지고 부담이 덜해질 때 레벨 2, 3으로 넘어가면 된다. 경우에 따라서는 레벨 2부터 선택해도 큰 무리 없이 진행할 수 있다.

인간지능 독서법의 모든 워크시트는 목표가 분명하다. 3장에서 이야기한 능력을 향상하는 데 초점이 맞춰져 있다. 그중에서도 이해력과 사고력과 표현력, 이 세 가지 능력, 즉 트리비움을 키워 가는 훈련을 목표로 한다. 단순하고 간단하지만 이번에 소개하는 전인 독서법의 대강(大綱) 독서 워크시트를 지속하는 것만으로도 인간지능의 여러 가지 능력이 진보되어 가는 것을 느낄 수 있다.

❶ 1 | 대강(大綱) 독서
level 1

일시 | 2018년 9월 20일 ❷

책 제목 | 더 넓고 더 깊게 십진분류 독서법 ❸

KDC | 029 독서법 ❹ 저자 | 장대은, 임재성 ❺ 출판사 | 청림출판 ❻

초판일 | 2018.9.1 ❼ 판쇄 | 2쇄 ❽ 평점 | ★★★★★ ❾

키워드 | 학습독서, 연구독서 • 알아내는 힘 • 6가지 독서 알고리즘 ❿

2 | 대강(大綱) 독서
level 1

일시 | 년 월 일

책 제목 |

KDC | 저자 | 출판사 |

초판일 | 판쇄 | 평점 |

키워드 |

대강 독서 워크시트는 읽은 책의 대강을 기록하는 것이다. '대강'이라는 한자어는 우리말의 '대충'이라는 말과 의미가 통한다. 문화적으로 대강과 대충이라는 말에는 부정적인 이미지가 포함되어 있지만, 꼭 그렇지만은 않다. 긍정적으로 해석하면 '크게 신경 쓰지 않는', '부담을 갖지 않는' 상태로 이해할 수 있다. 말 그대로 대강 독서는 큰 부담을 갖지 않고 읽은 책의 기본 정보를 짧은 시간에 정리하는 것을 목표로 한다.

한 가지 기억해야 할 것은 정리해야 할 내용은 그 책의 내용 하나하나가 아니라는 점이다. 책의 모든 내용을 관통하는 핵심 주제를 정리해야 한다. 대강이라는 것은 전체 내용은 아니지만 '큰 뼈대, 전체의 간단한 논리 구조'라는 의미를 가지고 있기 때문이다. 핵심 키워드 몇 가지만 분명히 정리해도 전체 내용을 설명하는 데 무리가 없다. 뼈대가 되는 논리 구조를 기억하면 암기하지 않아도 전체 내용이 뼈대에 붙은 살처럼 따라 기억나는 경험을 하게 된다.

❶ 읽은 책의 권수를 알 수 있도록 일련번호를 붙인다. 1이란 첫 번째로 읽은 책이라는 뜻이다.

❷ 책을 읽은 날짜를 기록한다. 독서일은 자신의 독서 주기를 알 수 있는 소중한 자료다.

❸ 책 제목을 기록한다(부제가 있다면 함께 적는 것이 좋다).

❹ 읽은 책의 한국십진분류(Korean Decimal Classification, KDC) 번호를 찾아 기록한다. 플레이스토어에서 '국립중앙도서관' 앱을 다운받아 책 제목을 검색하면 해당 도서의 정확한 KDC 번호를 알 수 있

다. KDC에 대한 자세한 안내는 다음 절 '독서 내용 디자인: 십진분류 독서법'을 참조하면 된다.

❺ 저자 이름을 기록한다. 독서량이 많아지면 어떤 저자의 책을 좋아하는지, 개인의 선호도가 분명해진다. 더불어 책 읽는 사람의 성향과 지향성을 살피는 좋은 자료가 된다.

❻ 출판사 이름을 기록한다. 저자에 대한 선호도와 마찬가지로, 책을 읽다 보면 출판사 경향성이 파악된다. 때로는 출판사 이름 자체만으로 책을 신뢰하게 되는 일도 생긴다.

❼ 초판 발행일을 기록한다. 초판 발행일은 사람들에게 사랑받는 스테디셀러를 가늠하는 첫 번째 정보가 되어 준다. 초판일이 오래되었는데도 쇄수를 더해 가며 계속 읽히는 책이라면 그 정보만으로도 읽을 만한 가치가 있다는 것을 알 수 있다.

❽ 쇄수를 기록한다. 몇 번에 걸쳐 인쇄했는지는 얼마나 많은 독자에게 사랑받았는지를 판가름하는 자료가 된다.

❾ 책의 평점을 매긴다. 별 반쪽은 1점, 1개는 2점, 4개는 8점, 5개는 10점이다. 자신의 느낌을 바탕으로 점수를 매기면 된다. 별점은 훗날 독서 포트폴리오를 빠르게 살펴볼 때 좋은 자료가 된다.

❿ 핵심 키워드를 찾아 기록한다. 대강 독서뿐 아니라 모든 독서 워크시트에서 가장 간단하면서도 중요한 것은 핵심 키워드를 찾는 것이다. 독서력은 핵심을 찾아 그것을 중심으로 내용을 구성할 수 있는지 여부를 통해 판가름 난다. 키워드만 잘 찾아도 책의 내용을 설명하려고 할 때 흐름을 파악할 수 있다. 책을 관통하는 키워드를 3개만 찾아 기록하라. 그 세 가지 키워드에 책의 모든 내용을 담아 보라.

❶ 1 | 대강(大綱) 독서 **level 2**

일시 | 2018년 9월 20일 ❷

책 제목	더 넓고 더 깊게 십진분류 독서법 ❸
KDC	029 독서법 ❹ 저자 | 장대은, 임재성 ❺ 출판사 | 청림출판 ❻
초판일	2018.9.1 ❼ 판쇄 | 2쇄 ❽ 평점 | ★★★★★ ❾
키워드	학습독서, 연구독서 • 알아내는 힘 • 6가지 독서 알고리즘 ❿
주제	인간지능 독서법은 6가지 독서 알고리즘을 통해 알아내는 힘을 세워 가는 인공지능 시대의 인재 양성 학습법이다. ⓫
핵심 요약 ⓬	취미독서에서 학습독서, 탐구독서, 연구독서로 나아가라! 인공지능 시대의 인재상은 알아내는 힘을 가진 사람이다. 독서로 알아내는 힘을 키우기 위해 독서 동기, 태도, 내용, 방법, 기술, 앵커 등 6가지 독서 알고리즘을 익히고 9가지 구체적인 독서법으로 인간지능의 6가지 능력을 키운다.

2 | 대강(大綱) 독서 **level 2**

일시 | 년 월 일

책 제목	
KDC	저자 | 출판사 |
초판일	판쇄 | 평점 |
키워드	
주제	
핵심 요약	

대강 독서 레벨 2 워크시트는 두 가지 항목이 추가된다. 주제문장과 핵심을 정리하는 항목이다.

⓫ 주제문장을 기록한다. 핵심 키워드를 활용해 주제문장을 작성한다. 주제문장은 핵심 키워드 세 가지 모두를 활용한 문장이거나 적어도 주요 키워드 한 가지, 서브 키워드 한 가지를 활용해 적어야 한다. 주제문장은 자신이 읽은 책을 한 줄로 요약한 핵심 중의 핵심이다.

⓬ 핵심을 요약해 본다. ❿번의 핵심 키워드와 ⓫번의 주제문장에 약간의 서술을 추가하면 된다. 주어진 다섯 줄에 주제문장을 보완해 좀 더 구체적으로 표현해야 한다.

❶ 1 대강(大綱) 독서
level 3

일시 | 2018년 9월 20일 ❷

책 제목 | 더 넓고 더 깊게 십진분류 독서법 ❸

KDC | 029 독서법 ❹ 저자 | 장대은, 임재성 ❺ 출판사 | 청림출판 ❻

초판일 | 2018.9.1 ❼ 판쇄 | 2쇄 ❽ 평점 | ★★★★★ ❾

키워드 | 학습독서, 연구독서 • 알아내는 힘 • 6가지 독서 알고리즘
십진분류 독서법 • 박이정 독서법 • 트리비움 독서법 ❿

주제 | 인간지능 독서법은 6가지 독서 알고리즘을 통해 알아내는 힘을 세워 가는
인공지능 시대의 인재 양성 학습법이다. ⓫

구조 요약 ⓭ | 서론 – 인공지능 시대, 인간지능이 답이다.
인간지능의 능력을 향상하는 최선의 선택은 독서다.
본론 – 무엇이 능력인가(인간지능의 6가지 능력)
독서 알고리즘 6단계(독서 동기, 태도, 내용, 방법, 기술, 앵커)
결론 – 인간지능을 향상하는 9가지 독서법(동기, 전인, 십진분류
박이정, 트리비움, 질문, 글쓰기, 토론, 바인더 라이브러리)

내용 요약 ⓬ | 이미 온 특이점의 시대, 인공지능 시대가 던져 준 과제를 풀 핵심
키워드는 '인간지능'이다. 인간지능의 능력은 배움의 과정 속에서
자라는데, 독서는 그 중심에 있다. 독서는 인간의 삶을 풍요롭게 할 뿐
아니라 한 인간의 삶과 세상에 영향을 줄 구체적인 능력을 키워 가는
학습 과정이다. 주도력, 이해력, 사고력, 표현력, 예측력, 관계력도
독서 과정을 통해 향상되는데, 인간지능 독서법의 6가지 독서 알고리즘과
9가지 구체적인 독서법이 바로 그 목표를 이루어 가는 체계적인
독서 커리큘럼이다.

대강 독서 레벨 3 워크시트는 레벨 2에서 한 가지 항목이 추가된다.

⑬ 책의 구조, 대강의 뼈대를 그려 적는다. 그리고 책의 주제문장을 중심으로 구조를 세워 설명한다. 진정한 핵심 내용은 글의 구조를 내포하고 있어야 한다. 문학의 구조는 발단, 전개, 위기, 절정, 결말을 기본으로 한다. 비문학은 서론, 본론, 결론 또는 기, 승, 전, 결의 구조를 따른다. 그 밖의 책은 그 책이 가진 구조를 찾아 대강을 잡아 적으면 된다. 그것이 독서력의 핵심이다. 구조가 잡힌 내용은 잊어버리려고 해도 잊히지 않는다. 뼈대가 세워졌기 때문이다.

독서 내용 디자인(contents of reading): 십진분류 독서법

"책 읽는 습관을 기르는 것은 인생에서 모든 불행으로부터 스스로를 지킬 피난처를 만드는 일이다."

·서머싯 몸·

어떤 책을 읽어야 할지 고민하는 사람이 많다. TV 프로그램에서 시대의 스승이나 인기 있는 명사가 말하는 책이 다음 날 베스트셀러가 되는 현상이 이를 방증한다. 읽을 만한 책을 찾아 독서 전문 기관이 소개하는 추천도서 목록을 기웃거리기도 한다. 책이 한 사람의 인생에 지대한 영향을 준다는 사실을 알기에 도서 선정은 항상 조심스럽다. 이미 읽은 책이 자신에게 영향을 주었듯이 앞으로 읽을 책도 미래의 자신을 결정짓는 중요한 요소가 된다. W. 딜런은 "친구를 선택하듯이 작가를 선택하라"고 했다. 어떤 책을 선택하느냐는 친구를 선택하는 것만큼, 아니 그 이상으로 중요한 선택이다. 그렇기에 자신만의 도서 선정 기준이 분명하게 있어야 한다.

독서 관련 책은 거의 대부분 빼놓지 않고 도서 선택에 대해 조언한다.

'고전을 읽어라!'

'시대의 흐름을 이끈 사상서를 읽어라!'

'주제를 정하고 한 가지 주제씩 집중적으로 읽어라!'

'작가 중심으로 읽어라!'

어떤 이들은 또 이렇게 이야기한다.

'관심 가는 대로 읽어라!'

'베스트셀러도 좋다. 어떤 책이든 읽어라!' 등등.

모두 맞는 말이다. 고전이든 베스트셀러든 도서 선정에 대한 어떤 조언도 틀리지 않다. 서로가 전제를 달리할 수 있기에 이것만이 정답이라고 우길 수는 없다. 다만, 우리는 다음과 같은 질문을 계속 던져 왔다. '모두가 정답이지만 그중에서 조금이라도 더 나은 방법이 있지 않을까? 전문가의 도움 없이도 누구나 쉽게 도서를 선정하는 체계적이고 지속 가능한 독서법은 무엇일까? 독서의 즐거움뿐 아니라 세상이 필요로 하는 역량을 함께 키워 갈 수 있는 독서법은 어떤 것일까?' 그 답변을 찾는 과정에서 인간지능 독서법이 탄생했다.

우리는 살면서 "공부에 왕도는 없다!"라는 말을 많이 들으며 자랐다. 학창 시절에, 또는 졸업을 하고 나서도 자기계발에 임하는 모든 이들은 이 말을 들으며 자랐다. 마치 정설처럼 여기며 말이다. 그런데 2000년대 이후 공부에 왕도가 있다고 주장하는 사람들이 하나둘 등장하기 시작했다. 지금은 왕도가 있다, 없다는 말이 필요에 따라 성격을 달리하며 사용되고 있다. 이토록 서로 다른 두 정의가 의미하는 것은 무엇일까?

'공부에 왕도가 없다'는 말은 동기부여 문제를 강조한 것이다. 공부 동기 문제와 그 결과로서의 태도를 전제하고 있다. 동기가 부여되지 않아 의지가 없는 사람에게는 어떤 방법과 수단도 필요 없다는 것이다. 공부할 마음이 없는 사람이 하루 종일 도서관에서 자리를 지킨다고 배움에 열정이 생기던가? 운동에는 조금도 관심이 없는 사람에게 올림픽 메달리스트를 개인 코치로 붙여 준들 무슨 의미가 있겠는가? 태도가 준비되지 않은 사람, 무엇을 해야만 할 이유가 없는 사람에게는 먼저 태도의 변화를 가져오게 해야 하며, 그것은 동기부여로 시작되어야 한다. 태도가 준비되지 않은 이들에게 왕도란 동기를 찾는 것이요, 무언가를 할 이유를 회복하는 것이다.

'공부에 왕도가 없다'는 말이 동기와 태도를 전제한 것이라면 '공부에 왕도가 있다'는 말은 방법과 기술을 전제로 한 말이다. 의지가 있는 사람에게는 더 좋은 방법과 기술이 있다. 더 효과적이고 효율적인 과정도 있다. 영어를 배워야 할 목적이 분명한 사람에게는 공부에 왕도가 있음을 알려 주어야 한다. 더 좋은 길이 분명 존재하고, 누군가는 그 길을 통해 탁월한 결과를 이끌어 냈음을 말이다.

장대은 작가는 대학 시절 방학 아르바이트로 종종 공사 현장에서 일했다. 기술자 보조로 잔무를 담당하는 계약직이었다. 다양한 이의 업무를 도왔는데, 목수 팀을 좇아다니며 일한 적이 있다. 가끔 못질도 했는데, 당시에는 콘크리트 벽에 직접 망치로 못을 박았다. 그러다가 손을 내려쳐 크게 다치기도 했다. 시간이 지나 공사 현장에 타카(air nailer)라는 공구가 도입되기 시작했다. 타카에 못을 넣고 총을 쏘듯 발사하면 공기압을 통해 튼튼하게 못이 박혔다. 못질은 이제 큰 기술이 필요 없는 일이 되었다. 타카가 도입되면서 목수의 작업 속도는 빨라졌고, 공사 기간도 단축되었다. 이렇듯 모든 일을 진행하는 데는 더 좋은 방법이 있다. 더 좋은 기술이 있으며, 그것을 지원하는 도구도 있다. 독서도 다르지 않다.

십진분류 독서법은 '어떤 책을 읽을지' 고민하는 이들에게 제안하는 구체적인 대안이다. 책을 체계적으로 읽어 나가며 독서 효과를 누리는 도서 선택의 왕도라고 말할 수 있다. 십진분류 독서법과 다음 편에 다루는 박이정 독서법은 동전의 양면과도 같다. 이어지는 트리비움 독서법은 그 양면의 동전을 가치 있게 만드는 구체적인 수단이다. 이 세 독서법이 추구하는 목표는 단순하다.

> 세상의 모든 지식과 지혜를,
> 모든 포괄적인 방법으로,
> 인간의 모든 기본 역량을 강화하며!

교육학자 요한 아모스 코메니우스(Johann Amos Comenius)의 말에 생각을 덧붙인 것이다. 그는 "세상에 태어난 모든 사람은 이 세상의 모든 지혜, 세상의 모든 것을 모든 포괄적인 방법으로 배우고 알아야 한다!"라는 범교육학을 주창했다. 이를 위한 구체적인 교육과정도 제시했다. 인간지능 독서법의 모든 독서법도 범교육학의 목표와 지향점이 같다. 세상의 모든 지혜는 십진분류 독서법을 통해 추구한다. 그것을 자신의 것으로 삼는 구체적인 방법으로는 박이정 독서법을 활용하며,

트리비움 독서법이라는 독서 기술로 역량 강화를 이루어 가도록 디자인했다.

십진분류 독서법의 장점은 적용하기가 쉽다는 것이다. 이 세상의 모든 지혜와 지식을 배우고 알아야 한다는 큰 목표를 추구하고 있지만 독서 전문가가 아니어도 누구나 실천할 수 있는 방법이다. 십진분류 독서법은 현장에서 자녀들을 지도하는 독서법으로 활용하여 좋은 결과를 얻어 왔다. 성인들의 독서 습관을 점검하는 도구로도 활용되고 있다. 독서로 진로를 지도하는 교사들에게는 탁월한 도구가 되고 있다. 무엇보다도 지속 가능한 자기계발을 위한 독서 커리큘럼을 디자인할 수 있기 때문에 개인의 역량 강화에 최고의 독서법이 될 수 있다. 독서 계획을 세우고 삶을 변화시키려는 사람에게도 좋은 선택지가 될 것이다.

십진분류 독서법은 어떤 독서법인가?

① 십진분류라는 문을 통해 세상으로 행진해 나가는 독서법이다

십진분류는 도서관의 방대한 책을 효율적으로 관리하고 이용하기 위한 분류 방법으로, 인간지능 독서법이 추구하는 이 세상의 모든 지혜를 가장 체계적으로 정리해 놓은 분류 체계이기도 하다. 우리나라에서는 KDC와 DDC가 대표적인 분류법으로 활용되고 있다.

십진분류는 주 분류 10가지, 강목 분류 100가지, 요목 분류 1000가지, 그리고 셀 수 없이 다양한 형태로 확장되는 세목으로 나뉜다. 10가지 주류는 000 총류, 100 철학, 200 종교, 300 사회과학, 400 자연과학,

500 기술과학, 600 예술, 700 언어, 800 문학, 900 역사로 나뉜다. 이 10가지 그릇 안에 세상의 모든 것을 담아내려는 문헌정보학자들의 위대한 도전은 매우 성공적이었다. 비록 책이지만 세상을 향한 첫 여행의 도구로 이만큼 훌륭한 것은 없다. 도서관이 가치 있는 것은 이렇듯 체계적으로 세상의 모든 주제를 분류해 놓았기 때문이다. 도서관의 수많은 책이 분류되지 않은 상태로 쌓여 있다고 생각해 보라. 분류되지 않은 책은 그저 종이 더미에 지나지 않는다.

십진분류 독서법은 '곁눈질로 하는 세계 여행' 정도로 생각하면 된다. 여행의 시작은 단순하다. 관심 있는 주제부터 시작하면 되기 때문이다. 예를 들어 주 분류 300 사회과학을 잠시 들여다보자. 그중에서도 370 교육 관련 책에 관심이 간다면 관련 주제의 책을 들고 살펴보는 것이다. 인간의 실생활과 직접적으로 연관 있는 500 기술과학의 주제들도 곁눈질해 보라. 예술이라고 꼭 몸으로만 체험해야 하는 것은 아니다. 600 예술의 다양한 분야도 책을 통해 잠시 들여다보자. 정독할 필요는 없다. 부담 갖지 말고 여러 주제를 살펴보면 된다. '아! 이런 주제도 있구나!' 정도로 충분하다. 책을 분류하기 위해 만든 도서관의 분류법을 세상을 내다보는 창문으로 삼아 보는 것이다. 십진분류라는 문을 통해 세상으로 한 걸음 전진한다고 생각하면 된다. 한 걸음, 두 걸음 내딛는 것으로 족하다.

그 대신 십진분류의 다양한 주제를 시간을 두고 하나둘 섭렵해 보는 것이 좋다. 그렇게 한 주, 한 달, 일 년, 3~4년 동안 십진분류로 다양한 여행을 지속해 보라. 윈도쇼핑 하듯이 하루에 한 주제씩 20~30분 정도만 해도 좋다. 십진분류 독서법의 효과는 시간이 지날수록 배가 될 터이니 급하게 서두를 필요가 없다. 그렇게 다양한 여행을 하다 다음 편의 박이정 독서법으로 이어지면 그 결과는 상상 이상의 변화로 나타난다. 십진분류 독서법이 성공독서의 무대를 확장하는 역할을 할 것이다.

② 십진분류 독서법은 균형을 잡아 주고, 관심의 지평을 넓혀 가는 독서법이다

십진분류 독서법은 현재의 관심 세계를 넘어 다른 세계로 인도하는 가이드다. 또한 서로 다른 소리가 화합하여 멋진 하모니를 이루는 오케스트라와 같은 독서법이다. 독서 주제의 균형도 잡아 갈 수 있다.

관심사를 중심으로 책을 읽는 사람들을 관찰해 보면 대다수가 400 자연과학, 800 문학, 900 역사에 편중된 선택 경향을 보인다. 관심사에 따른 주제 선정은 동기부여 측면에서는 긍정적인 방법이다. 관심이 독서의 출발이요 마중물이기 때문이다. 그러나 지속 가능한 독서를 위해서는 주제의 균형을 맞춰 가는 것이 중요하다. 항상 읽어 온 분야의 책만이 아니라 전공과 관심사 외의 새로운 주제를 접하는 기회를 가질 필요가 있다. 자신의 관심 영역과는 거리가 먼 책을 읽다가 생각지도 못한 통찰과 깨달음을 얻을 수 있다.

호도애도서관에서는 과학과 문학, 역사에 편중되어 책을 읽는 회원들에게 사회과학 분야의 책을 접할 수 있는 독서 과정을 개설하곤 한다. 300 사회과학은 크게 310 통계, 320 경제, 330 사회/사회문제, 340 정치, 350 행정, 360 법, 370 교육, 380 풍습/민속, 390 국방/군사 등 아홉 가지의 강목 주제로 분류된다. 회원들이 법과 정치, 사회문제에 관한 책을 선택하도록 이끄는 것인데, 세미나나 독서토론회의 주제로 잡아 접해 볼 수 있는 기회를 제공할 때도 있다. 그렇지 않으면 평생 그 주제는 회원들과 상관없는 이야기로 남을 수 있다. 강목의 어떤 주제도 가벼운 것은 없다. 이 세상을 살면서 상관없는 주제란 것도 없다. 책 한 권을 읽는다고 그 주제에 정통하는 것도 아니고, 생각이 갑자기 바뀌는 것도 아니다.

그럼에도 관심 분야 이외의 영역을 만나는 과정이 필요하다. 그 과정이 때로는 마중물처럼 새로운 영역에 대한 탐구정신을 불러일으키기 때문이다. 한 바가지의 마중물이 비교할 수 없는 양의 지하수를 만나는 통로가 되어 주는 것이다. 단지 책 한 권을 읽었을 뿐인데 그 책이 인생의 터닝포인트가 되기도 한다. 독서가 지닌 가장 큰 매력이 바로 이런 것이다.

물론 지속 가능한 독서를 위해서는 서너 바가지의 마중물로 샘물을 길어 올리지 못할 수 있음을 알아야 한다. 첫술에 배부를 수 없고, 그러므로 조급해서는 안 된다. 오늘 사회과학도서 중 정치에 관한 책을 보았다면 내일은 500 기술과학 중 510 의학에 관한 책을 읽어 보는 것도 괜찮은 선택이다. 관심을 따라 주제가 옮겨가도 무방하다. 너무 편중된 독서를 하고 있다고 판단될 때 다른 주제로 관심의 지평을 넓혀 보는 것이다. 그런 과정을 거치며 독서의 균형을 잡아 나가야 한다. 그것이 삶의 초석이자 배경지식이 되기 때문이다. 기초가 탄탄하면 어떤 주제의 건물을 올려도 끄떡없다. 그때를 대비해 관심사를 넓혀 나가라.

호도애도서관 마당에는 독서 트램펄린이 있다. 무료로 운영되는 도서관 놀이기구다. 대부분 동네 아이들이 시설을 이용한다. 기구의 이용 조건은 단 하나다. 10분 동안 책을 읽는 것이다. 10분 독서에 참여한 아이들에게만 10분 동안 탈 수 있는 권한을 준다. 하루에도 70~80여 명의 아이들이 트램펄린을 타려고 도서관을 찾는다. 이때의 독서는 자유롭게 주제를 선택하는 책읽기로 진행되지 않는다. 그날 도서관에서 정한 주제의 책만 읽어야 한다.

도서관의 모든 이용객은 1만 4000여 권의 책 가운데 어떤 책을 보아도 무방하지만, 트램펄린을 이용하려면 그날의 주제 책을 읽어야 한다. 예를 들어 월요일은 독서법에 대한 책, 화요일은 세종대왕과 한글, 수요일은 동물학, 목요일은 수잔 와이즈 바우어의 세계역사 이야기, 금요일은 숲 이야기, 토요일은 물 이야기. 그다음 주에도 날마다 주제를 바꿔 가며 아이들에게 다양한 주제를 내놓는다. 단 10분일지라도 자신이 자유의지로는 집어 들지 않을 주제의 책을 아이들 손에 들려주는 것만으로도 십진분류 독서법의 목표는 달성된 것이다. 그중 단 5분만 집중하여 읽어도 좋다. 처음 접한 세상의 존재를 인식하게 되고, 그 세계로 첫발을 내딛는 계기가 되어 줄 테니 말이다. 읽은 내용을 잊어도 좋다. 십진분류 독서법의 1단계는 암기나 연구가 아니라 새로운 세계와의 조우에 목표가 있다.

한번은 '유엔과 국제기구'를 독서 주제로 잡았다. 트램펄린을 타러 온 초등학교 5학년 아이는 의무 독서 시간(10분)이 지나도 밖으로 나가지 않았다. 트램펄린을 타러 가도 된다고 알려줘도 꿈쩍하지 않았다. 오히려 "잠시 책을 더 읽다 타러 갈게요"라고 말하고는 계속해서 책을 읽어 나갔다. 혹시 아는가, 국제기구와 관련된 10분, 20분의 짧은 독서를 통해 그 아이가 국제기구에서 일하는 외교관이나 NGO의 전문가를 꿈꿀지 말이다.

장대은 작가는 매일 주제를 바꿔 가며 세상의 모든 주제를 아이들 손에 들려주는 일을 하고 있다. 초등학교 4학년 아이가 6학년 때까지 매주(월~금) 단 10분씩이라도 호도애도서관에 트램펄린을 타러 온다면 수백 가지 주제, 수천 가지 직업 세계를 접하는 기회를 갖게 된다. 특별한 독서 지도가 아니다. 그저 세상에 존재하는 다양한 주제를 만나게 해주는 것이다.

당신이 그 아이라고 생각해 보라. 십진분류 독서법 실행이 어렵다고 생각하는가? 전혀 어렵지 않다. 중요한 것은 다른 영역의 책을 읽어 가는 데 있다. 하루 10분이어도 좋다. 좀 더 시간이 연장된다면 물론 더 좋다. 제1의 목표는 장시간 독서를 하는 데 있지 않고 세상의 모든 지혜를 잠시 동안이라도 엿보는 데 있다. 반복적으로, 지속적으로 말이다.

이 과정이 계속되다 보면 수백의 스쳐 지나가는 주제도 있겠지만 분명 마음이 머무는 주제를 만날 때도 있다. 그 시간이 삶의 터닝포인트가 된다. 오늘 자신이 머물고 있는 자리를 더 의미 있게 만들어 주기도 한다. 의무가 아니라 원함으로 일상을 살도록 동기를 부여한다. 때로는 지금까지 걸어왔던 길과 전혀 다른 길로 인도한다.

이제 당신 자신에게도 기회를 주어라. 세상은 크고도 넓다. 현재의 삶에서 벗어나 더 다양한 것을 경험할 기회를 주어라. 평생의 관심사를 서른 살, 쉰 살이 넘어 만나지 말라는 법은 없다. 한곳으로 치우쳐 온 지난 시간의 관심사, 그 지평을 넓혀 가는 기회를 십진분류 독서법을 통해 가져 보기를 추천한다.

임재성 작가는 책과 거리가 먼 평범한 사업가였다. 작은 대리점을 운영하며 생계를 유지했다. 서른 후반이 되어서야 독서 지도라는 것에 관심이 생겼다. 그때 과감하게 도전했다. 그 작은 관심사가 사십 대 중반에 책을 내는 작가가 되는 마중물이 되었다. 그동안 다양한 책 읽기를 통해 8년 동안 15권의 책을 쓰고 강연가의 삶을 살게 했다.

그의 인생 첫 책은 《미래자서전으로 꿈을 디자인하라》였다. 이 책은 십진분류 100 중 199 '도덕훈과 교훈'에 속한다. 첫 책을 쓰고 나면 더 이상 할 말이 없을 줄 알았다. 그런데 시선을 다른 곳으로 돌려 보니 쓰고 싶은 주제가 너무 많았다. 십진분류의 요목 분류 속으로 들어가니 수많은 이야기 주제가 보였다. 청소년과 함께한 시간이 많아서인지 370 교육학 책을 세 권 냈다. 802 문장작법·수사학, 029 독서 및 정보매체 이용 등의 주제에도 관심을 갖고 각각 《생산적 글쓰기》, 《질문하는 독서법》을 썼다. 인문학 열풍이 불기 시작할 때는 001 지식 및 학문 일반의 《청소년을 위한 인성인문학》, 《인문학 브런치 카페》를 썼다. 그 밖에도 152 중국어 장르인 《한비자의 인생수업》, 325 경영의 《나는 진짜 원하는 인생을 살고 있는가》를 썼다. 한 분야에 치우치지 않고 다양한 영역을 읽다 보니 짧은 시간에 다작을 할 수 있었다.

이 책을 집필한 뒤 써야 할 분야는 600 중 688 '영화'다. 청소년이 영화 보기를 일상화하여 삶을 풍성하게 만드는 방법을 출판사와 기획해 진행하고 있다. 그가 진짜 써보고 싶은 장르는 800 중 816 일기·서간·기행 분야로, 오늘보다 더 새로워질 내일을 살아가는 데 힘이 되는 이야기를 기행 산문집으로 풀어내고 싶다고 한다.

어쩌면 당신을 기다리는 그 어떤 직업의 세계가, 취미의 세계가, 당신의 존재를 더욱 의미 있게 만들 분야가 어딘가에서 기다리고 있을지 모른다. 오늘의 현실에 불만을 품고 더 크고 위대한 꿈을 추구하라는 말이 아니다. 돈이 아니라, 명예가 아니라 참된 행복을 누리며 살 수 있는 그 무엇이 있는데도 이 사회 시스템에 속해 살다 보니 한 번도 선택의 기회를 가져 보지 못했을지도 모른다. 오늘에 감사하되 내일 새롭게 떠오를 태양을 기대하며 나아가는 발걸음은 더 멋지다. 그러니 다양한 세계로 항해를 시작해 보라.

③ 십진분류 독서법은 진로 교육의 핵심적인 도구이며, 진로 설계의 다양한 기회를 제공한다

예비 부모와 학부모, 특히 학생을 가르치는 교육자라면 십진분류 독서법을 진로 지도 모판으로 활용하는 것도 가능하다. 10여 년 전부터 학교 현장에서는 다양한 진로 교육을 시도해 왔다. 그전부터 진로를 지도했지만 본격적인 진로 교육이 시행된 지는 얼마 안 된다. 2013년 시범적으로 운영되다 2016년 모든 학교에서 전면적으로 시행하고 있다. 지금은 각 학교마다 진로교사가 있을 정도다. 각 교육지원청은 진로 교육에 도움이 되는 각종 프로그램을 도입해 시도하고 있다. 학부모와 학생들은 진로 교육으로 인생의 밑그림을 그릴 수 있다고 기대했다.

그런데 기대한 효과를 거두고 있는지는 의심스럽다. 진로 교육조차 하나의 교과목처럼 되어 가기에 그렇다. 주먹구구식 체험과 진로 탐색은 학생들을 만족시키지 못하고 있다. 진로 교육의 한계가 곳곳에서 드러나고 있는 것이다. 수많은 진로 프로그램이 큰 기대 속에 시작되었다가 사라져 가고 있는 것이 현실이다.

갈팡질팡하는 진로 교육의 대안이 십진분류 독서법에 있다. 십진분류는 우리 자녀들이 살아갈 미래 세상을 담고 있다. 그러니 살아갈 세상을 책을 통해 미리 만나도록 해줘야 한다. '콩 심은 데 콩 나고 팥 심은 데 팥 난다'는 말은 십진분류 독서법에도 똑같이 적용된다. 십진분류가 직업을 체계적으로 분류한 도구는 아닐지라도 새로운 주제와 영역을 넘나들다 보면 그 세계를 살아가는 사람들의 이야기를 접할 기회를 제공해 주기 때문이다.

음악가 집안에서 왜 음악인이 많이 배출될까? 미술인 부모를 둔 자녀들이 미술을 전공하는 비율이 높은 이유는 무엇일까? 비단 음악, 미술 등의 예술계에만 적용되는 이야기가 아니다. 교육과 운동도 마찬가지다. 부모의 직업 세계를 어릴 적부터 옆에서 보아 온 아이들은 그 영역의 정보에 수없이 노출되었다. 꿈이 있어서가 아니라, 동기가 부여되어서가 아니라, 해당 분야의 정보에 오감이 많이 노출되어 있었기에 관심을 가질 기회가 많았을 뿐이다. 피아노를 마주한 적도 없고 연주를 들어보지도 못한 사람이 피아니스트를 꿈꿀 수는 없는 법이다. 컴퓨터를 본 적도 없고, 그 정보를 접하지도 못한 사람이 컴퓨터 공학자를 꿈꿀 수는 없다.

미래의 직업 세계를 예측하는 수많은 미래학자는 공통적으로 '미래 사회는 평생직업을 갖고 살아가기 힘든 사회'라고 말한다. 예전과 달리 사회의 변화 속도는 더욱 빨라질 것이며, 평생을 살며 적어도 5~11개의 직업을 거치게 될 것이라고 예측한다. 그중 8개 정도는 아직 만들어지지도 않은 직업이란다. 2~3개의 분야를 넘나들며 직업을 가진다고 하니 다양한 영역을 만나게 해주는 일은 너무나도 중요하다. 십진분류 독서법은 자녀들에게 미래의 일과 직업을 생각해 볼 기회를 주는 최적의 도구인 셈이다.

'어떤 책을 읽을 것인가?'라는 질문에 반응하는 태도는 자신의 미래, 그리고 살아갈 인생과 깊이 관련된다. 목표가 분명할수록 그에 걸맞은 책읽기가 진행되어야 한다. 만일 당신이 최고의 사업가가 되기를 원한다면, 최고의 사업가가 되는 데 필요한 도서목록이 당신 앞에 펼쳐져 있어야 한다. 사업가로 세상에 영향력을 나타내고자 한다면, 지금 그것을 위한 책읽기가 진행되어야 한다. 사업 방법론, 이론서만으로는 충분하지 않다. 사업은 사람을 대상으로 하기에 사람을 알아야 한다. 심리학, 정치, 경제, 사회, 경영 등 다양한 분야의 책을 읽어야 한다. 사업이란 일상과 삶의 모든 것을 포괄하는 큰 영역이기에 언어, 역사, 관련 기술서 등 그 어떤 것도 제외되어서는 안 된다.

'어떤 책을 읽을 것인가?'라는 질문은 '내게 필요한 것은 무엇인가? 이 세상은 무엇을 필요로 하는가?'라는 질문과 맥락을 같이한다. 당신이 병에 걸렸다고 생각해 보자. 그러면 치료해야 할 증상이 나타난다. 의사나 약사를 찾아가 증상을 이야기하고 필요한 약을 처방받는다. 그러면 증상은 완화된다. 어떤 책을 읽을 것이냐는 문제도 다르지 않다. 삶의 문제를 해결할 치료약을 구하는 과정과 같다. 독서로 삶을 바꾸고 싶다는 것은 곧 살아갈 인생을 새롭게 계획하고 디자인하는 것이다. 그래서 십진분류 독서법이 필요하다. 다양한 선택지를 통해 자신이 원하는 인생을 발견할 수 있기 때문이다.

④ 십진분류 독서법은 분과학문 시대에 통합학문을 추구하는 독서법이다

18세기 이전에는 통합학문이 교육에서 주를 이루었다. 누구든 본질에 대한 질문을 던졌고, 원리가 무엇인지를 물었다. 그러다가 칸트 시대를 기점으로 통합학문이 아닌 분과학문 시대의 서막이 올랐다. 통일된 이해가 힘들다는 이유에서였다. 나누니 쉬웠고 세분화되니 매우 효과적인 배움이 가능해졌다.

시간이 지나면서 분과학문의 전문화로 여러 문제점이 나타나기 시작했다. 개별적인 학문은 발전에 발전을 거듭했지만 학문과 학문의 소통이 오랜 기간 이루어지지 않았다. 인간은 누구이고 세상이 무엇인지에 대해 누구도 답해 주지 못했다. 설명된다 해도 분야마다 각기 다른 해법을 제시하며 혼란을 야기했다. 전문가는 많이 생겼는데 전체를 폭넓게 바라보며 방향을 설정하고 질서를 잡아 주는 지도자들이 부족했다. 그것은 우리가 사는 시대에도 계속 이어지고 있다.

우리가 받아 온 학교 교육과정도 이런 분과학문 시스템 속에서 디자인되었다. 전문화되었지만 그만큼 파편화되었던 것이다. 이런 경향은 사회 전반에 퍼져 있다. 참된 독서교육은 이런 한계를 극복하는 것에서 시작되어야 한다.

인공지능 시대에 필요한 역량 가운데 중요한 덕목을 차지하는 것이 융·복합이다. 융·복합은 사람과 기술, 과학과 인문정신이 조화를 이루는 것을 말한다. 뛰어난 분과학문 능력보다는 통합적인 시야와 능력을 필요로 한다. 그래서 독서는 인생의 큰 그림을 그리는 과정이어야 한다. 다른 학문 분야의 내용을 서로 연결하여 질서를 부여하고 통합적인 역량을 기르도록 이끌어야 한다. 그런 인재를 바로 십진분류 독서법으로 기를 수 있다. 인공지능 시대를 극복할 인재도 통합학문으로 준비된 사람들이다.

독서를 통한 배움의 과정에서는 조급해서는 안 된다. 조급하면 편안한 마음으로 독서에 집중하지 못한다. 속도가 빠른 인공지능 시대지만 독서만큼은 느긋한 마음으로 접근해야 한다. 씨앗을 심어 놓고 얼마나 자랐는지 자꾸만 씨앗을 확인하면 튼실한 열매를 기대할 수 없듯이, 독서를 통해 삶의 변화를 이끌어 내려면 차분한 마음으로 다가가야 한다. 그 시작을 십진분류 독서법으로 해보라. 다양한 장르를 접하며 지평을 넓혀 보는 것이다. 그 과정에서 깨달음이 생기고 변화의 물결이 일렁이기 시작한다. 인생은 그렇게 서서히 자신이 원하는 방향으로 성장하고 완성되어 간다.

한국십진분류 주류표 (10분류)

000	총류
100	철학
200	종교
300	사회과학
400	자연과학
500	기술과학
600	예술
700	언어
800	문학
900	역사

한국십진분류 강목표(100분류)

000	총류
010	도서학, 서지학
020	문헌정보학
030	백과사전
040	강연집, 수필집, 연설문집
050	일반 연속간행물
060	일반 학회, 단체, 협회, 기관, 연구기관
070	신문, 저널리즘
080	일반 전집, 총서
090	향토자료

100	철학
110	형이상학
120	인식론, 인과론, 인간학
130	철학의 체계
140	경학
150	동양철학, 동양사상
160	서양철학
170	논리학
180	심리학
190	윤리학, 도덕철학

200	종교
210	비교종교학
220	불교
230	기독교
240	도교
250	천도교
260	
270	힌두교, 브라만교
280	이슬람교(회교)
290	기타 제종교

300	사회과학
310	통계자료
320	경제학
330	사회학, 사회문제
340	정치학
350	행정학
360	법률, 법학
370	교육학
380	풍속, 예절, 민속학
390	국방, 군사학

400	자연과학
410	수학
420	물리학
430	화학
440	천문학
450	지학
460	광물학
470	생명과학
480	식물학
490	동물학

500	**기술과학**
510	의학
520	농업, 농학
530	공학, 공업 일반, 토목공학, 환경공학
540	건축, 건축학
550	기계공학
560	전기공학, 통신공학, 전자공학
570	화학공학
580	제조업
590	생활과학
600	**예술**
610	
620	조각, 조형미술
630	공예, 장식미술
640	서예
650	회화, 도화, 디자인
660	사진예술
670	음악
680	공연예술, 매체예술
690	오락, 스포츠
700	**언어**
710	한국어
720	중국어
730	일본어 및 기타 아시아 제어
740	영어
750	독일어
760	프랑스어
770	스페인어 및 포르투갈어
780	이탈리아어
790	기타 제어
800	**문학**
810	한국문학
820	중국문학
830	일본문학 및 기타 아시아 제문학
840	영미문학
850	독일문학
860	프랑스문학
870	스페인 및 포르투갈 문학
880	이탈리아문학
890	기타 제문학
900	**역사**
910	아시아
920	유럽
930	아프리카
940	북아메리카
950	남아메리카
960	오세아니아, 양극지방
970	
980	지리
990	전기

독서 방법 디자인(method of reading): 박이정 독서법

"독서만 하고 사고가 없는 사람은 그저 먹기만 하려는 대식가와 같다.
아무리 영양 많고 맛 좋은 음식이라도
위액을 통해 소화하지 않고서는 아무런 이로움이 없다."

· 실베스터 ·

인공지능 시대의 응전, 박이정 독서법

인공지능 시대에는 새로운 생각과 사고로 무장해야 살아남을 수 있다. 기존의 것을 있는 그대로 받아들이기만 해서는 안 된다. 스스로 학습하고 창의적인 산물을 만들어 갈 수 있어야 한다. 그 해답이 바로 박이정 독서법에 담겨 있다. 박이정 독서법은 아는 것을 추구하는 것이 아니라 알아내는 힘을 바탕으로 탁월한 결과물을 만들어 내는 데 목표를 두고 있기 때문이다.

인공지능 시대의 미래 인재 역량을 전문가들은 공통적으로 이렇게 압축한다. 비판적 사고 능력, 창의성, 유연성, 그리고 바른 인성과 디지털 스킬 등등. 핵심적인 역량은 비판적인 사고 능력과 창의적인 혁신 능력이다. 미래를 준비하는 학생뿐 아니라 성인들에게도 필요한 역량이다. 평생직업이 없는 시대에 자신의 가치를 업그레이드해야 살아남을 수 있으니 어쩔 수 없다. 예전의 능력만으로는 경쟁력을 갖출 수 없다. 그래서 독서가 필요하다.

그런데 이런 능력은 기존 학습 방법으로는 쌓아 나가기 힘들다. 미국 대학 교육의 문제를 연구한 윌리엄 데레저위츠(William Deresiewicz) 교수는 '왜 하버드생은 바보가 되었나'라는 부제가 달린 《공부의 배신(Excellent sheep)》을 썼다. 그는 이 책에서 현대 대학은 창의적 인재를 육성하기보다는 실용적인 부분을 고려하는 교육에 초점을 맞춘다고 지적한다. 마치 바코드를 찍어 내듯 비슷한 스펙과 욕망을 지닌 온순한 양들을 길러 내고 있다고 비판한다. 사회 시스템에 순응하는 그저 '똑똑하고, 온순한 양(Excellent sheep)'을 길러 내고 있다고 쓴소리를 날린다.

"교육의 목표는 당장 써먹을 수 있는 기술을 습득하는 것뿐이라고 말하는 사람은 당신을 직장에서 쓸모 있는 인력으로, 시장에서는 잘 속아 넘어가는 소비자로, 국가에서는 순종적인 국민으로 전락시키려고 하는 것이다."

데레저위츠 교수의 말에 귀를 기울여야 하는 것은 그것이 우리의 현실이기도 하기 때문이다. 현재 교육이 추구하는 방향은 '똑똑하고 온순한 양'을 길러 내는 데 있다. 이런 교육으로는 인공지능 시대를 효과적으로 준비할 수 없다. 성인들도 다르지 않다. 산업 시대와 정보화 시대를 살아가는 데 적합한 교육을 받았으니 이러한 지적에서 자유롭지 못하다.

박이정 독서법은 산업 시대와 정보화 시대의 시스템에 길들여진 교육을 극복할 대안이다. 인공지능 시대를 이길 비법이기도 하다. 현재보다 더 나은 미래로 점프할 기회를 제공하는 독서법이다. 박이정 독서법이 한 번도 들어 보지 못한 생소한 독서 방법론일 수 있다. 목표를 지향해 가는 독서법이며 취미독서를 넘어 독서학습의 길로 들어서기를 요구한다. 읽고, 듣고, 배우는 것을 넘어 생각하고 탐구하며 연구하는 또 다른 독서를 요구한다.

박이정 독서법의 목표는 탁월함이다

박이정 독서법이 추구하는 목표는 탁월함이다. 변화를 주도하는 역량을 키우는 독서학습 과정이다. 알아내는 힘을 극대화할 뿐 아니라 어디서든 능력을 인정받는 결과물을 만들 수 있도록 한다. 자신의 변화를 넘어 세상에 영향을 끼치는 것을 목표로 한다.

박이정 독서법은 십진분류 독서법처럼 가벼운 발걸음으로 시작할 수 있다. 그러나 지향하는 목표는 결코 가볍지 않다. 내용과 방법의 질을 높여 가는 책읽기를 추구해야 하기에 그렇다.

책은 마음의 양식이라고 한다. 마음을 살찌운다는 뜻이다. 새로운 희망을 주는 축복이라고 하지 않을 수 없다. 그러나 목표가 높아지면 즐거움을 넘어선다. 고난이며 고통일 수도 있다. 때로는 벗어나고 싶은 굴레가 되기도 한다. 전문적인 공부를 하고 연구하는 사람들에게 독서가 재미있냐고 물어보라. 그들은 너무 고통스럽고 힘들다고 말할 것이다. 머리가 깨질 것 같고 포기하고 싶을 때도 많다고 이야기할 것이다. 독서를 한다는 것이 부담스러워 어깨가 너무 무겁고 잠 못 이루는 밤도 많다고 털어놓을 것이다.

그런데도 그들은 왜 이토록 어렵고 힘든 길을 걸어갈까? 목표가 다르기 때문이다. 원하는 목표가 노력의 과정을 요구하기 때문이다. 그저 즐기기만 해서는 원하는 과정을 성취하고 성장할 수 없기에 죽을 힘을 다해 노력한다.

목표가 다르면 읽는 책도 달라진다. 목표가 분명하면 그에 걸맞은 책읽기가 진행되기 마련이다. 이해하기 어렵더라도 최고 수준의 책에 스스로 도전장을 내민다. 그 과정이 성공적이면 성공적일수록 목표 성취에 가까워질 수 있기 때문이다.

그렇다고 억지로 하는 것도 아니다. 자발적으로 고통과 고난으로 들어간다. 어렵지만 그 속에도 나름대로 즐거움이 있다. 독서 동기를 끊임없이 부여해 주기에 그렇다. 포기하고 싶어도 이룰 목표가 눈앞에 아른거려 다시 책을 집어 든다.

현재의 자리에서 좀 더 나은 위치를 선점하고 싶다면 박이정 독서를 해야 한다. 인공지능 시대를 효과적으로 준비하고 승리하려면 박이정 독서에 도전할 필요가 있다. 전문성을 갖추고 그것을 자신만의 브랜드로 만들고 싶다면 박이정 독서법으로 무장해야 한다. 박이정 독서법은 탁월함을 추구하기 때문이다.

박이정 독서법의 두 날개, 교양독서와 연구독서

박이정(博而精) 독서는 크게 두 가지로 나뉘어 진행된다. 첫째가 박(博, 넓을 박) 독서요, 둘째가 정(精, 정할 정) 독서다. 박 독서는 교양독서다. 깊이 있는 독서보다 폭넓은 독서를 추구한다. 이에 비해 정 독서는 깊이 있는 독서를 추구하는 연구독서다. 세밀하게 주제를 탐구하며 나아가는 책읽기다.

이 둘은 떼려야 뗄 수 없는 관계에 있다. 박 독서 없이는 정 독서를 이어 갈 수 없기 때문이다. 건축으로 설명해 보자. 박 독서가 기초공사와 같다면, 정 독서는 원하는 방향으로 건물을 올리는 공사다. 기초가 탄탄하지 않으면 멋진 건물을 세울 수 없다. 그러나 기초만 탄탄한 것도 별 의미는 없다. 탄탄한 기초 위에 어떤 건물을 세워야 할지 목표가 불분명하면 벽돌 한 장도 쌓을 수 없다. 그래서 두 독서가 조화를 이루어야 한다. 조화로울수록 탁월함을 추구하는 데 도움이 된다.

박이정 독서법은 십진분류 독서법의 연속선상에 있다. 십진분류 독서법의 심화 과정이라고 보면 된다. 십진분류 독서법이 곧 박 독서이기 때문이다. 그러나 다른 점도 있다. 박이정 독서법은 글쓰기가 동반된다. 박이정 독서법은 읽기 자체에만 의미를 두지 않는다. 발췌와 요약이 추가된다. 중요한 내용을 발췌하고 그 내용을 요약해야 한다. 자신의 주장과 의견을 담은 에세이 글쓰기도 필요하다. 단순히 새로운 지식 수용을 목표로 하지 않는다. 새로운 지식을 수용하는 데 머물지 않고 연구독서로 이어 가는 연결고리를 만드는 과정이다. 의미 있는 결과물은 글쓰기가 동반되어야 만들 수 있다. 그래서 수용된 지식과 정보를 글쓰기로 정리하고, 자신의 생각을 덧입혀 창조적인 산물을 만드는 훈련을 하는 것이다.

십진분류 독서법이 폭넓은 지식과 정보의 수용에 초점를 맞춘다면, 박이정 독서법은 분야를 특정하여 논리와 표현에 중점을 둔다. 그리고 인지사고 훈련을 통해 결과물을 탁월하게 이끌어 가는 것을 추구한다. 한 분야에 정통하고 능통한 전문가를 목표로 하는 것이다. 박이정 독서법은 한마디로 자신을 전문가로서 키우는 독서법이다.

감동에서 감탄으로 나아가는 책읽기

탁월함을 추구하는 책읽기를 통해 얻게 되는 성공독서의 즐거움은 한 개인의 감동으로 끝나지 않는다. 감동을 넘어 다른 이들의 감탄을 이끌어 낸다. 목표가 분명한 성공독서는 개인의 성취를 넘어 사회와 인류를 이롭게 하는 것으로 확장된다.

감동은 성공과 실패 모두를 포괄한다. 실패하더라도 보여준 태도에 감동을 느낀다. 그러나 감탄은 다르다. 감탄이 항상 감동을 동반하는 것은 아니지만 감탄은 분명한 결과와 업적 뒤에 따르는 훈장과도 같다. 누구나 하는 취미독서 결과에 감동은 할 수 있어도 감탄의 느낌표는 쉽게 허락되지 않는다. 연구하고 탐구하며 이룬 업적 뒤에 감탄의 찬사가 뒤따른다.

현재 인류의 진보는 누군가의 뼈를 깎는 탐구와 연구 덕분이다. 수많은 시간을 잠 못 이루며 매진한 결과다. 가족과 행복한 시간을 보내는 것을 포기한 대가이기도 하다. 고난과 고통의 산물이다. 이런 사람들에게 우리는 감탄사를 연발한다. 누군가의 삶을 더욱 이롭게 해주었기 때문이다.

인간은 누군가에게 선한 영향을 끼칠 때 행복감을 느낀다. 인간 내면 깊숙한 곳에는 좋은 영향을 끼치고 싶다는 마음이 숨겨져 있다. 그런데 아무나 좋은 영향을 끼치고 싶다는 생각을 품지는 않는다. 그것은 독서를 통해 진정한 삶의 행복과 존재 의미가 무엇인지 깨달은 사람이 품는 마음이다. 십진분류 독서로 지평을 넓히고 박이정 독서로 글쓰기를 하다 보면 자연스레 생기는 마음이기도 하다. 책을 읽고 글쓰기로 자기 생각을 만들어 가다 보면 자신도 모르게 선한 영향을 끼치고 싶다는 마음을 품게 된다. 그래서 스스로 고난 속으로 들어간다. 그 고난의 터널을 통과할 때 비추는 햇살이 어떤 의미인지 알고 있기 때문이다. 그런 과정을 거친 뒤에야 비로소 감탄을 이끌어 내는 결과물이 탄생한다.

박이정 독서를 어떻게 실천할 수 있는가

탁월함을 추구하는 박이정 독서는 학문에 능통한 사람만 할 수 있는 건 아니다. 특정한 대상이나 연령층을 위한 독서법도 아니다. 사고능력을 향상해 나가도록 돕는 독서법이므로 누구나 할 수 있다. 초등학생부터 한글을 아는 이라면 누구나 박 독서와 정 독서로 알아내는 힘을 기르고 전문적인 지식을 겸비할 수 있다.

박 독서와 정 독서의 차이는 시간 투자에서 나타난다. 박 독서가 하루 단위의 책읽기라고 가정한다면, 정 독서는 하루 이상의 시간을 투자하는 독서다. 읽는 책의 권수에서도 차이가 있다. 박 독서가 하나의 주제에 대해 한 권 정도의 책을 읽고 요약하는 차원이라면 정 독서는 하나의 주제에 적게는 두세 권, 많게는 100권 정도를 읽어야 한다. 연구독서로 이어 가려면 한 가지 분야를 깊이 있게 탐독해야 하고, 그래야 의미 있는 결과물을 만들어 낼 수 있다.

박 독서와 정 독서는 대상과 나이, 수준에 따라 달리 적용될 수 있다. 초등학교에서 진행되는 정 독서가 중·고등학생이 볼 때는 박 독서 수준일 수 있다. 마찬가지로 성인 입장에서는 청소년의 정 독서가 박 독서로 느껴질 수 있다. 중요한 것은 각 시기와 자신의 실력에 걸맞게 진행하면 된다는 것이다. 배경지식이 없는데도 어려운 책에 도전하면 지레 포기하고 만다. 다른 사람을 의식하지 말고 현재 자신의 수준에 맞게 도전하면 된다. 박이정 독서는 하나의 답을 추구하지 않는다. 그보다는 각기 다른 대상, 각기 다른 수준의 학습자들이 현재 수준을 영점 기준으로 삼아 다음 단계로 한 걸음 진보하도록 돕는 독서법이다.

박 독서와 정 독서는 각 단계마다 글쓰기도 달라진다. 청소년 시기에는 간단한 요약과 생각을 정리하는 에세이 정도로 진행된다. 청년들은 자신이 원하는 분야에 도전장을 내밀며 차근차근 지식을 업그레이드하는 데 초점을 맞추면 된다. 읽기와 쓰기가 어느 정도 훈련된 사람이라면 정 독서의 질을 높여 전문가로 발돋움하는 글쓰기에 목표를 두어야 한다. 정 독서는 하면 할수록 생각을 세밀하게 가다듬어 준다. 책 읽기의 깊이를 더할 뿐 아니라 정밀하게 사고하도록 돕는다. 당연히 수준 있는 글쓰기가 가능해지고, 우리에게 훈련된 지성을 선물해 준다.

연구독서인 정 독서의 목표는 정보와 지식 습득 자체에 있지 않다. 새로운 지식과 정보, 해당 주제의 최신 정보와 권위 있는 지식 수용이 1단계 목표다. 정 독서의 진정한 가치는 수용한 지식을 자신의 기존 정보와 연결하는 데 있다. 연결하고 통합하고 조직화해 의미 있는 결과물을 만들어 가야 한다. 서로를 비교하며 깊이 있게 연구하여 자신만의 또 다른 가치를 만들어 내는 과정인 것이다.

십진분류 독서를 통해 관심 있는 주제를 만나면 박 독서 단계로 넘어가야 한다. 십진분류 독서가 마음 가는 대로 다양한 주제를 훑어 읽고 살펴보는 것이라면 박 독서는 거기에 약간의 규칙을 더해 진행한다.

가령 관심 가는 주제가 하나 생겼다고 하자. 그러면 그 주제를 하루 동안 탐구해 보는 것이다. 하루 단위로 진행된다고 해서 온종일 시간을 투자할 수는 없을 것이다. 진행하는 프로젝트, 회사 업무 등 일상의 다양한 일도 해야 한다. 그러니 부담 갖지 말고 하루 한두 시간으로 시작하면 된다. 하나의 주제에 많은 시간을 투자할 수 있다면 더할 나위 없겠지만 더 중요한 것은 일관성과 지속성이다. 하루에 한두 시간이라도 박 독서가 일관성 있게 진행된다면 그 변화는 결코 작지 않다. 박 독서로 책을 읽고 수준에 따라 글쓰기를 병행하다 보면 생각이 깊어진다. 무엇보다 텍스트를 이해하는 실력이 늘어난다. 지속성이 유지되면 본질을 볼 수 있는 안목이 생긴다. 무엇과 연결시키면 창의적인 산물이 탄생할지 눈이 뜨인다. 박이정 독서를 시작하기 전과는 완전히 다른 사람으로 탈바꿈한다. 인생의 꿈을 실현 가능한 일로 만드는 능력을 소유하게 되는 것이다.

내가 작가가 될 수 있었던 비결

임재성 작가는 현재 15권의 책을 출간했다. 그가 이렇게 작가가 될 수 있었던 것은 박이정 독서를 꾸준히 이어 왔기에 가능했다.

독서 교재를 만드는 연구원이 된 뒤 그는 하루도 쉬지 않고 질문 교재를 만들었다. 학생들을 가르치기 위해 어쩔 수 없이 책을 읽고 독서 질문지를 만들어야 했다. 질문만 만드는 것이 아니라 직접 답을 달며 생각을 정리하기도 했다. 책 한 권으로 다양한 생각과 가치를 덧입히기 위해 답을 다는 일은 필요했다. 청소년을 대상으로 한 책이지만 추론적이고 사색적인 질문에 답을 다는 것은 쉽지 않았다. 직접 만든 질문인데도 생각을 정리해 글로 표현하는 일은 굉장히 어려운 작업이었다. 그럼에도 포기하지 않았다. 5~6년을 지속적으로 이어 갔다.

어느 날, 스스로 돌아보니 너무 쉬운 책만 읽고 있다는 생각이 들었다. 청소년 대상의 책만 읽으니 성장하고 있다는 생각이 들지 않았다. 그때부터 성인 도서를 읽기 시작했다. 동기부여를 위해 독서 모임도 만들었다. 의무적으로 2주에 한 권 책을 읽고 감상문을 써 발표해야 한다는 강제 조항을 만들었다. 질문 대신 감상문을 써야 했다. 독서지도사 공부를 할 때 첫 감상문을 여섯 줄로 써 제출했던 트라우마가 다시 스멀스멀 일어나기 시작했다. 서너 시간을 투자해 고작 여섯 줄을 썼으니 글쓰기에 대한 두려움이 있었다.

그럼에도 꿋꿋이 글을 쓰고 발표했다. 처음에는 쥐구멍을 찾고 싶을 정도로 부끄러웠지만 점차 자신감이 생겼다. 텍스트를 어떻게 표현하면 좋은 반응이 나오는지 느낄 수 있었다. 그런 과정이 지속되면서 '책도 한 번 써볼까' 하는 생각이 들었다. 그 생각이 들기 무섭게 목표를 정했다. 연구독서인 정 독서 단계로 돌입한 것이다. 인터넷 국회도서관 논문 코너를 들락거리며 관련된 논문을 읽고 발췌·정리했다. 다양한 책을 읽으며 인용할 거리를 찾아 정리했다. 어떤 내용은 바로 인용하도록 출처를 밝히며 읽었고, 어떤 내용은 윤색(요약)해서 나만의 언어로 바꾸어 활용했다. 그렇게 연구에 매진하다 보니 어느새 꽤 많은 원고가 완성되었다.

그는 무모하리만큼 큰 용기로 완성된 원고를 최고의 출판사 네 곳을 선정해 투고했다. 초보자가 원고 투고로 출간할 확률이 3퍼센트라는 사실도 모른 채 도전장을 내밀었다. 그런데 그중 한 곳에서 만나 보고 싶다는 연락을 받았다. 정말 만나 보고 싶다는 말만 믿고 출판사를 방문했다. 그런데 그 자리에서 바로 계약하자는 이야기를 들었고, 첫 책이 그렇게 탄생했다.

한번은 출판사에서 한비자와 관련된 책을 써달라는 의뢰를 받았다. 일단 알았다고 대답했다. 그때까지 한비자에 대해 아는 지식이 없었다. 도서관으로 가 한비자를 검색해 관련 도서를 모두 빌렸다. 세 군데 도서관을 돌아가며 한비자 책을 빌려다 읽었다. 원문이 잘 해석된 것도 탐색했다. 다양한 해석 글과 인터넷 검색까지 해가며 나만의 언어로 정리했다. 그리고 《한비자(韓非子)》에서 전하는 메시지를 분석했다. 그것을 바탕으로 이 시대를 사는 사람들이 어떤 교훈을 얻고 살면 좋을지를 풀어냈다. 다른 일은 하지 않고 오직 한비자와 관련된 것에만 몰두했다. 평소 박 독서로 배경지식을 쌓아 두고 정 독서로 깊이를 더했더니 한 권의 책이 탄생한 것이다. 이 책은 문화체육관광부 주관 세종도서에 선정되는 기쁨도 선물했다. 이런 식으로 글을 쓰다 보니 짧은 기간에 다작을 할 수 있었다.

박사 학위를 받은 것도 아니고, 사회적으로 유명하지도 않은 그가 이렇게 다작을 할 수 있었던 요인은 박이정 독서법에 있다. 균형감 있는 박 독서와 깊이 있는 정 독서의 힘이 지금의 그를 있게 한 것이다.

내 아이들은 박이정 독서법으로 미래를 준비한다

장대은 작가의 두 딸은 홈스쿨링 중이다. 일상이 공교육 커리큘럼으로 진행되지 않기 때문에 온종일 박이정 독서법에 따라 학습이 진행된다. 예를 들어, 매일 아침 한두 시간은 주제를 달리하며 가벼운 주제로 박 독서를 진행해 간다. 한 시간 책을 읽고 한 시간 요약하고 에세이를 쓰는 방식이다. 처음에는 자신이 원하는 주제로 시작되지만 매일 주제가 바뀌기에 한두 달, 학기별로 미리 주제를 정하고 일정에 따라 진행하고 있다.

오후에는 정 독서를 한다. 정 독서는 두 레벨을 동시에 진행한다. 레벨 1 정 독서는 오후 한 시간씩 한 달 동안 하나의 주제를 연구하는 단계다. 정 독서의 경우는 장시간 진행되어야 하는 것이어서 대화를 통해 자녀의 관심사를 찾아내고 그것을 주제로 정한다. 오전에 진행되는 박 독서보다 정 독서에 투자하는 시간이 짧다. 그러나 박 독서가 한 주제를 하루 두 시간으로 마무리하는 데 반해 레벨 1 정 독서는 하루 한 시간씩 주 5일, 4주간 진행되기에 최소 20시간 동안 한 주제를 탐구하게 된다. 하루 30분은 책을 읽고, 30분은 요약과 에세이로 천천히 주제를 탐구해 간다.

오후와 저녁 시간을 조율해 가며 레벨 2 정 독서가 진행된다. 한 가지 주제를, 하루 한두 시간씩 투자하여, 3~6개월 동안 진행하는 프로젝트 독서다. 박 독서나 레벨 1 정 독서와는 비교할 수 없는 차원의 독서기에 준비 과정도 철저해야 한다. 진행 기간에 읽을 도서목록을 정하고 참고자료로 시청할 해당 주제의 다큐멘터리를 찾아 구비해 놓는다. 유튜브에 들어가 해당 주제에 대한 '세상을 바꾸는 시간' 강의나 TED 강의를 찾아 정기적으로 시청한다. 책을 읽든, 다큐멘터리를 보든, 강의를 듣든 모든 학습 내용은 요약 과정을 거치고 하루를 마무리하는 에세이로 정리한다.

매일 한두 시간씩 한 달에 20~40시간, 3개월에 60~120시간, 6개월에 120~240시간 동안 하나의 주제를 연구해 나가는 일이 쉽지는 않다. 그러나 그 과정에서 분명히 나타나는 진보는 학습자에게 동기를 부여하고 학습 과정의 지속 가능성을 높인다.

정 독서의 기간은 정하기 나름이다. 우선, 일주일 단위로 정 독서를 진행할 수 있다. 한 가지 주제를 하루 두 시간씩 일주일 동안 월~금 5일간만 진행해도 그 주제에 대한 학습자의 이해도와 숙련도는 분명하게 변화한다. 중학교 3학년인 첫째 딸의 경우 초등학교 3, 4학년 때부터 본격적으로 박이정 독서법을 적용해 책을 읽고 글을 써왔다. 이 과정을 진행하며 딸아이가 종종 이야기하곤 한다.

"아빠! 책을 읽는 것과 글을 쓰는 것이 재미있기는 하지만 항상 그런 것은 아니에요. 어느 날은 책을 읽기가 너무 싫고 글쓰기는 더더욱 싫을 때가 있어요. 그런데 신기한 것은 읽기를 시작하면 '내가 언제 책

읽기가 싫다고 했지' 하는 생각조차 들지 않을 정도로 글에 푹 빠지게 돼요. 글쓰기도 마찬가지예요. 펜을 들거나 자판을 두드리기 전에는 생각하며 글 쓰는 것이 부담스러워요. 그런데 첫 줄을 쓰고 나면 다음 줄에 쓸 내용이 머릿속에 떠올라 글이 계속 쓰여요. 늘어나는 분량의 글들만큼 내 생각을 펼쳐 나가면 글을 쓰는 것이 책을 읽는 것보다 더 재미있게 느껴져요."

모든 아이가 위 이야기와 같지는 않을 것이다. 그렇지만 박이정 독서법으로 학습하는 많은 아이와 직장인이 공통적으로 위와 같은 고백을 하곤 한다. 과정의 진보를 스스로 느끼기에 더 어려운 학습 과정에 도전할 수 있는 동기가 부여된다. 굳이 강요하지 않아도 스스로 책읽기와 글쓰기 속으로 들어간다.

책읽기와 글쓰기가 정말 즐겁다고 생각하는 사람들이 얼마나 있겠는가. 매일 하기 싫고 부담스러운 것이 읽기와 쓰기일 수 있다. 그때마다 자신에게 동기를 부여하고 지속 가능하도록 돕는 구조가 있어야 한다. 때로는 사람이, 때로는 자신이 세운 목표가 그것을 지원한다. 동기부여 없이는 지속성을 담보할 수 없고, 일관성을 유지할 수도 없다. 진정한 동기부여는 주변에서 하는 말에서 나오지 않는다. 몇 번은 조언과 격려에 동기를 부여받기도 하겠으나, 독서 과정에서 느껴지는 변화가 없다면 박이정 독서 과정은 지속하기 힘들다. 진정한 동기부여는 과정의 진보 속에 있다. 스스로 결과물을 만들어 내고 뿌듯해 하는 작은 성취들이 모여 자신감을 북돋고 동기를 부여하는 것이다.

그는 홈스쿨링 중인 딸아이와 두세 가지 주제로 하루 다섯 시간씩 박이정 독서를 병행해 왔다. 수년을 지속하고 있다. 지난 시간의 독서와 글쓰기 과정에서 향상된 인지 능력이 다른 교과목을 자기 주도 학습으로 진행할 때도 많은 도움이 되고 있다는 것을 매일 확인하게 된다.

지난 시간 그의 딸이 한 달 이상 시간을 들여 소화한 정 독서의 주제들만 몇 가지 예를 들면 다음과 같다.

000 총류: 독서법

100 철학: 철학 인물사, 심리학(마음이란?)

200 종교: 빌립보서 연구, 유대인과 교육, 모세 오경

300 사회과학: KOICA와 ODA, 정치란 무엇인가?, 도시와 환경, 홈스쿨링을 말하다, 학교란 무엇인가?

400 자연과학:

500 기술과학: 스마트폰과 청소년, 인공지능이란?, 4차 산업혁명, 미래학

600 예술: 미야자키 하야오의 영화세계, 대중문화란 무엇인가?, 메이크업 바로 알기

700 언어:

800 문학: 이어령의 문학세계, 글쓰기란 무엇인가?, 일기와 역사, 《어린왕자》 분석, 《몬테크리스토 백작》, 셰익스피어

900 역사: 세계역사 이야기, 캐나다 연구, 한국사, 우당 이회영, 북한 이야기, 독도 이야기, 사임당과 조선의 여성들, 세종대왕과 한글, 율곡 이이, 《조선왕조실록》, 한국의 대통령, 5대 제국 이야기

대부분 한 가지 주제를 한 달에서 길게는 6개월을 투자해 책을 읽

어 나갔다. 물론 날마다 요약과 에세이 작문도 병행했다. 900 역사 중 우당 이회영이라는 인물은 5개월간 연구해 《우당 이회영, 독립을 외치다》라는 제목으로 소량이지만 자비 출간도 했다. 한국사는 2년마다 3~6개월씩 진행했기 때문에 각기 다른 주제로 세 번에 걸쳐 다루었다.

아이가 탄핵 사태를 지나고 미국의 대선 정국 소식을 뉴스를 통해 접하며 정치에 관심을 보이기에 '대통령은 누구인가'라는 주제 연구를 제안했다. 아이는 의외로 흔쾌히 받아들여 한 달 동안 하루에 한두 시간씩 연구했다. 물론 결과물은 소논문으로 정리했다.

이렇게 긴 글로 아이의 독서 과정을 소개한 것은 그것이 성인에게도 그대로 적용될 수 있음을 알려 주기 위해서다. 임재성 작가나 내 아이나 의미 있는 결과물을 만들어 낼 수 있었던 비결은 지속적이고 일관성 있는 박이정 독서법의 실천이었다. 그들의 지적 능력과 환경이 아니었던 것이다. 그러니 누구나 박이정 독서로 의미 있는 삶의 결과물을 만들어 낼 수 있다.

박이정 독서법의 가장 중요한 목표는 하나의 주제에 대해 '질을 높여 가며 배우는 것'이다. 주제별로 질을 높여 배움의 길을 가다 보면 여러 분야의 주제가 연결되어 융복합의 시대에 걸맞은 사람으로 변화된다.

인공지능 시대의 도래로 많은 사람이 불안해하고 있다. 현재 자신의 자리를 어떻게 유지할지 걱정하고, 미래를 어떻게 준비해야 할지 난감해한다. 불안한 미래에 대해 이야기하는 매체와 사람은 많지만 효과적으로 미래를 준비하는 대안을 제시하는 매체와 사람은 많지 않다. 그러나 이제 더 이상 불안감으로 고통받을 필요가 없다. 인공지능 시대를 효과적으로 준비할 대안이 독서법에 있으니 말이다. 여러분이 신경 써야 할 것은 앎으로 끝내지 않는 것이다. 앎을 삶에 적용하고 실천해 인공지능 시대를 준비하는 역량을 길러야 한다. 전문적인 능력을 확보해 좀 더 나은 삶으로 도약하면 된다.

늦었다고 생각할 필요 없다. 박이정 독서법은 전혀 새로운 시작이 아니기 때문이다. 여러분 안에 내재되어 있던 지식의 편린들이 배움의 과정 속에서 질서를 잡아 가고 하나의 완성품으로 세워져 가도록 돕는 것이 박이정 독서법이다. 세상의 차이는 작은 것에서 비롯된다. 능력과 무능력의 가늠자가 되는 그 차이를 박이정 독서법이 채워 줄 것이다. 그것이 박이정 독서법의 역할이다.

박이정 독서법 워크숍

호도애도서관에서 활용 중인 박이정 커리큘럼으로 십진분류의 강목과 요목, 세목의 수만 가지 주제 중 192개를 선별했다. 강목과 요목에서 선택한 주제도 있지만 수만 가지 세목 주제 중에서도 선별하여 진행하고 있다. 십진분류의 주제가 너무 방대하기에 효과적인 박이정 독서를 위해서는 선택과 집중이 필요하다. 192가지의 주제는 기획자의 관심사에 따라 선택되기도 했지만, 대체로 아이부터 성인에 이르기까지 전 생애에 걸쳐 다룰 수 있는 주제를 선정하기 위해 십진분류의 주제 가운데에서 균형을 잡는 데 힘썼다.

각 주제별로 최소 20여 권에서 많게는 300권의 책이 마련되어 있다. 동 시간대에 다수의 회원과 학습하기 위해서는 같은 책의 복본(複本)도 여러 권 필요하지만, 주제만 같다면 20권의 책이 모두 다른 책이어도 프로그램을 진행하는 데는 어려움이 없다.

192가지 박이정 주제는 1년 48주간의 진행을 전제로 총 4년차 커리큘럼으로 기획·선정되었다. 박이정 주제를 선정할 때 꼭 192가지 주제일 필요는 없다. 적어도 좋지만 많아도 상관없다. 다만 잠시 시간을 내어 평생 단 하루라도, 한 권의 책을 통해서라도 관심을 가져 볼 주제라고 한다면 192가지가 결코 많은 것은 아니다.

개인적으로 박이정 주제를 선정할 때도 자신만의 평생 독서 커리큘럼에 대해 생각해 보는 것이 좋다. 다시 강조하지만 박이정 주제로 독서한다는 것은 박 독서와 정 독서가 동시에 진행된다는 것이다. 오늘 한 권의 책을 읽고 해당 주제를 다시 보지 않는 박 독서도 가치가 있다. 다만 그 방향성은 정 독서를 지향해 나가자는 것이다. 그렇기에 박이정 독서를 정할 때 부담을 가질 필요가 없다. 조금이라도 관심 가는 주제가 있다면 자신의 박이정 주제로 선정해 보라. 주제별로 책을 한 권씩 읽어 나가다 보면 분명히 좀 더 자세히 정독하고 싶은 주제를 만나게 될 것이다. 박이정 주제를 정할 때 십진분류의 주류 10가지, 강목 100가지, 요목 1000가지의 주제를 살피며 주제의 균형을 잡아 가는 것도 신경 써야 할 부분이다. 호도애 박이정 커리큘럼은 하나의 좋은 예가 되어 줄 것이다.

호도애도서관 박博이而정精 커리큘럼 192			( ) 박博이而정精 커리큘럼 192
1	독서법	000 총류 (7)	1
2	도서관		2
3	코딩		3
4	박물관		4
5	출판의 모든 것		5
6	신문		6
7	세계 불가사의, 미스터리 & 음모론		7
8	인지사고, 인공지능	100 철학 (16)	8
9	인생 설계와 비전 디자인		9
10	질문법		10
11	기억과 암송		11
12	동기부여의 모든 것		12
13	심리학		13
14	철학 입문		14
15	소크라테스		15
16	칸트와 데카르트		16
17	윤리학		17
18	인간학		18
19	논리학		19
20	가치론		20
21	서양철학		21
22	동양철학		22
23	인터뷰		23

번호	주제	구분	번호	
24	성경과 신학	200 종교 (13)	24	
25	교회사		25	
26	유대인 이야기		26	
27	신앙 인물		27	
28	믿음과 삶		28	
29	성경 배경사		29	
30	코메니우스		30	
31	엘룰과 셰퍼		31	
32	종교 이야기		32	
33	창조와 진화(생명과학 이야기)		33	
34	석가와 불교		34	
35	루터와 칼뱅		35	
36	힌두교와 브라만교		36	
37	법 이야기		37	
38	정치		38	
39	홈스쿨링		39	
40	학습법		40	
41	경제		41	
42	커리큘럼 디자인		42	
43	공동체 이야기		43	
44	대통령 이야기		44	
45	NGO 이야기		45	
46	전쟁 이야기		46	
47	지구촌 미해결 과제와 SDGs & ODA		47	
48	복지 이야기: 보건과 웰빙		48	

49	입양 이야기		49
50	인권: 불평등 이야기(나이, 성, 장애, 민족, 종교, 경제, 신분)		50
51	결혼 이야기		51
52	토지, 땅을 말하다(동산과 부동산 포함)		52
53	연료: 에너지의 지속 가능성		53
54	국방, 군사, 무기 이야기		54
55	문화인류학		55
56	장애인		56
57	기업과 기업가정신		57
58	남과 여		58
59	다큐멘터리 이야기		59
60	학교란 무엇인가	300 사회 과학 (46)	60
61	교수법		61
62	노벨상 이야기		62
63	자녀 교육		63
64	유엔과 국제기구		64
65	미래 대학: 대학 디자인		65
66	통계와 통계자료		66
67	보험 이야기		67
68	검정고시와 평가		68
69	화폐와 금융		69
70	차별 종식(모든 곳에서, 모든 형태의)		70
71	평생교육(모두를 위한, 양질의 교육)		71
72	모두를 위한 물과 위생시설(접근성과 지속 가능성)		72

73	양질의 일자리와 고용 보장(지속 가능한 경제성장)		73
74	사회기반시설 구축(지속 가능한 산업화)		74
75	모두가 안전한 지속 가능한 도시, 회복력 있는 거주지		75
76	소비와 생산(자연과 조화를 이루는 지속 가능성)		76
77	기후변화(회복력과 적응력)		77
78	정부와 행정		78
79	국회와 국회의원		79
80	권리와 의무		80
81	NCS와 미래 역량		81
82	노블레스 오블리주		82
83	과학 이야기	400 자연과학 (9)	83
84	동물학 이야기		84
85	식물학 이야기		85
86	강과 바다, 해양자원의 보존과 이용		86
87	산 이야기		87
88	우주와 천문		88
89	환경, 육지 생태계: 보존과 이용		89
90	숲 이야기		90
91	반려동물		91
92	미래학과 인공지능		92
93	화장과 성형		93
94	의학, 인체와 건강		94
95	농업, 밥상을 논하다		95

96	패스트푸드, 밥상을 논하다	500 기술과학 (16)	96
97	건축 이야기		97
98	디자인 이야기		98
99	탈것(자동차, 비행기, 배 등)		99
100	요리와 맛집		100
101	미디어와 SNS		101
102	패션		102
103	아로마, 향수		103
104	홍차와 차		104
105	커피		105
106	목공예 DIY		106
107	통신, 미래 통신		107
108	흙과 도자기	600 예술 (20)	108
109	음악 이야기		109
110	미술 이야기		110
111	만화 이야기		111
112	사진 이야기		112
113	스포츠 이야기		113
114	영화와 연극		114
115	주짓수 이야기		115
116	연예인 이야기		116
117	영화 속 영웅들		117
118	렘브란트와 고흐		118
119	음악가 이야기		119
120	오페라 이야기		120

121 우리 가곡		121
122 미술가 이야기		122
123 미술 작품 이야기		123
124 인터넷 게임		124
125 퀼트 이야기		125
126 춤 이야기		126
127 요들 이야기		127
128 문심혜두: 사전과 어휘	700 언어 (3)	128
129 외국어 이야기		129
130 듣기 학습		130
131 책 쓰기: 사고언어 코딩	800 문학 (10)	131
132 글쓰기		132
133 토론		133
134 C. S. 루이스와 《나니아 연대기》		134
135 우리 고전		135
136 세계 고전		136
137 요약과 독해		137
138 원유순		138
139 시와 시인		139
140 J. R. R. 톨킨과 《반지의 제왕》		140
141 조앤 롤링과 《해리포터 이야기》		141
142 위인전, 자서전		142
143 세종대왕과 한글		143
144 신사임당		144
145 이순신과 임진왜란		145

146	다산 정약용		146
147	시대의 지성 김형석		147
148	벤저민 프랭클린		148
149	정조		149
150	퇴계 이황		150
151	정도전과 국가 설계		151
152	유일한		152
153	함석헌		153
154	조지 워싱턴		154
155	율곡 이이		155
156	시대의 지성 이어령		156
157	간디		157
158	레오나르도 다빈치	900 역사 (51)	158
159	우당 이회영		159
160	김만덕		160
161	도산 안창호		161
162	프랭크 윌리엄 스코필드(석호필)		162
163	링컨		163
164	공자		164
165	프랑스와 혁명		165
166	영국과 산업혁명		166
167	로마 이야기		167
168	중국 이야기		168
169	독일 이야기		169
170	일본 이야기		170

독서 기술 디자인(skill of reading): 트리비움 독서법

"사색에 기술이 있는 것같이 쓰는 데에도 기술이 있으며,
독서에도 기술이 있다."

· 벤저민 디즈레일리 ·

"무엇을 읽을 것인가?"라는 질문에 십진분류 독서법을 통한 독서 내용의 전체상을 제시했다. 또한 십진분류에 담긴 방대한 내용을 어떤 방식으로 다뤄야 하는지에 대해서는 박이정 독서법으로 독서 방법의 방향성을 이야기했다. 여기서 다음과 같은 질문이 나올 수 있다.

"십진분류 내용을 박이정 독서법으로 확장해 나가야 한다는 건 알았는데, 그다음은 어떻게 진행해야 하나요? 더 나아가 탁월성까지 겸비해 능력 있는 사람이 되려면 무엇이 필요한가요?"

위 질문에 대한 답이 바로 트리비움 독서법에 담겨 있다.

박이정 독서법의 실행파일, 트리비움

트리비움(Trivium)이란 라틴어로 삼학(三學)을 의미한다. 세 가지 학과, 세 가지 배움이라는 뜻이다. 중세 시대 모든 대학의 기본 과정이었던 트리비움은 문법(grammar), 논리학(logic), 수사학(rhetoric) 3학과로 구성되었다. 트리비움은 배우는 과정에서 능력을 키워 가는 인간지능의 핵심 구성 요소다. 모든 학문의 기반이며 모든 능력의 기초가 된다.

트리비움은 박이정 독서법의 실행파일이다. 트리비움 능력 향상이 박이정 독서법을 통한 성공독서에 이르는 최선의 길이자 유일한 길이다. '독서가 역사를 이끌어 온 힘의 원천'이라고 이야기하는 것은 트리비움이 능력을 키우는 통로가 되었기 때문이다. 역사에 영향력을 끼쳤던 모든 이가 가진 능력도 트리비움이었다. 트리비움은 인간 능력의 차이를 발생시키는 기초며 실질적인 힘이다.

트리비움 독서법은 수많은 독서 방법 가운데 하나가 아니다. 학교와 평생교육원에서 배우는 여러 교과목 가운데 하나도 아니다. 인간 사고의 근간을 이루는 것이며, 인간이 능력을 발휘하도록 하는 밑바탕이다. 인간과 동물의 차이가 생각과 사고 능력의 차이인데, 그것이 바로 트리비움을 의미한다. 트리비움이 사고의 작동 원리이기에 그렇다.

인간이 생각하는 능력으로 깊이 있는 사고를 할 수 있는 것은 어느 한 가지 요소로 되는 것이 아니다. 여러 요소가 복합적으로 작용하고 유기적으로 움직여야 능력 있는 사고를 할 수 있다. 그 복합적인 작용이 트리비움이다. 인간이 사고력을 갖고 만물의 영장이 될 수 있는 근간이 트리비움에 있는 것이다.

트리비움의 문법, 논리학, 수사학은 고전 교육의 핵심이었다. 그와 동시에 인간지능의 작동 원리인 수용과 이해, 표현과도 정확히 일치한다. 분명한 사실은 트리비움 능력이 훈련될수록 인간 사고의 탁월성이 향상되어 간다는 것이다.

누군가는 책을 많이 읽고 변화되었다고 목소리를 높인다. 자신의 꿈을 이루는 데 독서가 큰 힘이 되었다고 말한다. 그러나 이렇게 말하는 이는 소수에 불과하다. 모두가 책을 읽고 삶의 변화를 경험하면 좋으련만 안타깝게도 현실은 그렇지 않다.

그럼, 무엇이 그 차이를 만드는 것일까? 바로 트리비움이다. 독서를 통한 성장도 트리비움 능력에 좌우된다. 책을 읽는 과정에서 트리비움이 훈련되었는가 아닌가의 차이가 성공과 실패를 결정한다는 것이다. 책을 많이 읽어도 트리비움 능력이 작동하지 않는다면 의미 있는 결과를 만들어 낼 수 없다. 다독을 하든 정독을 하든, 슬로리딩을 하든 포토리딩을 하든 그 성패는 트리비움 능력을 초깃값으로 하여 얼마나 성장했느냐에 따라 결정된다.

다산 정약용은 탁월한 능력을 바탕으로 생산성 있는 삶을 살았다. 그는 거중기를 이용해 수원 화성을 축조한 과학자이자 건축가이며 학자였다. 그가 뛰어난 능력을 발휘할 수 있었던 바탕에는 트리비움이 있었다. 그의 독서법은 문심혜두를 여는 것이었다. 문심혜두는 문법에 속한다. 책을 읽고 수용하는 자세를 문심혜두에 둔 것이다. 글쓴이의 마음을 읽어 내 깨닫게 하고, 두뇌 속에 숨어 있는 지혜의 문을 여는 독서를 강조했다. 그러고 나서 논리학으로 이해하고 지식의 관계성을 정립했다. 이 과정에서 사용한 도구가 초서다. 핵심 되는 구절을 파악해 따로 정리한 것이다. 자기 마음을 울리고 깨달음을 준 대목도 옮겨 적으며 소화했다. 그렇게 정리된 것을 바탕으로 재구성하여 자신만의 고유한 창조물을 만들었다. 수백 권의 저작물을 펴냈으며, 실학자로서 실생활에 도움이 되는 창의적인 산물들을 만들어 냈다. 그 비결이 트리비움 능력에 있었다.

변화를 이루는 독서, 차별화를 이루는 독서를 하고 싶은가? 그렇다면 트리비움 독서법으로 소원을 이루도록 하라. 아래의 표는 트리비움을 알기 쉽게 정리한 것이다. 전체 표를 잘 기억하여 트리비움 능력을 삶에 덧입히도록 힘써라. 그 능력이 인생의 변화를, 차이를 만들어 낸다.

인간지능을 향상하는 열쇠, 트리비움

우리가 받아 온 학교교육은 내용 전달과 습득이 중심이 된 교육이었다. 정해진 진도에 집중하는 교육과정이 진행되었다. 학년이 올라갈수록 내용의 수준을 조금 높이고 과목 수를 늘렸다. 안타까운 것은 지식 전달 중심의 교과학습, 내용 학습은 학년이 올라가도 생각하는 능력을 향상하지 못했다는 점이다. 공교육의 문제를 언급할 때면 빠지지 않고 나오는 지적이다. 당연한 결과다. 과목학습 자체가 사고 능력을 향상하는 데 최적화된 교육과정으로 디자인되지 않았기 때문이다.

교과학습에서는 진도를 나가는 것이 중요하다. 전해야 할 내용과 시간이 커리큘럼으로 정해져 있다. 진도를 다하면 교육과정도 끝난다. 내용을 이해했는지는 중요하지 않다. 아니, 관심을 가지고 살펴도 지도할 수 없다. 학생들에게 열심을 요구하고 교사의 열정에 기댄다고 해서 해결될 문제가 아니다. 이것은 시스템의 문제이며 교육의 방향성, 철학의 문제다.

과목학습을 전제로 한 교육과정에서 최고 성적을 받고 명문 대학에 진학해도 문제는 여전하다. 학력은 얻었지만 사회가 요구하는 능력은 준비하지 못한 것이다. 대학에서 학문을 탐구하는 데 필요한 능력이 이전의 교육과정에서 준비되지 않았기에 제대로 된 대학 교육도 기대하기 힘들다. 초·중·고 12년뿐 아니라 대학교에서조차 교육과정의 한계가 답습되고 있다. 각자의 영역에서 사고하고 탐구하며 연구하는 가운데 새로운 학문의 길을 열어 가는 것이 아니라 책에 나와 있는 지식의 조각들을 받아 적고 암기하는 데 많은 시간을 쏟아붓고 있다.

수많은 시간을 교육받고 공부했지만 기존의 지식을 아는 것에 집중한 교육이었기에 사회에 진출해서도 경쟁력을 드러내지 못한다. 자기 스스로 인생을 주도하고 변화를 추구하는 사람이 적은 이유가 여기에 있다. 인생의 갈림길 앞에서 스스로 길을 모색하고 새로운 영역으로 뛰어들어 창조적인 산물을 만들어 내는 데 주저하는 것도 교육체계 안에 문제가 있다. 그렇다 보니 안정적인 공무원만을 꿈꾼다.

특이점의 시대는 이미 우리 앞에 도래했다. 아니, 우리 삶 깊숙이 침투해 있다. 특이점의 시대에 살아남고 주도하려면 더 이상 우리가 받아 온 내용 학습을 답습해서는 안 된다. 창조적인 능력을 요구하는 시대에 구시대 교육 시스템에 매몰되어서도 곤란하다. 이것은 배움의 과정에 있는 학생들만의 이야기가 아니다. 갓 사회에 진출한 청년들의 당면한 문제이며, 제2의 인생을 꿈꾸고 있는 이들이 풀어야 할 숙제다. 창의성은 지금보다 더 나은 미래로 도약하기를 원하는 사람들이 소유해야 할 능력이다.

이제 배움과 독서에 새로운 눈을 떠야 한다. 특이점의 시대에 도전과 변화의 흐름에 휩쓸려 자신의 의지와 상관없는 인생을 사는 것에서 벗어나야 한다. 시대의 흐름을 읽어 내고 당면한 문제를 해결할 인재가 되어야 한다. 변화를 주도하는 인물로 거듭나야 한다. 이런 인재는 누구나 될 수 있다. 타고난 영재와 천재적인 능력을 가진 사람들만이 아니라 인생의 목적과 목표가 분명한 사람이라면 누구나 변화할 수 있다. 정도의 차이가 있을 뿐 요리의 레시피처럼 절차와 과정을 따라가다 보면 자기 인생의 멋진 요리가 만들어진다.

이제는 독서가 사람을 변화시킨다고 말하지 말자. 좋은 내용을 담은 책을 읽어 사람을 변화시키는 것이라고 오도하지도 말자. 그냥 독서가 아니라 트리비움 독서다. 트리비움 독서만이 사람을 변화시키고 자신의 꿈을 현실이 되게 만든다. 독서가 트리비움을 향상하고, 향상된 트리비움 능력으로 다시 책을 마주할 때 그 독서가 우리의 인생을 변화시킨다. 인공지능 시대가 우리에게 던지는 질문에 인간지능을 향상하는 답은 바로 트리비움 독서법에 있다.

십진분류 독서 과정은 우리가 배워야 할 내용의 넓이에 관한 문제다. 박이정 독서 과정은 자기 삶에 좀 더 의미 있는 분야를 찾아 가며 구체화하는 과정이다. 트리비움 독서 과정은 박이정 독서법과 십진분류 독서법의 실행 시스템으로, 배움의 능력을 향상해 가며 세상의 무수한 정보에 질서를 부여하는 능력을 세워 가는 설계 과정이다.

트리비움은 과목학습이 아니라 과정학습이다

배움의 과정에서 먼저 해야 할 일은 내용을 수용하는 것이 아니라 과정학습 능력을 향상하는 것이다. 과정학습은 배우는 방법을 배우는 것이다. 배우는 방법, 배우는 능력의 향상 없는 독서는 삶의 변화와 진보를 이루지 못한다. 과정학습의 능력, 배움의 능력이 향상되면 개인의 관심사를 따라 내용은 자연히 따라오며, 그 내용은 우리 삶을 변화시킨다.

트리비움 훈련이 곧 배움의 능력을 향상하는 길이다. 트리비움은 수많은 내용을 담아낼 수 있는 그릇이며, 그것을 가능케 하는 최적화된 도구다.

트리비움 요소인 문법, 논리학, 수사학은 누군가를 현혹하는 이야기가 아니다. 우리 삶 속에서 누구나 활용하며 살아가는 것이다. 숨쉬는 인간이라면 누구도 트리비움 없이 인생을 살아갈 수 없다. 가정에서도, 직장에서도, 홀로 생각할 때도, 관계 안에서 일을 진행해 갈 때도 동일하다. 다만 트리비움이라는 연장이 잘 다듬어졌는가는 완전히 다른 문제다.

흔히 인재가 필요하다고 말한다. 문제 해결사가 필요하다고 이야기한다. 지도자의 부재를 이야기하며 준비된 리더의 출현을 기대한다. 이 모든 것의 출발은 트리비움 능력이 준비되었는가 아닌가에서 판가름 난다. 인재도, 문제 해결사도, 지도자도 모두 자신의 분야에서 트리비움으로 훈련된 능력을 기초로 과업을 진행해 나간다. 그 결과를 보고 사람들은 '능력이 있다, 없다'라고 평가한다.

이 능력은 사회교육 시스템, 배움 과정의 근간을 이루는 과목학습으로는 결코 얻을 수 없다. 어떤 내용을 배우든, 어떤 경험의 세계로 들어가든 트리비움 능력을 강화하는 것을 목표로 해야 한다. 이것이 첫 번째 목표여야 한다. 그 목표를 향해 가는 과정에서의 진보가 성패를 좌우한다.

박이정 독서법은 교양독서인 십진분류 독서법 이후 관심사에 따라 시간을 늘리고 읽는 책의 권수를 늘려 가며 진행하는 집중 독서학습 과정이다. 박이정 독서 과정에 트리비움 프로세스가 빠진다면 아무런 의미가 없다. 박이정 독서 자체로 능력이 세워지는 것이 아니기 때문이다. 박이정 독서가 의미 있는 독서 과정이 되려면 모든 과정학습이 트리비움 능력을 향상하는 데 목표를 두어야 한다. 수용하고, 논리로 점검하고, 자신만의 창의적인 의견을 표현하는 과정이 끊임없이 반복되어야 하는 것이다. 그런 과정이 임계점에 도달하면 박이정 독서는 차원이 다른 효과를 거두게 된다. 독서가 능력을 키우는 도구가 되는 것이다. 단순히 책 내용을 받아들이는 것이 아니라 책 내용을 마중물로 자신의 생각을 펼쳐 나간다. 때로는 찬성하고 때로는 반대하며 자기주장을 펼쳐 가는 것이다.

박이정 독서법으로 '트리비움하는' 것은 결코 쉽지 않다. 독서를 통해 자신을 변화하고, 이웃에게 영향을 미치며 세상을 변화시키는 이들이 적은 것도 이런 이유 때문이다. 그러므로 트리비움 능력을 강화하는 일이 힘들지라도 끝까지 해보겠다는 마음을 품어야 한다. 트리비움 능력이 자신의 미래 가치와 능력을 키우는 핵심 도구이기 때문이다.

인공지능 시대의 배움은 과목학습에서 과정학습으로 나아가도록 디자인해야 한다. 내용을 배우기보다 배우는 방법을 배우는 교육과정을 디자인해야 한다. 자신이 원하는 것을 어떻게 배울 수 있는지, 그 배움을 가능케 하는 능력이 무엇인지를 알고 삶에 열정을 쏟아부어야 한다. 그 능력이 인생의 변화를 가져다준다.

트리비움은 인간지능의 참된 능력을 준다

지식의 분야는 넓고 깊고 크다. 그 안에 차고 넘치는 지식과 정보의 양은 헤아릴 수조차 없다. 증가하는 정보와 지식의 속도는 또 어떠한가? 그 누구도 제어할 수 없다. 기하급수적이라는 말이 정확한 표현이다. 쏟아지는 정보의 홍수 속에서 여전히 과목을 공부한다면 희망적인 미래를 보장받을 수 없다. 과목 공부로는 인간 수명이 수천 년이 된다 해도 지식에 질서를 잡아 주는 지혜를 얻을 수 없다.

트리비움은 지식 자체를 습득하는 데 관심을 두지 않는다. 지식을 습득해 효용 가능한 능력을 배양하는 데 관심을 둔다. 배움의 도구가 무엇인지에 초점을 맞추는 것이다. 그리고 그것을 연마하는 데 모든 것을 집중한다. 수용해야 할 지식은 그 기술을 연마한 사람의 관심과 시대 요청에 의해 얼마든지 변할 수 있다.

지식을 배우는 교육은 하나의 영역에서 활동하는 전문가를 키우는 데 그친다. 반면 배움의 도구를 연마한 이들의 전문 영역은 그것과 비교할 수 없을 정도로 다양하고 넓다. 이는 두 마리 토끼가 아니라 대여섯 마리의 토끼를 좇아도 모두 자신의 소유로 만들 수 있는 원천 기술이며 능력 그 자체다.

인공지능 시대에는 쏟아지는 정보를 활용하는 능력이 필요하다. 질서를 부여해 창조적인 산물을 창출할 수 있어야 한다. 쏟아지는 데이터를 분석해 중요한 것이 무엇인지, 자신이 추구하는 전문성에 무엇을 가져다 쓸 것인지를 볼 수 있는 안목이 있어야 한다. 단순한 사고 체계와 습득 능력으로는 그것을 가질 수 없다. 오직 트리비움을 통해서만 가능하다.

레시피가 제시된 하나의 지식 요리를 먹고 살 것인가, 아니면 수많은 인생 레시피를 응용하며 자신만의 요리를 만들어 낼 것인가? 새로운 정보와 기술이 생성될 때 그것을 활용할 레시피를 기다릴 것인가, 아니면 그것을 자기만의 능력으로 이해하고 분석해 의미 있는 결과를 만들어 갈 것인가? 후자의 능력을 원한다면 트리비움하라. 트리비움이야말로 어떤 고기도 잡을 수 있는 기술이며 능력이다. 세상의 그 어떤 지식이라도 포괄적으로 다루며 자신의 것으로 소화시킬 수 있는 도구다.

트리비움 독서법의 실제

1단계 문법: 지식의 수용력 키우기

트리비움의 첫 단계는 문법이다. 인간지능 독서법에서 정보 수용력, 다시 말해 지식 수용력을 향상하는 단계다. 지식 수용력, 즉 정보를 취급하고 흡수하는 효율성에 따라 능력을 평가받기 때문에 사람들은 배움의 능력을 향상하려고 한다.

지식과 정보의 수용은 다양한 통로를 통해 이루어진다. 읽고, 보고, 듣고, 경험하는 모든 과정을 통해 지식과 정보가 수용된다. 그러므로 인간지능을 개발하려면 제일 먼저 다양한 수용 통로를 개발해야 한다. 보고, 듣고, 읽는 능력을 향상해야 하는 것이다. 또한 체험을 통해 주어진 새로운 경험을 배움의 기회로 연결시켜야 한다.

서점에 가보면 슬로리딩, 포토리딩, 가속학습 등 다양한 형태의 수용 기술이 소개되어 있다. 수많은 수용 기술과 과정 능력은 각기 다른 듯 보이지만 결코 다른 이야기를 하는 것이 아니다. 필요에 따라, 내용에 따라, 상황에 따라 슬로리딩이 필요할 때가 있고 포토리딩이 필요할 때가 있다. 정독이 필요할 때가 있고, 속독이 필요할 때가 있다. 중요한 것은 어느 정도의 정보 수용 능력이 속독과 정독에 활용되고 있느냐는 것이다.

방법 자체나 학습 기술을 통해 나타낼 수 있는 차이는 극히 작다. 수용 능력이 어느 정도 훈련되었는지 여부가 성공과 실패를 결정한다. 훈련된 수용력과 훈련되지 않은 수용력은 결코 같을 수 없다. 같은 것을 보고, 읽고, 듣고, 경험하고도 각기 다른 결과를 내는 것은 수용 능력에 차이가 있기 때문이다. 수많은 독서법 책이 쏟아져 나오고 독서에 도전하는 이들이 넘쳐 나는데도 독서의 실패가 계속되는 것은 방법과 기술에 문제가 있어서가 아니라 수용 능력이 준비되지 못했기 때문이다.

트리비움의 문법 단계에서는 세상을 이루고 있는 기본적인 지식을 배워 간다. 평생을 배워야 하는 단계다. 문법 단계에서는 최고 수준의 지식과 정보는 아닐지라도 정확한 지식을 얻는 훈련 과정에 충실해야 한다. 배움이 능력이 되고 수용 능력의 기초를 든든히 하는 것은 무엇보다 중요하며 우선되어야 한다. 수용해야 할 내용이 중요하다면 그것을 내 것으로 만드는 수용 기술의 훈련이 먼저 필요하다는 말이다.

문법 단계에서 수용되는 지식과 정보는 전문적인 것이 아니다. 지식의 전체상이라기보다는 부분 지식이라고 볼 수 있다. 수많은 퍼즐을 맞추기 위한 테두리 윤곽 정도로 이해하면 좋다. 1000피스, 1만 피스 퍼즐을 맞출 때 테두리부터 맞추고 서서히 모양을 완성해 가는 것과 같은 이치다.

문법이 기초적인 지식을 이야기한다고 해서 배워야 할 내용의 중요성을 간과하지는 않는다. 수용력에서 중요한 것 중 하나가 정보의 양을 늘려 가는 것이기 때문이다. 어느 순간부턴가 정보의 양이 무시

되고 있다. 교양독서인 박 독서가 연구독서인 정 독서보다 못한 독서법처럼 여겨지곤 한다. 결코 그렇지 않다. 어떤 이에게는 박 독서가, 어떤 이에게는 정 독서가 필요한 상황이 있다. 정보 수용력 단계에서는 박 독서로 정보의 양을 늘려 가는 것이 핵심이다.

십진분류 독서법을 통해 자신이 아는 세계를 확장해 나가는 것은 매우 중요하다. 100개의 레고 퍼즐로 만들 수 있는 것보다 1000개의 레고 퍼즐로 만들 수 있는 작품이 더 많은 것과 맥락이 같다. 두 사람이 같은 능력을 가졌다고 전제했을 때, 그들의 차이는 수용된 정보의 양에서 결정될 수 있다. 그렇기에 정보 수용력을 키워 가는 단계에서는 한 분야에 치우치지 않도록 신경 써야 한다.

2단계 논리력: 지식의 관계력 세우기

트리비움의 두 번째 단계는 논리력이다. 논리력은 지식의 관계성을 세우는 과정이며 구조화하는 능력이다. 논리적으로 체계화하는 능력이다. 분류의 능력이며 정리하는 능력이기도 하다. 수용되는 지식과 정보에 질서를 부여하는 단계인 것이다.

지식을 정리하며 체계화하는 최초의 과정은 요약 단계다. 요약은 사실을 사실로 보는 능력이며, 자기 의견을 이야기하고 주장을 펼치기 전에 상대방의 주장을 있는 그대로 보고 판단하는 능력이다.

사고력은 수용되는 상대방의 주장과 자기 의견을 구분할 수 있는 능력을 기초로 한다. 상대방의 주장을 정확하게 파악하지 않은 상태에서 자기주장과 의견을 내세우는 것은 논리 능력이 부족한 이들이 가장 자주 하는 실수다.

노벨상을 받은 이들은 세상의 미해결 과제, 풀어야 하는 문제를 해결한 사람들이다. 그들은 문제 해결 이전에 현실 세계 속 문제들을 있는 그대로 보고 받아들이는 데 능숙하다. 당연히 문제를 인식해야 어떻게 풀지 답도 찾을 수 있다. 그들은 해결해야 할 과제를 찾아 분석하고 이해해 자신의 주장과 견해를 바탕으로 새로운 가설을 설정하고 문제를 해결해 나간다. 이 세상의 새로운 창조물이 만들어지는 과정도 이와 다르지 않다.

지식의 양이 많아지고 세상을 이루고 있는 기본 정보가 수용되었다면, 이제 필요한 것은 그것을 있는 그대로 이해하는 능력이다. 그런 후에 정보와 정보의 관계에 질서를 부여하며 자기 능력을 향상해 나가야 한다.

예를 들어 보자. 수용 단계에서 물과 불이 중요하다는 것을 알았다. 그러면 논리 단계에서는 물과 불의 구성 요소를 이해하는 과정이 뒤따라야 한다. 재료만 준비되었다고, 발화점 이상의 온도가 생성된다고, 불이 발생하는 것이 아니다. 재료와 발화점 이상의 온도와 산소, 이 세 가지가 한 군데 모였을 때 불이 발생한다.

사실을 사실로 본다는 것은 어려운 일이다. 사람들은 부분적인 것을 보고 전체라고 착각하며 살아가는 경우가 많다. 전체상을 볼 수 있는 능력이 없다면 가설을 세울 수 없다. 자신이 원하는 인생을 살아가는 데에서도 가설을 세우는 것은 매우 중요하다. 가설이 곧 꿈이기 때문이다. 현실에 존재하지 않지만 눈을 감으면 떠오르는 장면을 볼 수 없다면 오늘 자신이 무엇을 해야 할지 알 수 없다. 그래서 논리와 지식의 관계력은 삶을 변화시키는 학문, 꿈을 이루는 데 핵심 역량이며 근본 능력이다.

논리력, 지식의 관계력이 세워질 때 사건과 사물에 대해 정의하고 설명할 수 있다. 상대방의 주장을 분석하며 비평할 수 있다. 세상의 문제점이 무엇인지 알 수 있고 해결 방법을 모색할 수 있다. 정보처리 과정을 통해 오류를 파악하고 문제 해결의 징검다리를 놓아 가게 되는 것이다.

바른 이해력은 논리력을 바탕으로 생성된다. 지식의 관계성 위에서 형성되는 것이다. 이러한 논리적 이해가 있을 때 추론도 가능해진다.

세상을 살아가는 모든 사람은 추론을 한다. 사람의 마음을 읽는 행위도 추론이다. 날씨 예측도 추론 과정을 통해 이루어진다. 사업을 기획하고 준비하는 것도 추론이다. 진로를 설계하고 미래의 꿈을 향해 나아가는 과정도 추론을 요구한다. 안타깝게도, 대부분이 추론 과정에서 실패한다. 추론의 실패는 곧 결과의 실패로 이어진다.

추론이 실패하면 날씨를 예보해도 헛발질을 한다. 추론이 잘못되면 자신의 기획과 상관없이 사업은 삐걱거리게 된다. 꿈을 꾸지만 시간이 지날수록 꿈은 망상이 되고 만다. 무엇이 잘못된 것일까? 문제는 단순하지 않다. 일의 성공에는 복잡한 요소가 작용하지만, 실패 원인은 대부분 추론 단계의 잘못인 경우가 많다. 사실을 사실로 보지 못하고 착각하고 왜곡 해석하여 실패한다. 즉 논리가 결여된 것이며, 지식과 정보의 관계를 파악하지 못한 것이다.

오늘날 사회인들은 지식과 정보의 수용에는 관심을 보이면서도 그것을 다루는 능력을 세우는 일에는 무관심하다. 많은 책을 읽었지만 그것을 분류하고 종합하며 이해하고 추론해 가는 기술은 준비하지 않는다. 아니, 그것의 중요성조차 인식하지 못하고 있다. 그러니 열심히 노력하지만 문제는 해결되지 않고 삶도 나아지지 않는 것이다.

독서를 통해 무엇을 향상해야 할까? 사실을 사실로 보는 눈, 정보와 정보의 관계를 살피는 눈이다. 이해력과 논리력을 향상해야 한다. 중요한 것을 기억하는 능력도, 미래를 예측하는 능력도 논리력의 기초 위에 세워지기 때문이다. 이것을 알고 훌륭한 지식을 뛰어난 방법으로 기존 지식과 연결 지을 수 있는 일에 집중해야 한다. 논리 역량이 세워지면 어떤 문제도 해결할 실마리를 발견할 수 있게 된다.

3단계 표현력: 재구성된 지혜

트리비움의 세 번째 단계는 표현력이다. 수사(修辭)는 우리가 수용하고 이해한 정보를 말로 표현하고 글로 나타내는 과정이다. 우리가 학교, 직장, 사회에서 받는 평가는 표현력을 보는 것이다. 즉, 표현된 결과물을 근거로 평가를 한다. 개개인의 수용과 이해, 논리 수준을 판단하고 평가하는 일도 표현된 지식과 정보로 한다. 표현한 것이 없다면 평가는 불가능하다.

배움에서만 표현이 중요한 건 아니다. 인간관계에서도 표현력은 중요하다. 표현력에 따라 관계 형성의 척도가 결정된다. 아무리 사랑해도 표현하지 않으면 상대방은 자신을 사랑하고 있는지 가늠할 수 없다. 그래서 '표현되지 않은 사랑은 사랑이 아니다'라는 말을 하기도 하는데, 이는 그만큼 표현이 중요하다는 것을 강조한 이야기다.

동서양을 막론하고 수용과 이해에 대한 관심과 노력은 차고 넘친다. 그런데 유독 우리나라를 포함한 동양은 서구 사회에 비해 표현하는 문화가 부족하다. 마치 음식을 먹고 소화는 시켰는데 배설 활동이 활발하지 않은 것과 같다. 소화되지 않은 음식은 몸 안에 쌓여 독소가 된다. 몸을 약화하는 원인이 되는 것이다. 이렇듯 표현이 부족하다는 것은 능력 부족으로 나타난다. 그러니 의도적으로라도 표현하려고 힘써야 한다. 문화와 예의라는 굴레에 사로잡혀 앎을 표현하지 않는다면 원하는 인생의 목표는 평생 성취하기 힘들다.

마지막 장에서 다루는 질문 독서법, 글쓰는 독서법, 토론하는 독서법, 바인더 라이브러리 독서법이 바로 인간지능 독서법의 레토릭(표현력) 디자인이다. 세상에 직접적으로 영향을 주는 것은 레토릭이다. 모든 분야, 영역에는 그 자체의 수사학이 있는 법이다. 레토릭이야말로 수용과 이해에 가치를 부여하는 과정이며, 실제적으로 삶에 적용되는 지혜의 장이라 할 수 있다.

학문의 영역에서만이 아니라 인간관계에서도 말과 글로 표현하는 레토릭은 매우 중요하다. 학문의 발전을 이루고 관계를 성숙으로 이끄는 기회가 되어 주기에 그렇다.

훈련된 생각이 가치 있는 것처럼, 레토릭도 훈련을 통해 진보를 이루어 내야 한다. 레토릭은 머릿속에 머물러 있는 지식과 정보를 삶의 현장에 표현하는 행위다. 그렇게 표현하며 실행할 때 독창적이고 창의적인 결과물이 창조된다. 레토릭이 자기 가치를 높이는 통로가 되어 준다. 세상의 문제를 해결할 지혜가 된다. 다가오는 시대를 준비하고 이길 능력이 바로 레토릭에 있다.

트리비움이 무엇인지 알고 훈련하는 이들에게 주어지는 것은 생각 이상의 선물이다. 트리비움의 영향력은 교육, 학습 영역에 머물지 않고 인생의 전 영역으로 확장된다. 그것을 알고 트리비움 능력을 준비하며 향상해 간다면 내일의 나는 오늘의 나와 전혀 다른 존재가 될 것이다. 트리비움 능력이 준비된 사람에게 이 시대는 위기가 아니라 기회의 장이 될 것이다.

트리비움 독서법 워크숍

트리비움 독서법에서는 정보 수용력, 이해력 관련 워크시트 두 종류를 소개하고자 한다.

'새롭게 알게 된 사실' 워크시트

대부분의 사람은 다음의 두 가지 질문에 대해 분명한 답을 하지 못한다. 첫째, 나는 무엇을 알고 있는가? 둘째, 내가 모르는 것은 무엇인가? 독서법을 예로 들어 질문을 바꿔 보면 다음과 같다. 내가 아는 독서 방법과 기술, 원리는 무엇인가? 내가 잘 알지 못하는 것들은 무엇인가? 이 두 가지를 분명히 아는 사람이 많지 않다. 자신의 현재 상태를 알아야 논리를 더욱더 견고히 하고 부족함을 채워 갈 수 있다. 그것을 알지 못하면 변화와 성장 자체를 꾀하기 힘들다. '새롭게 알게 된 사실' 워크시트는 독서 정보 관리 측면에서 사용되지만 업무 현장에서 지식 정보 관리 시트로도 요긴하게 사용할 수 있는 간단한 도구다.

먼저 한 권의 책에서 새롭게 알게 된 사실을 정리할 때 사용하는 워크시트다.

새롭게 알게 된 사실

일시 | 2018년 9월 20일 ❶

책 제목 | 더 넓고 더 깊게 십진분류 독서법 ❷

KDC | 029 독서법 ❸ 저자 | 장대은, 임재성 ❹

출판사 | 청림출판 ❺ 초판일 | 2018.9.1 ❻ 판쇄 | 2쇄 ❼

새롭게 알게 된 사실 | 1 키워드 ▶ 취미독서와 연구독서 ❽

❾ 삶의 진정한 변화를 위해서는 심리적 만족에 머무는 취미독서를 넘어 나와 타인의 삶에 변화와 성숙을 가져다주는 연구독서의 세계로 나아가야 한다는 사실을 알았다.

새롭게 알게 된 사실 | 2 키워드 ▶

새롭게 알게 된 사실 | 3 키워드 ▶

새롭게 알게 된 사실 | 4 키워드 ▶

❶ 책을 읽은 날짜를 적는다.
❷ 책 제목을 적는다.
❸ KDC 번호를 찾아 적는다.
❹ 저자의 이름을 적는다.
❺ 출판사명을 적는다.
❻ 초판 발행일을 적는다.
❼ 해당 책의 쇄수를 기록한다.
❽ 새롭게 알게 된 사실을 한 단어의 키워드로 정리한다.
❾ 새롭게 알게 된 내용이 무엇인지, 그리고 그에 대한 느낌을 간단하게 적는다.

다음은 일상에서나 업무 중에 알게 된 새로운 사실을 개별적으로 기록하여 보관하는 워크시트다.

❶ 새로운 사실을 알게 된 날짜를 기록한다.
❷ 출처를 기록한다. 책에서 본 내용인지, 누구에게 들은 말인지, 지나가는 버스 광고에서 얻은 정보인지 등 출처를 분명히 한다.
❸ 새롭게 알게 된 사실을 한 단어의 키워드로 정리한다.
❹ 새롭게 알게 된 내용이 무엇인지, 그리고 그에 대한 느낌을 간단하게 기록한다.

새롭게 알게 된 사실 | 1

일 시 | 2018년 9월 20일 ❶

출처 | EBS TV 강의 ❷

키워드 | 쩨다카 8단계, 자선, 기부 ❸

❹ 쩨다카는 자선을 의미하는 히브리어다. 유대인들이 자선을 중요하게 여긴다는 것은 알았지만 그 등급을 8단계로 나눈다는 것을 처음 알았다. 1) 마지못해 아까워하면서 주는 기부. 2) 즐거운 마음으로 하지만 줄 수 있는 것보다 덜 주는 기부. 3) 달라는 요청을 받은 후에 주는 기부. 4) 달라고 요청하기 전에 주는 기부. 5) 받는 자는 주는 자가 누구인지 알고, 주는 자는 받는 자가 누구인지 모르는 공개 기부. 6) 받는 자는 주는 자가 누구인지 모르고 주는 자는 알지만 익명으로 주는 기부. 7) 믿을 만한 기부단체를 통해 하는 기부. 익명으로 하며 주고받는 자 쌍방이 서로를 모르는 기부. 8) 받는 사람이 자립할 수 있도록 도와주는 기부.

새롭게 알게 된 사실 | 2

일 시 | 년 월 일

출처 |

키워드 |

'어휘력 사전' 워크시트

'어휘력 사전'은 내가 알고 있다고 생각하는 단어의 의미를 나의 것으로 분명히 만드는 이해력 훈련 워크시트다. 대부분의 사람은 자신이 사용하는 어휘에 대해 잘 알고 있다고 생각한다. 그러나 그것이 무엇인지 정의를 내리고 설명하려면 표현이 잘 되지 않는다. 지금 이 순간 당신을 테스트해 보라.

감사란 무엇인가? 분석이란 무엇인가? 정의란 무엇인가? 충성이란 무엇인가? 웰빙이란 무엇인가? 민주주의란 무엇인가? 종교란 무엇인가? 사랑이란 무엇인가?

여덟 단어 중 처음 들어 보는 단어는 없을 것이다. 일상에서 우리가 많이 활용하는 단어이며, 자신이 모른다는 생각조차 가져 본 적이 없는 어휘다. 그러나 정작 남에게 정의를 내려 설명하려고 하면 명확하게 정리하기가 쉽지 않다. 나름대로 설명한다 해도 대부분 스스로가 만족할 정도는 아니다. 그 의미를 제대로 이해하지 못하고 있기 때문이다.

직장 생활을 하는 사람들도 업무 용어를 쓰며 같은 실수를 할 때가 있다. 명확하게 정의 내리는 습관이 훈련되지 않으면 하나의 어휘에 분명한 설명을 덧붙이기가 결코 쉬운 일은 아니다. 하나의 어휘나 사실에 대해 사전적인 정의를 알고 있는 것도 중요하지만 자신만의 정의를 가지는 것은 더 중요하다.

리더십의 정의도 리더의 수만큼 다양하게 내려질 수 있다. 사람들은 여러 사람이 내린 정의 가운데 자신의 마음을 움직인 것에 호감을 보인다. 똑같은 정치를 하더라도 '국민'이라는 단어를 어떻게 정의하고 실천하는가는 사전적인 정의를 아는 것과 별개의 문제다.

사고력 향상을 원한다면 자신이 새롭게 알게 된 단어와 내용에 대해 글과 말로 정의 내리는 훈련이 우선되어야 한다. 그럴 때 올바른 이해력이 향상된다. 더 나아가 기존에 알고 있는 지식의 어휘와 내용에 대해서도 스스로 정의 내려 보는 시간을 지속적으로 가져라. 그러면 자신의 사고가 더욱 분명해질 것이다. 더불어 표현 능력도 향상될 것이다.

자신만의 어휘력 사전은 꼭 만들어야 한다. 지금 당장 시작하라. 그래야 인공지능 시대를 이길 능력이 하나하나 갖춰지기 시작한다.

어휘력 사전 ❶ **Q.T. (Question Thinking)**

나의 정의 | ❷

사전 정의 | ❸

어휘력 사전 **Q.T. (Question Thinking)**

나의 정의 |

사전 정의 |

어휘력 사전 **Q.T. (Question Thinking)**

나의 정의 |

사전 정의 |

어휘력 사전 **Q.T. (Question Thinking)**

나의 정의 |

사전 정의 |

❶ 정의를 내리고자 하는 단어나 용어를 기록한다.

❷ 해당 어휘에 대한 자신의 정의를 최대한 많은 어휘를 활용해 설명해 본다.

❸ 사전에서 해당 어휘의 정의를 찾아 기록한다.

5장

독서로 새로운 지식을 만드는 4가지 방법

성공독서를 위한 레토릭 디자인, 앵커하라!

"사랑하는 어머님과 오랫동안 이별했다가 다시 만난 것처럼 독서하라.
아픈 자식의 치료법을 묻는 사람처럼 질문하고 토론하라."

·성호 이익·

앵커 학습은 독서를 통해 배운 내용을 온전히 자신의 것으로 체화하는 과정학습이다. 앵커(닻)는 배를 안전하게 정박시키는 계선구인 동시에 뉴스의 최종 전달 기자를 일컫는 말이기도 하다. 뉴스 앵커는 취재된 내용을 요약하고 정리하여 시청자에게 알기 쉽게 전달하는 메신저 역할을 담당한다. 단순한 전달자가 아니다. 자신의 것으로 소화해 전달해야 설득력 있는 메시지가 된다. 그래서 뉴스 앵커는 경험이 많은 기자가 담당하곤 한다. 그중에서도 자신의 언어로 표현하는 능력이 뛰어난 이들이 선택받는다.

계주경기의 마지막 주자를 앵커 주자라 부르기도 한다. 앵커 주자는 동료들의 바통을 이어받아 결승점을 통과해 경기에 종지부를 찍는다. 앵커 주자의 발걸음으로 지난 주자들의 땀과 노력이 평가된다. 대개 실력이 뛰어난 이들이 앵커 주자를 맡는다.

지식도 수용하는 것으로 끝내면 안 된다. 수용된 지식을 자신의 기존 지식과 여러 가지 방법으로 연결하여 표현하는 데까지 성공해야 한다. 자신의 메시지가 담긴 결과물이 있어야 한다. 결승점을 통과한 지식, 표현된 지식과 정보만이 자신의 원천 능력을 이루는 요소가 되기 때문이다. 아무리 많은 책을 읽었어도 표현되지 않으면 내 것이 아닌 법이다.

앵커는 등산 용어로도 활용된다. 암벽이나 빙설을 올라갈 때, 자일로 몸을 묶고 안전을 확보하기 위해 암벽에 박아 넣는 장치가 앵커다. 앵커가 있어야 깎아지른 절벽에서 안전을 보장받을 수 있다. 건물을 지을 때도 무거운 구조물을 콘크리트 벽에 매달려면 앵커가 필요하다. 앵커를 박아 고정해야 구조물이 안전하다. 배움의 과정에서 수용된 소중한 지식과 정보도 보호되어야 한다. 생각의 마중물이 되고 인생을 좌우하는 배움의 내용을 보호하는 방법과 기술을 배워 관리해야 한다. 지식과 정보는 관리하지 않으면 유실되기 마련이다. 인간의 기억에는 한계가 있고, 따라서 시간이 흐르면 잊히기 마련이다. 듣기는 들었는데 무슨 뜻인지 이해하지 못하고, 읽기는 읽었는데 기억이 나지 않을 때가 많다는 것이다. 그래서 배움의 내용을 자신의 것으로 만들고 창의적인 산물로 재창조하려면 배움의 내용은 '앵커되어야' 한다.

독서를 통해 수용된 지식을 자신의 자산으로 만드는 앵커 독서는 크게 네 가지로 구성된다.

첫째, 의문에서 질문으로 나아가는 질문하는 독서법이다. 책을 읽는 것 자체만으로는 변화를 일으키지 못한다. 독서를 통해 수용된 내용이 곧 자신의 것이 되는 것은 아니기 때문이다. 수용된 지식은 저자의 것이다. 그것을 자신의 것으로 만들어 내려면 먼저 의문을 품어야 한다. 의문은 내용에 대한 궁금증이다. 더 넓게 알아보고 깊이 생각해보겠다는 물음이다. 기존의 지식을 아는 것을 넘어 알아내는 힘을 키우겠다는 생각의 시작이다. 알아내는 힘은 결국 의문에서 비롯된 궁금증을 질문으로 구체화해 답을 찾는 것이다. 질문하는 능력의 차이가 결국 알아내는 힘을 기를 수 있는지 없는지를 결정한다. 질문하고 답을 하는 과정에서 수용된 지식이 지혜가 되고 깨달음을 준다. 깨달아져야 '왜'라는 의문이 풀리고 '어떻게'라는 방법이 떠올라 삶을 변화할 수 있다. 질문하는 독서법에서는 독서 단계별로 필요한 질문을 실어 독자들이 효과적으로 질문하도록 이끈다.

둘째, 글 쓰는 독서법이다. '쓰기 없는 읽기는 없다'는 말이 있다. 읽기의 효과를 극대화하는 것이 쓰기임을 강조한 말이다. 역설적으로 생각하면 책을 읽고 쓸 수 없다는 것은 제대로 읽지 않았다는 말과 같다. 책을 제대로 읽었다는 것은 그것이 내면에 체화되어 자양분이 되었다는 의미다. 몸속으로 영양분이 들어가면 얼굴빛이 달라지고 건강해져야 하듯이, 책을 제대로 읽었다면 그것을 표현할 수 있어야 한다. 표현할 수 없다는 것은 밥을 먹기는 했는데 소화를 시키지 못하고 변비나 설사로 고생하고 있다는 것과 같다. 읽은 것이 아니라 본 것에 지나지 않는다. 그래서 독서로 삶을 바꾸려면 쓰기를 전제로 읽어야 한다. 글쓰기는 내면에 흩어져 있는 지식의 편린을 구조화하고 체계화해 보석으로 만드는 과정이기 때문이다. 글 쓰는 독서법에서는 책을 읽고 자신의 생각을 어떻게 표현할 것인지 그 길을 제시한다.

셋째, 지속 가능한 인간지능 개발 프로젝트, 이른바 토론하는 독서법이다. 토론은 종합적 사고 능력을 필요로 한다. 읽기, 쓰기, 말하기가 유기적으로 작동되어야 하기에 그렇다. 어느 한 부분이 부족하면 의미 있는 토론을 이끌어 내지 못한다. 텍스트를 있는 그대로 수용하기만 해서는 토론을 이어 갈 수도 없다. 토론은 그럴듯한 말기술이 아니라 논리적인 근거를 들어 상대를 설득하는 논리적 사고 표현 과정이다. 텍스트의 핵심을 발췌하는 독해 능력이 필요하고, 그것을 자신의 언어로 요약할 수 있어야 한다. 그리고 자신의 생각과 주장에 논리를 가미해 덧입혀야 한다. 적절한 질문도 필요하다. 상대의 핵심을 파고드는 질문 하나가 토론의 성패를 좌우한다. 토론에서는 한 가지 텍스트를 다양한 각도로 바라보고 해석하는 능력도 배울 수 있다. 우물 안의 개구리에서 벗어날 수 있도록 이끌어 창의적인 역량을 기를 수 있게 해준다. 인공지능 시대에 필요한 역량을 기를 수 있는 최적의 독서법이다.

넷째, 인공지능 클라우딩 시대의 디지로그, 바인더 독서법이다. 초기술사회로 진입하는 특이점의 시대에 인간지능 독서법이 소개하는 마지막 앵커 독서법으로, 오래전부터 활용되어 오던 아날로그 방식의 바인더를 활용한 자료 정리법이다. 20공 A5 바인더를 KDC의 주류 10가지 분류(000 총류, 100 철학, 200 종교, 300 사회과학, 400 자연과학, 500 기술과학, 600 예술, 700 언어, 800 문학, 900 역사) 체계로 나누어 독서감상문이나 초서 자료, 스크랩 연구 자료를 분류별로 정리하는 바인딩 방식이다. 처음에는 주류 10가지 분류를 각각 1개의 바인더, 총 10개로 적용할 수 있다. 홈스쿨링 중인 장대은 작가의 중학생 자녀는 벌써 바인더가 130개를 넘어서고 있으며, 도서관의 책이나, 컴퓨터 폴더상의 자료와는 또 다른 앵커 자료로 활용하고 있다. 수용하고 이해한 자료를 자신만의 언어로 표현해 바인딩하다 보면 지나온 배움의 과정을 한눈에 볼 수 있을 뿐 아니라 자신만의 멋진 포트폴리오, 바인더 라이브러리를 구축할 수 있다. 디지털 시대에 아날로그의 매력에 푹 빠지기에 부족함이 없을 것이다.

앵커 디자인에서 전하는 네 가지 독서법에는 기존 지식과 연결 지으며 자신의 것으로 체화하는 구체적인 방법과 기술이 담겨 있다. 그 방법과 기술을 훈련하는 과정에서 3장에서 소개한 다양한 능력이 자신의 것으로 자리를 잡아 간다.

읽기를 통한 변화를 꿈꾸는가? 그렇다면 앵커하라! 목표를 성취하며 살아가는 인생을 위한 능력은 앵커 독서에서 비롯되기 때문이다.

의문에서 질문으로 나아가라!: 질문하는 독서법

"질문으로 파고드는 사람은 이미 그 문제의 해답을 반쯤 얻은 것과 같다."

· 프랜시스 베이컨 ·

책을 대하는 대다수 사람의 공통점이 있다. 책과 저자에 대한 존경심을 갖는다는 것이다. 책 한 권을 쓸 정도면 전문적인 능력과 식견이 있다고 생각한다. 작가가 풀어놓은 내용을 인정하고 수용하는 마음으로 책을 집어 드는 경우가 많다. 그래서 책 내용을 별 의심 없이 받아들인다. 어떻게 하면 잘 받아들이느냐에 초점을 맞춰 독서한다. 비판적으로 생각하고 견주며 '이것이 정말 그러한가?' 의문을 품는 독서를 하지 않는다. 있는 그대로 수용하기에 바쁘다. 독서법의 대가 모티머 제롬 애들러(Mortimer Jerome Adler)는 이렇게 말했다.

"솔직히 말해, 완전히 수동적인 독서는 있을 수 없는데도 많은 사람은 확실히 적극적인 활동인 쓰기나 말하기와 비교하여, 독서와 듣기는 완전히 수동적인 것이라고 생각한다. 글을 쓰는 사람이나 말하는 사람은 어느 정도 노력을 기울여야 하지만, 책을 읽거나 듣는 사람은 가만히 있어도 가능하다고 생각한다."

애들러는 별 의심 없이 있는 그대로 받아들이는 독서를 비판한다. 소극적인 수용적 독서를 넘어 적극적인 독서가 필요하다는 것을 우회적으로 강조한다. 독서의 목적이 있는 그대로 받아들이는 데 있는 것이 아니기 때문이다.

이런 독서 태도가 요즘 시대에 국한된 것만은 아니다. 조선 시대에도 다르지 않았다. 다산 정약용은 그 시대의 독서 경향을《다산 시문집(茶山詩文集)》〈오학론이(五學論二)〉에 다섯 가지로 소개했다. 첫째는 박학(博學)이다. 두루 널리 배운다는 뜻이다. 둘째는 심문(審問)이다. 자세히 묻는다는 뜻이다. 셋째는 신사(愼思)다. 신중하게 생각한다는 뜻이다. 넷째는 명변(明辯)이다. 명백하게 분별한다는 뜻이다. 다섯째는 독행(篤行)이다. 진실한 마음으로 성실하게 실천한다는 뜻이다.

정약용은 다섯 가지 독서 방법 가운데 대부분의 사람이 '박학'에만 집착한다고 비판한다. 다른 네 가지에는 관심조차 두지 않고 배운 것을 자랑 삼아 떠벌리기만 한다고 목소리를 높인다. 우리 시대의 독서 경향과 크게 다르지 않다.

정약용의 비판은 책에 쓰인 내용을 자신의 것으로 만드는 독서를 하지 않는다는 것이다. 독서의 진정한 힘은 책 내용을 아는 것이 아니라, 자신의 것으로 만들어 삶을 변화시키는 데 있다. 자신의 것으로 만들기 위해 의문을 품고 질문하고 그것을 사색하고 깨달아 삶에 적용해야 한다.

그런데 사색은 저절로 이루어지지 않는다. 사색이 시작되려면 의문이 일어야 한다. 의문점이 생겨야 책 내용을 깊이 있게 고민하고 생각에 몰입할 수 있다. 누군가의 강요로는 사색의 단계로 들어갈 수 없다는 이야기다. 깊이 있는 생각은 강요한다고 해서 되는 게 아니다. 누구든 생각은 할 수 있지만 그렇다고 생각이 나는 것은 아니다. 엄밀히 말해 생각은 '하는 것'이 아니라 '나는 것'이다. 생각의 일어남, 그 출발이 의문이다. 반드시 의문이 일어나야 스스로 생각하게 된다. 인류사에 길이 남을 명저를 수없이 남긴 요한 볼프강 폰 괴테는 '언제나 의문하라'며 의문의 중요성을 강조했다.

"의문은 언제까지나 의문 수준에 머물러 있지는 않아. 의문은 정신을 자극하여 더욱 상세한 연구와 시험을 하도록 하고, 이것이 완전한 방식으로 이루어지면 우리는 거기서 확신을 가지게 되지. 바로 이것이 목표이며, 여기서 인간은 완전한 만족감을 찾아내게 되네. 통찰력을 얻었다고 할 수 있지. 우리가 의문을 통해 끌어낼 수 있는 최고의 수확이 바로 그것이야."

의문이 통찰력을 얻는 마중물이라는 것이다. 그렇다. 의문은 의문으로 남아 있으면 안 된다. 의문을 통해 사고의 문을 열고 새로운 통찰을 추구해야 한다. 그렇기에 의문은 질문으로 나아가야 한다. 질문으로 이어지지 못한 의문은 의미가 없다. 의문의 방향성이 질문이며, 의문의 구체화가 질문이다. 의문으로 사색이 시작되며, 질문을 통해 통찰을 얻게 되고 알아내는 힘의 근간을 세울 수 있다.

새로운 것에 대한 호기심도 의문과 유사하다. 호기심은 색다른 경험에서 비롯되곤 한다. 새로운 분야에서 일해 본 경험, 일상을 벗어난 여행지에서의 색다른 시간이 호기심을 일게 한다. 독서를 통한 정신적 체험도 호기심을 선물해 준다. 알지 못했던 분야의 독서는 차원이 다른 간접체험을 안겨 준다. 순간순간 호기심이 샘솟듯 생겨난다. 인간의 호기심과 의문은 새로운 정보가 들어오는 과정에서 발생한다.

그런데 호기심과 의문은 미해결 상태의 과제다. 이때 필요한 것이 질문이다. 질문은 호기심과 의문으로 생긴 궁금증을 해결하는 마중물이며 구체적인 답을 찾는 열쇠다. 질문으로 이어 가 답을 찾는 노력 속에서 진정한 사고의 힘이 생성된다.

독서를 할 때도 질문 능력에 따라 얻는 것이 사뭇 다르다. 이렇듯 질문이 중요하지만 어떻게 질문을 해야 하는지 모르는 사람이 많다. 아니, 질문이 필요한지조차 모르는 사람이 많다.

의문의 방향성이 질문이라는 것을 분명히 알았다면 이제 필요한 것은 질문을 배우는 것이다. 질문에도 효과적인 방법과 기술이 존재한다. 이번 절에서는 책읽기와 관련한 질문 유형 몇 가지를 살펴보고자 한다. 효과적이고 효율적인 독서를 하기 위해 책을 읽기 전부터 후까지 필요한 질문들을 살펴보자. 각 단계별로 질문을 던지며 지혜를 덧입혀 알아내는 능력을 갖추기 바란다.

먼저 책을 읽기 전에 필요한 질문이다. 읽을 책을 선택했다면 책장을 펼치기 전에 질문부터 던져야 한다.

"왜 이 책을 선택했는가?"

"이 책에서 배우고 싶고 얻고 싶은 것은 무엇인가?"

"이 책은 어떤 내용을 담은 책인가?"

책의 겉표지와 목차를 간략하게 살피며 위 질문을 던져라. 그러면 책을 읽는 동안 의문이 생기며, 그 의문에 답을 찾기 위한 독서가 되고 집중력은 배가된다. 자연스레 의문을 해결할 질문이 뒤따른다. 그 질문을 허투루 흘리지 말고 꼭 적고 답도 써보아야 한다. 그럴 때 의문이 풀리고 방법이 보인다.

이 단계에서 중요한 것은 상상이다. 표지와 목차의 몇 가지 단서를 가지고 마음껏 상상의 나래를 펼쳐 보는 것이다. 상상과 창의는 맥을 같이한다. 창의적인 생각은 상상의 과정에서 만들어진다. 3장에서 이야기했듯이, 책을 읽는 목표가 내용 자체를 받아들이는 1차적인 목표를 넘어 생각하는 능력을 향상하는 것임을 잊지 말아야 한다. '내가 만일 저자라면 이 제목과 목차 안에 어떠한 내용을 담아내겠는가?'라는 작은 질문으로 시작해 보라. 그리고 자신의 스키마(schema)를 총동원하여 사고해야 한다. 그 과정만으로도 독서의 중요한 목표는 달성된다.

이토록 질문은 중요하다. 패키지 관광을 간 사람들에게 여행에서 기억나는 것이 무엇이냐고 물어보면 "가이드의 빨간 깃발만 기억난다"고 대답한다는 우스갯소리가 있다. 차분히 여행지를 돌아보기보다 유명 관광지에서 사진 하나 찍고 다음 목적지로 출발하는 식의 여행을 하는 것이다. 독서도 마찬가지다. 표지를 열고 책 내용을 질문 없이 읽어 내려가는 것은 가이드의 빨간 깃발을 쳐다보며 바쁘게 몰려다니는 관광과 다를 바 없다. 여행지에서 아름다운 건물을 발견했다면 그곳에 멈춰야 한다. 그리고 천천히 건물 외관을 살피고 감상하며 발걸음을 내부로 향해야 하지 않겠는가. 책을 지은 저자가 가장 신경 쓰는 것이 바로 표지와 제목, 목차의 구성이다. 저자의 생각이 이처럼 농축된 것을 그저 몇 초 만에 스쳐 지나간다면 독서를 통해 얻을 수 있는 최고의 선물을 포기하는 것과 다를 바 없다.

책을 읽어 가는 과정에서도 질문은 필요하다. 저자가 궁극적으로 전하고 싶은 메시지가 무엇인지 밝히는 독서가 진행되어야 한다. 저자의 메시지를 이해하지 못하면 사색도, 깨달음도, 지혜도 얻기 힘들다. 책을 읽으면서 필요한 질문은 다음과 같다.

"이 책은 무엇을, 어떻게 자세히 다루고 있는가?"

"이 책의 콘셉트를 한 문장으로 표현한다면 무엇인가?"

"저자는 무엇을 이야기하고 해결하기 위해 이 책을 썼을까?"

"이 책의 핵심이 되는 문구는 무엇인가?"

책의 내용이 파악되었다면 더 깊은 단계의 질문으로 깨달음을 얻어야 한다. 내용을 바탕으로 하여 사색할 수 있는 질문으로 깊이 들어가야 의미 있는 결과를 수확할 수 있다. 그 의미는 정민의《오직 독서뿐》에 소개된 양응수의 독서법 이야기로 이해할 수 있다.

"독서는 우선 숙독해야 한다. 그 말이 모두 내 입에서 나온 것같이 해야 한다. 계속해서 더 정밀하게 따져 보아 그 뜻이 죄다 내 마음에서 나온 것처럼 해야 한다. 그래야만 얻었다고 할 수가 있다. 하지만 숙독해서 깊이 생각하여 깨달아 얻은 뒤에도 또 이 정도에서 의문을 멈추면 안 된다. 그래야만 진전이 있다고 할 만하다. 만약 이쯤에서 그친다고 하면 끝내 다시는 진전이 없다."

내용을 바탕 삼아 더 깊은 단계로 확장해 나갈 수 있는 질문은 다음과 같다. 반드시 의문을 품고 질문을 하며 사색하고 깨달음을 얻도록 해야 한다.

"이 책의 좋은 점과 비판할 점은 무엇인가?"

"저자의 생각에 동의하기 힘든 부분은 어디인가? 왜 그렇게 생각하는가?"

"이 책의 내용을 숙고하며 얻는 깨달음이나 지혜는 무엇인가?"

"책 내용을 중심으로 다른 것과 연결 지어 의미 있는 결과물을 만들어 내야 한다면 무엇과 연결 지어 보겠는가?"

질문으로 의문에 대한 궁금증을 해결했다. 그러면 이제 깨달은 지식과 지혜를 삶에 녹여낼 질문을 던져야 한다. 앎을 삶으로 승화시켜야 삶이 진짜 변화한다. 밥을 먹었으면 그것이 자양분이 되어 건강한 삶을 사는 것과 같은 이치다. 독서한 내용을 삶에 적용시킬 것으로 만들어 내는 질문은 다음과 같다.

"이 책의 메시지 가운데 삶에 적용할 만한 것은 무엇인가?"

"책 내용 가운데 이것만큼은 습관으로 만들어 실천해 보고 싶은 것은 무엇인가?"

"이 책과 연결하여 어떤 책을 읽어 보고 싶은가?"

지금까지 소개한 질문들은 기본적인 것이다. 책의 성격마다 조금씩 변환하여 질문을 던지고 답을 찾는 노력을 해야 한다. 질문을 던지면 뇌는 격동이 일어나 답을 찾기 시작한다.

질문을 던지며 책을 읽는 것이 쉽지는 않다. 그럼에도 질문을 던지고 그것에 답을 적는 독서는 필연적으로 해야만 한다. 의문에 질문을 던지고 답을 찾는 과정에서 깨달음이 생기고 삶을 변화시키는 지혜가 생기기 때문이다. 알아내는 힘도 이런 과정 속에서 형성된다. 미국의 심리학자이자 철학자인 윌리엄 제임스(William James)의 말을 기억하며 질문 던지는 습관을 길러 보자.

"나는 무언가를 철저하게 이해하고 싶을 때마다 질문을 한다. 다른 사람이 아니라 나 자신에게. 질문은 단순한 말보다 더 깊은 곳까지 파헤친다. 말보다 열 배쯤 더 많은 생각을 이끌어 낸다."

쓰기 없는 독서 없다: 글 쓰는 독서법

"배운 것을 기록해 놓지 않으면 지식은 있을 수 없다."

· 단테 알리기에리 ·

독서를 통해 의미 있는 성과를 거두려면 먼저 잘 읽어야 한다. 잘 읽기 위해 의문을 품고 질문한다. 의문을 품고 질문하겠다는 의도로 읽으면 텍스트에 몰입하고 더 확장해 자신의 것으로 만들 수 있다. 그러나 여기서 그치면 반쪽짜리 독서다. 독서의 진정한 힘은 온전히 자신의 것으로 소화되어 표현될 때 나온다. 저자의 생산물이 자신의 것으로 재창조되는 것이다. 재창조된다는 것은 표현할 수 있다는 말과 같다. 다시 말해, 표현할 수 있어야 진짜 자신의 것이 되었다고 말할 수 있다.

인공지능 시대에는 비판 능력이 있고 창의적인 인재가 각광받는다. 융·복합에 능한 사람도 필요하다. 이들은 내재되어 있는 그 무언가를 잘 표현하는 능력을 공통적으로 갖는다. 새로운 관점으로 생각하고 연결해 세상에 없는 무언가를 만들어 낸다는 것은 곧 어떤 형태로든 잘 표현되었다는 것이다. 표현된 것이 물건일 수도 있고, 프로그램일 수도 있고, 새로운 이론이나 개념일 수도 있다. 어떤 형태로든 무언가를 창출해 내려면 먼저 말과 글로 표현되어야 한다. 말과 글로 표현할 수 있어야 다른 무엇과 연결 지어 결과물을 만들어 낼 수 있기 때문이다.

책은 잘 읽었는데 말과 글로 표현할 수 없다는 사람이 있다. 표현이 서툰 경우일 수도 있겠지만, 대부분은 책을 제대로 읽지 못한 결과라 볼 수 있다. '나는 분명 책을 읽었다!'라고 항변하고 싶은 사람도 있을 것이다. 그러나 실상은 제대로 된 읽기가 안 된 것이다. 제대로 읽었다면 의문이 생기기 마련이다. 의문은 질문으로 이어져 텍스트를 이해하려는 노력을 하게 된다. 그 과정에서 저자의 생각에 동의할 점과 동의하지 못할 점을 발견하게 된다. 그러면 분명 할 말이 생긴다. 말할 거리가 생기면 어떤 형식으로든 표현이 가능하다. 표현이 잘되었는지 아닌지는 둘째 문제다. 일단 표현하는 것이 우선이다.

잘 읽었는데도 어떤 형태로든 표현할 수 없다면 읽었다고 할 것이 아니라 잘 보았다고 말해야 한다. '본' 것과 '읽은' 것은 천지 차이다. 읽었다는 말에는 잘 이해하고 소화했다는 의미가 내포되어 있다. 책 내용에 대해 의문을 던지고 질문도 하지 않으면서 눈동자로 문자만 훑어가는 행위를 하며 읽었다고 말할 수는 없다. 그것은 글자를 본 것이다.

그럼 잘 읽고 잘 표현하려면 어떻게 해야 할까? 쓰기를 전제로 하고 읽으면 좋다. 반드시 글로 표현한다고 생각하고 읽어야 한다. 무엇에 대해 쓸 것인지를 생각하고 읽으면 자동적으로 뇌가 몰입하고 생각하며 읽게 되어 있다. 잘 읽을 수밖에 없는 것이다.

일본의 독서가이자 작가인 사이토 다카시(斉藤孝)는 서른 살 빈털터리 대학원생에서 메이지대학교 교수가 되었다. 그는 자신이 명문 대학교 교수로 발돋움할 수 있었던 힘의 근원에는 독서가 있다고 고백했다. 그는《읽고 쓰기의 달인(讀み上手書き上手)》에서 진정한 독서의 의미에 대해 이렇게 밝혔다.

"'쓰기'의 배경에는 '읽기'가 있다. '쓰기'와 '읽기'는 매우 밀접한 관계를 맺고 있다. '읽기'와 '쓰기'는 따로따로 단련할 수 있는 능력이 아니다. '읽기의 달인'이 되려면 '쓰기'를 전제로 읽어야 하고, '쓰기의 달인'이 되려면 '읽기'를 전제로 써야 한다. 그래야만 '읽고 쓰기의 달인'이 될 수 있다."

다산 정약용도 같은 메시지를 전한다. 그는 강진에서 18년 유배생활을 하면서도 농사 방법, 목민관들의 리더십 등 다양한 주제의 책 500여 권을 저술해 백성들의 삶의 질을 끌어올리는 데 일조했다. 그가 수많은 책을 집필할 수 있었던 독서법이 있다. 일명 삼박자 독서법이라고 부른다.

첫째, 정독(情讀)은 글을 자세하게 읽는 것을 의미한다. 한 장을 읽더라도 글에 집중하고 생각하며 읽는 것을 말한다.

둘째, 질서(疾書)는 중국 송나라 학자 장재(張載)가 공부하다가 마음에 떠오르는 것이 있으면 잠을 자다가도 일어나서 빨리 기록하였다는 데서 유래한 말이다. 즉 의문을 품고 질문하며 느낀 것을 기록하는 독서법이다. 질서를 통해 분석력과 통찰력을 기르는 것이다. 그래야 깊은 깨달음이 생겨 자신의 것이 될 수 있다.

셋째, 초서(鈔書)는 책을 읽다가 핵심이 되는 구절이나 마음을 울리는 글을 만날 때 옮겨 적는 것을 말한다. 초록이라고도 하는데, 한 마디로 베껴 쓰기를 의미한다. 베껴 쓴다는 것은 곧 쓰기를 전제로 읽었다는 것을 의미한다. 정약용은 초서 독서법을 두 아들에게 수 차례 강조한다. 다음은 〈두 아들에게 답함〉이란 편지에 들어 있는 이야기다.

"초서의 방법은 먼저 자신의 생각을 정리한 후 어느 정도 정리가 되면, 그 후에 그 생각을 기준으로 취할 것은 취하고 버릴 것은 버리는 식으로 취사선택을 해나간다. 어느 정도 자신의 견해가 성립된 후 선택하고 싶은 문장과 견해는 뽑아서 따로 필기하여 간추려 놓는다. 그런 식으로 한 권의 책을 읽더라도 자신의 공부에 도움이 되는 것은 뽑아서 적고 보관하고, 그렇지 않은 것은 재빨리 넘어가는 것이다. 이런 방법으로 독서를 하면 백 권의 책이라도 열흘이면 다 읽을 수 있고, 책에 담긴 중요한 내용을 자신의 것으로 삼을 수 있게 된다."

정약용은 쓰기를 전제로 읽었다. 그 힘으로 수많은 저술을 남길 수 있었다.

독서법의 명저자인 모티머 제롬 애들러도 《생각을 넓혀주는 독서법(How to read a book)》에서 쓰기를 강조한다.

"질문이 무엇인지 알고만 있으면 아무 소용이 없다. 명심해 두었다가 글을 읽으면서 실제로 던져 보아야 한다. 이러한 습관을 지녀야 좋은 독자가 될 수 있다. 더 나아가서 질문에 자세하고 정확하게 답할 줄 알아야 한다. 책 읽는 '기술'이란 바로 이렇게 묻고 답하는 데 익숙해진 능력을 갖춘 것을 말한다."

애들러는 왜 질문을 넘어 쓰기까지 해야 잘 읽었다고 말할 수 있다고 했을까? 그는 그 의미도 책에 잘 밝혀 두었다.

"왜 책을 읽으면서 뭔가를 적어야 할까? 첫째, 깨어 있게 한다. 단지 의식이 있게 한다는 것뿐 아니라 자각할 수 있게 한다는 것이다. 둘째, 능동적으로 책을 읽는다는 것은 생각한다는 것이며, 생각한다는 것은 말이든 글이든 언어로 표현한다는 것이다. 자신의 생각을 알기는 아는데 표현하지 못하겠다는 사람은 그 생각을 잘 알지 못하는 것이다. 셋째, 자신의 느낌이나 생각을 적는 것은 저자의 사상을 기억하는 데 도움이 된다."

서치(書癡), 즉 '읽기만 하는 바보'라는 별명을 지닌 이덕무(李德懋)도 쓰기를 강조한다. 글쓰기를 전제로 읽는다면 책 내용을 더욱 의미 있게 읽어 낼 수 있을 거라고 말이다. 그 의미를 이덕무는 〈사소절〉에 이렇게 밝혀 두었다.

"대체로 글이란 눈으로 보고 입으로 읽는 것보다 손으로 직접 한 번 써보는 것이 백 배 낫다. 손이 움직이는 대로 반드시 마음이 따르므로, 20번을 읽고 외운다 하더라도 힘들여 한 번 써보는 것만 못하기 때문이다. 하물며 가장 중요한 내용을 밝혀낸다면 일을 살피는 데 자세하지 않을 수 없고, 감추어진 이치를 반드시 끄집어낸다면 생각하는 것이 정확하고 세밀하지 않을 수 있겠는가?"

이덕무는 책을 읽으면서 정리한 것으로 책을 만들기도 했다. 책 제목이 《이목구심서(耳目口心書)》다. 귀로 들은 것, 눈으로 본 것, 입으로 말한 것, 마음으로 생각한 것을 적은 것이라는 뜻이다.

요즘은 인문학의 전성시대다. 어딜 가나 인문학을 외친다. 중학교 진로 강의에서도 인문학이 따라붙는다. 시대를 주도하는 인문학의 최고 정점에 있는 분야가 있다. 그것은 바로 글쓰기다. 사람을 배우는 학문의 마지막 관문이 바로 글쓰기라는 것이다. 글쓰기로 인간의 존재, 마음, 생각과 행동, 꿈과 소망에 대한 이야기를 풀어낼 수 있어야 인문학에 통달했다고 할 수 있다. 이 말은 곧 글로 표현할 수 있어야 인간을 제대로 배운 것이라고 이해할 수 있다. 쓰기 없는 독서는 제대로 된 독서가 아니라는 뜻이다.

글을 잘 쓰고 싶어 하는 사람이 많다. 그래서 좋은 글쓰기 강좌를 찾아 여기저기를 기웃거린다. 그러나 글을 잘 쓸 수 있는 비결은 글쓰기 기술에 있지 않다. 그 의미는 《하버드 글쓰기 강의(How to be a writer)》를 쓴 바바라 베이그(Barbara Baig)의 말을 들으면 쉽게 이해할 수 있다.

"훌륭한 작가가 훌륭한 것은 단순히 우아한 문장을 교묘하게 다듬을 줄 알기 때문이 아니다. 그들이 훌륭한 것은 그들에게 할 말이 있고, 할 말을 바탕으로 독자와 적절한 관계를 형성할 줄 알기 때문이다. (…) 결국 말할 내용이 없다면 글쓰기는 아주 어려운 작업이 될 수밖에 없다."

글을 잘 쓰지 못하는 이유가 말할 내용이 없기 때문이란다. 책을 읽고서 글을 쓰지 못하겠다고 말하는 원인도 결국은 글쓰기 기술에 있지 않다는 것이다. 책을 읽고 쓸 만한 내용을 느끼지 못하고 발견하지 못했기 때문이다. 글로 표현할 만한 사실이나 개념을 제대로 이해하지 못하니 표현할 수도 없다. 결국 글쓰기 문제는 책읽기와 깊은 관련이 있다.

잘 쓰고 싶다면 잘 읽어야 한다. 잘 읽으면 쓸 거리가 생긴다. 쓸 거리의 편린을 보석으로 만드는 방법은 글쓰기 기술에 있다. 글로 표현하는 과정에서 흩어져 있던 생각들이 구조화되고 체계화되기 때문이다. 명저 《잃어버린 시간을 찾아서(À la recherche du temps perdu)》를 쓴 마르셀 프루스트(Marcel Proust)는 이렇게 말했다.

"작가의 지혜가 끝나는 곳에서 우리의 지혜가 시작된다는 것이 사뭇 사실이라고 느껴진다."

책을 읽고 그것을 표현하는 과정에서 '우리의 지혜'가 시작된다는 것이다. 그래서 글쓰기는 선택의 문제가 아니다. 피할 수 없는 선택이다. 이유를 막론하고 책을 읽었다면 꼭 글쓰기로 이어져야 한다. 글을 쓸 때 비로소 우리의 지혜가 시작되기 때문이다.

책을 읽고 글쓰기를 시작한다면 발췌부터 시작하는 것이 좋다. 발췌는 텍스트에서 중요한 부분을 가려 뽑아내는 작업이다. 역시 읽기가 제대로 되어야 핵심이 되는 부분을 가려 뽑아낼 수 있다. 발췌는 초서와 같다. 중요한 부분을 있는 그대로 옮겨 적은 것이기 때문이다. 발췌는 글을 쓰는 데 좋은 자료가 된다. 자신이 쓰고 싶은 주제에 발췌된 것을 인용해 덧붙이면 인용한 글의 작가의 권위가 내게로 전이된다. 또 백 마디 설명보다 핵심이 되는 구절을 인용하면 효과적으로 메시지를 전달할 수 있다.

두 번째 단계는 요약이다. 요약은 읽은 책을 압축하는 과정이다. 그렇다고 책의 모든 내용을 기름 짜듯이 압축해서는 곤란하다. 그런 요약은 산만하다. 알곡은 없고 쭉정이가 가득할 공산이 크다. 진짜 요약은 핵심이 되는 부분을 논리적으로 압축하는 것이다. 가장 중요한 정보를 담고 있는 부분을 가려내 자신의 언어로 풀어낼 수 있어야 한다. 있는 그대로 베껴 놓는 것이 아니라 자신의 문체로 재해석해 압축하는 것이다. 그래서 요약을 제대로 하려면 제대로 읽어야 한다. 독해가 되지 않으면 제대로 된 요약을 할 수 없기 때문이다.

세 번째 단계는 자신의 생각을 덧입혀 글을 써보는 것이다. 박이정 독서법에서 추구하는 글쓰기 순서와 같다. 먼저 요약하고 에세이로 마무리하는 글쓰기다. 에세이를 쓸 때도, 텍스트에서 전하는 핵심 메시지를 파악해 자신의 생각을 덧입히는 글쓰기면 좋다. 그렇게 쓸 때 책에서 전달하는 핵심 메시지를 파악할 수 있고, 그것이 자신의 것으로 소화되어 재창조되기 때문이다. 글 잘 쓰는 사람이 각광받는 시대다. 작가의 지혜가 끝나는 곳에서 자신의 지혜를 덧입히려면 글쓰기를 해야 한다. 그러기 위해 책을 읽어야 한다. 책을 읽지 않고는 좋은 글을 쓸 수 없다. 글쓰기 기술만 익혀서도 글을 잘 쓰기 힘들다.

지속 가능한 인간지능 개발 프로젝트: 토론하는 독서법

"어떤 책은 맛보고, 어떤 책은 삼키고, 어떤 책은 씹어서 소화시켜야 한다."

·프랜시스 베이컨·

'혼자서 배우면 바보가 된다'는 말이 있다. 토론이 생활 문화로 자리 잡은 유대인들의 격언에서 비롯한 말이다. 유대인들의 근간이 되는 책이 두 권 있다. 바로 《토라》와 《탈무드》다. 《토라》는 《성경》의 〈창세기〉, 〈출애굽기〉, 〈레위기〉, 〈민수기〉, 〈신명기〉를 실어 놓은 책이다. 유대인들의 헌법과 같은 역할을 한다. 반면 모세 오경을 제외한 나머지 토라에 설명서를 붙여 만든 것이 《탈무드》다.

유대인들은 두 책을 세 살 때부터 평생을 공부한다. 물론 혼자서 공부하지 않는다. 반드시 짝을 지어 대화하고 질문하고 토론한다. 이 과정에서 서로 다른 관점의 생각과 사고를 배운다. 다양한 시각을 가진 사람들과 토론하고 논쟁하며 자신만의 독창적인 사고체계를 구현한다. 서로 다른 생각이 부딪히는 과정에서 새로운 가치와 이론, 생각이 생성되며 지혜가 형성된다. 그 힘 덕분에 1600만 명의 작은 인구로 세계를 주도하게 되었다.

영국의 철학가이자 사상가인 존 로크(John Locke)는 "독서는 다만 지식의 재료를 줄 뿐이다"라고 했다. 책의 텍스트는 지혜를 만들 재료에 불과하다는 말이다. 맛있는 요리는 다양한 재료가 어우러져야 완성된다. 여러 재료가 섞이고 버무려져야 완성도 있는 요리를 만들 수 있다. 그럼 다른 재료는 어디에서 구해야 할까? 바로 토론을 통해 얻어야 한다. 다양한 시각과 생각을 토론으로 구해서 멋진 요리를 완성해야 한다. 다른 재료와 양념들이 조화를 이루어야 의미 있는 결과물이 생성되는 것이다.

책을 읽는 과정은 텍스트가 완전히 자신의 것으로 소화되기 전이다. 아직 날것이다. 말리거나 익히거나 가공하지 않은 먹을거리에 불과하다. 날것을 피가 되고 살이 되는 영양분으로 흡수하려면 말로 설명할 수 있어야 한다. 자신의 것으로 녹여내 표현할 수 있어야 한다. 더 나아가 토론까지 할 수 있어야 진짜 자신의 것이 되었다고 말할 수 있다. 토론할 수준까지 도달하지 못한 독서는 날것에 불과하다.

이 시대의 핵심 역량인 창의적인 사고 역량은 토론하는 과정에서 형성된다. 창의적인 분야를 이끄는 유대인들의 삶이 이를 증명한다. 우리나라 역사에서도 이를 증명할 수 있다. 한국사를 통틀어 창의적인 산물이 가장 많이 쏟아진 때는 세종 재위 시절이다. 세종 대에 수많은 창의적 산물이 나올 수 있었던 배경에는 백독백습(百讀百習)이라는 세종의 독서법이 있다. 백 번 읽고 백 번 쓰는 독서법으로 세종은 읽고 쓰기를 반복하며 텍스트를 자신의 것으로 만들었다. 그러나 이것으로 끝내지 않았다. 세종은 토론을 장려하고 이끌었다. 시간만 나면 집현전으로 나가 학자들과 의견을 나누었다. 그리고 토론했다.

세종이 즉위하면서 신하들을 모아 놓고 제일 먼저 한 말은 '의논하자'였다. 세종은 신하들이 마음껏 자신들의 의견을 이야기할 수 있는 장을 마련해 주었다. 상대가 어떤 의견을 내면 반드시 반대 의견을 내도록 하고 토론을 시켰다. 목소리만 높이는 것이 아니라 자신의 논리를 뒷받침할 만한 근거를 들어 설득하도록 했다. 서로 다른 생각이 충돌을 일으켜 새롭고 다양한 창작물이 만들어지게 한 것이다.

국가정책을 펼칠 때도 반대 의견을 경청했다. 자신의 권위로 상대를 밀어붙이지 않고 논리적으로 설득했다. 의견 충돌이 팽팽할 때는 황희 정승 같은 원로가 중재하고 조정하며 나아갔다. 그럼에도 불구하고 반대 의견을 낼 때는 합당한 질문을 던지며 모순점을 지적해 주었다. 그리고 상대가 공감하고 수긍할 때까지 기다렸다. 대표적인 예가 훈민정음 반포다. 훈민정음을 창제하고 반포하려 했지만 최만리(崔萬理)를 필두로 한 학자들이 반대하고 나섰다. 세종은 이들을 강압적으로 제압하지 않고 수긍할 수 있을 때까지 설득했다. 3년을 기다리고 설득한 끝에 반포하기에 이르렀다. 의논하고 토론하며, 때로는 날카로운 질문을 던지며 지혜를 덧입힌 결과 역대 가장 많은 창작물이 만들어진 것이다.

독서가 인간지능을 극대화한다는 데는 모두 동의한다. 그러나 독서를 하는 인구는 해마다 줄어들어, 미래를 책임질 청소년과 청년층의 독서 인구는 심각할 정도다. 인공지능 시대를 이길 힘이 독서에 있는데도 책을 가까이 하지 않는 것이다. 오히려 스마트폰을 더 가까이 한다.

책을 가까이 하지 않는 이유는 다양하다. 그중에서 가장 와 닿는 이유는 스마트폰보다 재미를 느끼지 못한다는 것이다. 독서로 지식을 쌓고 지혜를 생성해 의미 있는 결과를 만들어 가는 즐거움을 느끼지 못하니 책을 가까이 하지 않는 것이다. 책을 읽고 나서 쓰기를 강조하면 책에서 더 멀어지게 할 수도 있다. 그렇다고 방관할 수도 없는 노릇이다. 이 문제를 슬기롭게 극복하는 방법은 토론의 일상화다. 토론하는 방법을 배워 생활 속에서 익혀 나가다 보면 그 안에서 즐거움을 발견할 수 있다. 사람은 모르는 것을 알았을 때 즐거움과 행복감을 느끼기 때문이다.

책을 무작정 읽을 것이 아니라 자신 안에 내재된 배경지식과 연결지어 의문을 품고 그 의문에 질문을 던지며 궁금증을 해결해야 한다. 그리고 다른 독자들의 의견을 듣고 자신의 생각을 이야기하며 다양한 시각으로 텍스트를 바라보아야 한다. 그 안에서 텍스트가 재구성되고 의미화되면서 가치가 만들어지고, 정보를 조직하고 체계화하는 과정이 자연스레 형성된다. 이렇게 읽기, 말하기, 쓰기가 유기적으로 연결되면 즐거움을 느낄 수 있다. 그중에서도 말하기, 토론은 읽기와 쓰기를 연결하는 중요한 연결고리가 된다. 말을 먼저 하고 글을 쓰면 훨씬 쉽게 느껴진다. 우리가 어려서부터 듣고, 말하고, 쓰는 과정으로 학습 단계를 거쳤기 때문이다.

독서도 혼자 읽기보다 두세 사람이 함께 하는 것이 좋다. 두세 사람이 함께 책을 읽고 토론까지 이어져야 인간지능을 극대화할 수 있다.

혼자서 읽으면 독단에 빠지거나 바보가 될 수도 있으니 말이다. 말하지 않고 듣지 않으면 새로운 생각이 형성되지 않는다. 반드시 토론하며 논쟁해야 한다. 루키우스 안나이우스 세네카(Lucius Annaeus Seneca)는 이렇게 말했다. "사람들은 누구나 스스로 판단하기보다는 남의 말을 그냥 믿으려고 한다." 토론하지 않으면 다른 사람의 말을 수용하기 바쁘다는 것이다. 그래서 토론이 필요하다. 토론하는 과정에서 다른 사람의 입장을 이해할 수 있으며 서로를 존중하는 자세도 배운다. 아울러 다른 시각과 생각을 논리적으로 반박하고 설득하면서 더불어 살아가는 방법도 배운다.

토론을 잘하려면 사실 읽기, 쓰기, 말하기가 유기적으로 작동되어야 한다. 어느 한 부분이 부족하면 의미 있는 토론을 이끌어 내지 못한다. 토론의 열쇠는 그럴듯한 말기술이 아니라 논리적인 근거를 들어 상대를 설득하는 데 있다. 그 논리는 텍스트에 담겨 있다. 그래서 토론을 잘하려면 먼저 독해가 잘 되어야 한다. 독해가 되지 않고서는 논리적인 근거를 들어 상대를 설득할 수 없다.

핵심 구절을 찾아 발췌하는 것도 기본이다. 요약도 잘 되어야 한다. 핵심 구절을 자신의 언어로 풀어서 이야기할 수 있으려면 요약은 필수다. 토론하는 과정에서 메모를 잘하려면 쓰기 능력이 뒷받침되어야 한다. 상대의 질문을 요약해 메모해 두지 않으면 답변 과정에서 논리가 삼천포로 빠질 확률이 높다. 이렇듯 토론은 읽기, 말하기, 쓰기가 종합적으로 어우러져야 잘할 수 있으니 지속 가능한 인간지능 개발 프로젝트가 되는 것이다.

토론에서의 또 한 가지 핵심 능력은 질문이다. 핵심을 꿰뚫는 질문이 토론의 성패를 좌우할 때가 많다. 질문만 잘해도 상대의 의중을 간파하고 자신의 논리를 돋보이게 할 수 있다.

소크라테스는 토론의 달인이었다. 그러나 당시 학자들에 비해 토론 능력이 탁월하지는 않았다. 오히려 소크라테스보다 설득력 있게 말을 잘하는 이가 많았다. 그럼에도 소크라테스를 토론의 달인으로 꼽는 이유가 있다. 그것은 질문하는 능력이 탁월했기 때문이다. 소크라테스는 효과적인 질문을 던지며 스스로가 자각하도록 도왔다. 때로는 비판적인 질문으로, 때로는 유도 질문으로 지혜와 진리에 다가가도록 했다. 스스로 지혜를 잉태할 수 있도록 산파 역할을 한 것이다. 그 능력 덕분에 토론의 달인으로 불리게 되었다.

유대인들이 토론을 잘하는 한 가지 이유도 질문 능력이다. 유대인 부모와 선생(랍비)은 질문하는 사람이다. 지식을 떠먹여 주는 것이 아니라 스스로 터득할 수 있도록 질문만 던진다. 어떤 답을 해도 괜찮다. 그 답에 대한 논리가 갖춰져 있으면 된다. 그들은 질문만으로 신앙을 교육하고 삶에 필요한 지식과 지혜를 덧입혔다.

그래서 독서는 종합적인 능력으로 접근해야 한다. 텍스트를 읽으면서 의문을 품고, 질문하고, 책 내용을 간파해야 한다. 더 나아가 사색하며 깨달음을 얻고 자신만의 생각을 정리할 수 있어야 한다. 그리고 상대와 더불어 토론하며 다양한 사고를 접하고 서로를 존중하며 설득하는 능력을 키워야 한다. 그렇게 벼려진 생각과 지혜를 글쓰기로 조직화하고 체계화할 때 비로소 인간지능이 완성된다.

독서 앵커 디자인(anchor of reading): 바인더 독서법

"읽은 것을 모두 기억하기를 바라는 것은
먹은 것을 모두 몸에 지니고 다니기를 바라는 것과 같다."

·아르투르 쇼펜하우어·

특이점 시대의 아날로그, 바인더 라이브러리

1980년대 중반을 배경으로 한 영화 〈써니〉가 많은 이의 사랑을 받은 적이 있다. 영화 중반, 미래에 어떤 일들이 벌어질지에 대해 주인공과 친구가 전화로 이야기를 나눈다. 대화 중 일부는 이렇다.

"미래에는 게임 잘하는 사람이 대우받는 시대가 온다니까! 전화 통화도 걸어 다니면서 하고."

"안 무거울까?"

"작은 게 나오겠지! 컴퓨터도 막 들고 다닐 거야! 거기서 편지도 쓰고 라디오도 보고."

"라디오를 본다고?"

"보겠지! 미래인데. 그걸로 사업하면 대박인데."

"아주 소설 쓰십니다. 왜 미래에는 물도 사 먹는다고 하고 그러지 그러냐!"

"물을 미쳤다고 사 먹냐?"

"야, 얘가 미래에는 전화기로 막 사진도 찍고 텔레비도 보고 그런대."

영화 속 친구들의 대화를 보며 많은 관객이 웃음을 터뜨렸다. 도저히 일어날 수 없는 일이라 일축하는 모습에 저절로 웃음이 터져 나왔다. 그들이 예측한 모습대로 살아가고 있어 미소를 지은 것이다.

오늘 우리가 사는 현실은 20~30년 전에는 상상도 못한 일들로 가득 차 있다. 스마트폰과 다양한 기능의 앱, 하늘을 날며 촬영하는 드론, 다양한 인공지능 로봇, 자율주행 자동차, 인공지능 기능이 탑재된 스피커 등 최첨단 기술로 덧입혀진 다양한 제품이 우리와 함께하고 있다. 특이점의 시대 속에 살고 있는 것이다. 초기술사회로 진입하는 특이점의 시대에 인간지능 독서법이 소개하는 마지막 앵커 독서는 아이러니하게도 바인더를 활용한 아날로그 방식의 자료 정리법이다.

다양한 자료 정리 앱이 무료로 제공되고 메모 앱이 하루가 다르게 진화하고 있는 시대에 '무슨 바인더냐?'라고 의문을 제기할 수 있다. 시대가 변해 기술이 인간을 압도하고 넘어서는 시대라는 것을 부정하지 않는다. 그럼에도 잊지 말아야 할 것은 우리가 살아가는 세상은 여전히 아날로그적 인프라 위에서 돌아가고 있다는 사실이다.

인간의 일상도 매우 아날로그적이다. 보고, 듣고, 말하고, 만지고, 느끼는 것 모두가 아날로그 바탕 위에서 이루어진다. 그래서인지 디지털 시대가 될수록 사람들은 아날로그 감성을 그리워한다. 공장에서 대량 생산되는 제품보다 완벽하지는 않아도 장인의 정성과 감성이 덧입혀진 작품을 더 가치 있게 여긴다. 제품이 아니라 작품이기 때문이다.

인간지능 독서법의 마지막 앵커 독서법, 바인더 라이브러리는 장인의 손때가 묻은 작품과 같다. 책이 아무리 소중해도 서점과 도서관을 가득 메운 도서는 제품에 지나지 않는다. 인쇄소에서 대량으로 찍어 낸 제품이다. 그러나 손수 집어 들고 읽은 책이 삶에 자양분이 되어 준다면 그 책은 제품으로 볼 수 없다. 나를 만드는 작품이다.

바인더 라이브러리는 나를 만들어 가는 작품의 저장소다. 독서와 나, 세상의 무수한 정보와 나를 연결하는 작품의 세계인 것이다. 손때를 묻혀 내용물 하나하나를 공들여 채워 가는 바인더 라이브러리는 인공지능 시대에 자신을 경쟁력 있는 작품으로 만들어 주는 도구가 된다. 바인더 라이브러리에 바인딩하는 것은 종잇조각이 아니라 꿈이다. 자신이 살아가는 세상을 자기만의 질서로 재구성하는, 아날로그의 장점을 가득 담은 매력적인 자기관리 시스템인 것이다.

'이 세상의 모든 지식을(Pansophia), 뛰어난 방법으로 분류하여(Classification), 지속 가능한(Sustainable) 나만의 정리된 지식 체계를 디자인하는 인간지능 독서법의 앵커, 바인더 라이브러리 독서법'의 세계로 여러분을 초대한다.

바인더 라이브러리 독서법, 육하원칙으로 읽기

What? 무엇을 담을 것인가?

세상의 모든 지식, 판소피아

바인더 라이브러리는 자신이 쓴 글이나 스크랩 자료, 시간관리, 자기관리 문서들을 바인딩해 정리하는 자료 관리 시스템이다. 바인딩(binding)은 여러 의미로 쓰인다. 첫 번째 용례는 북바인딩(bookbinding)이다. 인쇄된 낱장의 종이를 자신이 정한 체계로 추려 책을 만들거나 엮어 활용하는 모든 행위를 바인딩이라 칭한다. 우리가 일반적으로 알고 있는 의미다.

또 한편으로는 럭비 경기에서 볼을 차지하기 위해 스크럼(scrum)을 짜는 과정을 일컫는다. 공을 차지하기 위해 상대 팀 플레이어의 움직임을 막아 가며 자기편 플레이어와 팔을 돌려 단단히 연결시키는 과정을 바인딩이라 부른다.

세상은 수많은 정보와 지식으로 가득하다. 우리는 그중 극히 일부 지식만 수용하고 기억하며 자기 삶에 적용하고 활용한다. 바인더 라이브러리는 자신이 수용한 지식과 정보를 바인딩을 통해 머무르게 해 준다. 기억 속에 존재하는 것은 시간이 지나면 잊히기 마련이다. 기록하지 않으면 사라진다. 기록해 놓은 것도 정리하지 않으면 삶을 변화시키는 보석이 될 수 없다. 구슬도 꿰어야 보배가 되듯이 흩어진 정보들도 일목요연하게 정리되어야 빛을 발한다. 바인더 라이브러리는 지식과 정보가 일목요연하게 정리된 보석함과 같다. 질서를 부여해 주는 자기경영의 탁월한 도구인 것이다. 책과 배움의 과정에서 만나는 지식과 정보가 스크럼 속에 있다가 언제 어느 때든 빛나는 보석이 되어 주는 것이다.

바인더 라이브러리에 담고자 하는 것은 판소피아(Pansophia)다. 라틴어로 모든 지식(全知)을 뜻하는 판소피아는 교육자 코메니우스가 교육을 통해 추구해야 할 최상의 목표로 제시한 범지식과 범지혜, 즉 세상의 모든 지식을 의미한다.

사람들이 도서관을 찾는 이유는 그곳에 모든 지식, 판소피아가 있기 때문이다. 세상을 살아간 모든 사람, 민족, 국가, 그들의 흥망성쇠, 과거와 현재, 꿈꾸는 미래가 도서관에 보관되어 있다. 도서관의 역할은 세상의 모든 지식을 찾아 수집하고 정리하여 관리·보관하는 것이다. 역사는 지나가면 돌아오지 않는다. 그러나 도서관에 보관되면 그 역사의 흔적들이 우리에게 말을 건다. 영국의 역사학자 E. H. 카(E. H. Carr)의 말처럼 "역사란 과거와 현재의 끊임없는 대화다."

《바벨의 도서관(Bibliotheca Babelis)》의 저자 호르헤 루이스 보르헤스(Jorge Luis Borges)는 이렇게 말했다. "도서관은 영원히 지속되리라. 불을 밝히고, 고독하고, 무한하고, 부동적이고, 고귀한 책들로 무장하고, 부식하지 않고, 비밀스러운 모습으로!" 도서관은 역사의 보고요 인류의 생명줄이다. 도서관에 말을 거는 이들에게 도서관은 역사가 간직한 비밀을 이야기해 준다.

새로운 개념의 도서관, 바인더 라이브러리에 자신이 경험한 모든 지식을 담아라. 자신을 만들어 온 지식, 자신을 만들어 갈 지식을 담아 자신만의 판소피아를 구축하라. 그것이 오늘보다 나은 미래를 만들어 가는 길에서 이야기를 걸어 주고 삶의 힌트를 제공해 줄 것이다.

Why? 왜 바인더 라이브러리인가?

나만의 도서관, 정보와 지식 연혁을 관리하라!

바인더 라이브러리는 바인더로 디자인하는 나만의 도서관, 어느 누구도 흉내 낼 수 없는 나만의 고유한 도서관이다. 나의 관심사를 시기별로 정리해 둘 수 있어, 지식의 연혁이 관리된다는 장점이 있다. "그 시작은 미약하였으나 나중은 심히 창대하리라!"라는 성경의 표현으로 비유할 수 있다. 처음에는 보잘것없어 보이는 지식의 편린이 훗날에는 창대한 결과물을 만드는 통로가 되어 준다.

그럼에도 불구하고 스마트폰의 발전과 메모 앱의 비약적인 발전은 아날로그 바인더 라이브러리의 가치와 활용에 의문을 던진다. 실물 사진 앨범이 구글 포토 앨범으로 대체되고, 실물 가계부 자리를 디지털 가계부가 대신하기 시작한 것처럼 바인더로 자료를 정리하는 것도 시간이 흐르면 다른 상황을 맞이할지도 모른다. 그래서 왜 바인더 라이브러리가 필요한가라는 질문과 그에 대한 자신의 답변이 중요하다. 명확한 답변을 찾으면 하지 말라고 말려도 바인더 라이브러리를 시작하게 된다.

장대은 작가는 오래전부터 24테라바이트의 자료 서버와 스마트 자료 관리 시스템인 에버노트를 활용하고 있다. 자료 서버와 에버노트 모두 십진분류를 적용하여 디지털 라이브러리로 활용하고 있다. 누구보다 방대한 자료를 담아 관리하고 있다. 관리에만 그치지 않고 실제로 유용하게 활용하고 있다. 서버는 영화와 다큐멘터리가 주를 이룬다. 에버노트에는 7000여 개의 텍스트 자료를 업로드하여 관리한다. 방대한 자료지만 십진분류 체계와 박이정 분류 체계를 이용하여 정리했기 때문에 원하는 자료를 찾아 활용하는 데 전혀 어려움을 느끼지 않는다. 모든 것이 아날로그 바인더 라이브러리와 같은 분류 체계로 연동해 운영된다.

에버노트 라이브러리에 있는 모든 자료를 출력하여 바인더에 보관하지는 않는다. 바인더 라이브러리에 담는 자료는 그가 탐구하여 정리하고 이해한 것들이다. 또한 교육 수강생들이 공부한 자료를 포트폴리오 중심으로 관리한다. 모든 자료는 호도애도서관을 이용하는 누구나 자유롭게 열람할 수 있도록 공개하고 있다.

개인의 경우 바인더 라이브러리가 자신의 자료를 정리하는 차원으로 활용될 것이다. 그것만으로도 충분히 가치가 있다. 그러나 성장하는 속도에 따라 언젠가는 다른 사람에게 영향을 끼칠 때가 온다. 그때 정리된 바인더 라이브러리는 소중한 자산이자 자료가 된다. 새로운 공부에 도전하고 제2의 인생을 준비하는 데 값진 보물창고가 된다.

강사나 교사, 교육지도자를 꿈꾸거나 그 자리에 있다면 바인더 라이브러리를 구축할 것을 추천한다. 자신이 지금까지 무엇을 배우고 익혀 왔는지 한눈에 볼 수 있다. 어디에 어떤 자료가 관리되고 있는지 지식 정보를 확인하는 데도 유용하다. 누군가를 가르치고 도울 때도 효과적으로 활용할 수 있다.

먼 곳에 있는 이들과 채팅 앱으로 자료를 나누고 교제할 수 있다. 그러나 실제로 얼굴을 마주 보고 대화하며 느끼는 감정은 채팅과는 완전히 다르다. 컴퓨터 속 사진과 인화된 사진을 보는 느낌이 다르듯 바인더 라이브러리는 특이점의 기술로 채울 수 없는 영향력을 갖고 있다. 그 감성의 경험이 자신의 빛나는 미래를 이끌 디딤돌이 되는 것이다.

How? 십진분류와 박이정 분류를 적용하라!

십진분류와 박이정 분류 체계로 바인더 라이브러리를 구축한다

바인더 라이브러리 독서법은 십진분류 독서법과 박이정 독서법의 실제 적용편이다. 어떻게 삶에 적용하며 인생의 성과를 만들어 내는지를 보여주는 과정이자 도달점이다.

누구나 책을 읽다 보면 중요한 내용을 메모하고 떠오른 생각의 흔적을 기록한다. 세상의 모든 지식은 자신의 관심에 따라 조금씩 삶의 울타리로 들어온다. 그 지식과 정보가 삶을 변화시키도록 극대화하는 사람이 있다. 반면에 수용된 지식과 정보가 삶에 전혀 영향을 끼치지 못하는 사람도 있다. 둘의 차이는 어디에서 비롯될까? 그것은 수용되는 정보가 조직화되지 못하고 정리되지 못했기 때문이다.

정보는 관리되어야 한다. 정보의 관리는 생각을 관리하는 것이요, 자기 삶을 경영하는 것이다. 수용의 흔적들, 생각의 흔적들은 삶을 설명해 주는 중요한 자료가 된다. 수용된 것이 자신이고, 표현된 것이 자신이기 때문이다.

수용의 체계로 활용된 십진분류 시스템은 자료 관리에서도 좋은 도구가 된다. 아니, 십진분류 본래의 기능은 불특정 다수의 자료에 질서를 부여하는 것이기에 분류에 특화되어 있는 세계 최고의 시스템이다. 어떤 분류 체계도 도서관 십진분류처럼 방대하고 체계적이지 않다. 확장성도 없다. 도서관이 도서관일 수 있는 것은 정보를 세밀하게 분류하여 관리하기 때문이다. 체계성과 연속성이 있기에 분류되지 않은 책, 정보와 비교할 수 없는 가치를 갖는다.

바인더 라이브러리 베이직 시스템도 십진분류 체계를 그대로 적용하면 된다. 바인더로 만드는 작은도서관이라 할 수 있다. 그렇다면 바인더 라이브러리를 구축하고 활용하기 위해서는 어떻게 해야 할까?

1단계, 먼저 바인더를 선택한다.

어떤 바인더도 괜찮은데, 우리가 활용하는 바인더는 20공 A5 바인더와 30공 A4 바인더다. 그중에서도 A5 바인더를 주 바인더로 정해 활용하고 있다. 부피가 큰 A4 바인더보다는 여러모로 장점이 많다. 3공, 6공보다 많은 20개의 구멍이 종이를 잡아 주어 안정적이다. 압력이 분산되어 인장력이 강화되므로 종이의 뒤틀림이나 찢어짐이 거의 없다. 무엇보다도 A5 바인더의 최고 매력은 부피가 작아 소지하기가 쉽다는 것이다. 어떤 가방에도 들어가고 특히 여성들의 큰 핸드백에도 들어가 유용하다.

이랜드 박성수 회장은 A5 바인더의 장점을 높이 평가해 그룹 전체에서 활용한다. A5 바인더가 본격적으로 일반인들에게 소개되기 시작한 것은 3P바인더의 강규형 대표 덕분이다. 그는 이랜드 평사원 시절부터 바인더의 장점을 생활과 업무 전반에 적용해 변화와 성장을 경험했다. 그 경험을 디딤돌 삼아 자기계발을 이끄는 회사 3P바인더를 설립했다. 그는 바인더를 활용한 자기계발 바람을 일으키며 지금도 승승장구하고 있다. A5 바인더보다 더 나은 효과를 거둘 수 있는 것이라면 어떤 것도 좋다. 편리와 용도에 따라 알맞은 바인더를 선택하면 된다.

2단계, 십진분류법에 따라 기본 주류 바인더를 준비하고 자료를 정리한다.

호도애도서관에 속한 회원들은 바인더 라이브러리 주류 바인더 10개를 초기 세팅 자료로 확보한다. 십진분류의 '주류'에 할당된 바인더다. 주류는 000 총류, 100 철학, 200 종교, 300 사회과학, 400 자연과학, 500 기술과학, 600 예술, 700 언어, 800 문학, 900 역사다. 각 영역의 자료를 10개의 바인더에 정리해 두는 것이다. 예를 들어 일기는 800 문학으로 분류한다. 정치와 관련된 책을 읽었거나 스크랩 자료가 있다면 300 사회과학에 바인딩한다. 종교 신앙생활 자료는 200, 영어회화 공부 자료가 있다면 700 언어 바인더에 분류하는 식이다.

3단계, 주류 바인더에 필요한 강목 바인더(서브 바인더)를 추가하며 확장해 나간다.

위에서 언급한 주류 10가지를 기본 바인더로 활용하다 보면 추가해야 하는 주제들이 늘어나기 마련이다. 그럴 때마다 하위 분류 주제 가운데 관심 주제를 찾아 분류해 나가면 된다. 십진분류의 주류(10분류)를 시작으로 각각의 주류마다 강목 9가지 주제를 더해 100개의 주제로 분류되는 강목 분류, 강목 분류 100개 각각의 주제에 9개의 요목 주제가 더해진 1000개의 요목 분류로 나누어 정리하는 것이다. 1000개부터 수 만개에 이르는 하위 분류는 세목으로 다루며 소수점 이하로 관리한다.

예를 들어 '시간 관리'는 300 사회과학과 500 기술과학 두 군데에서 관련 키워드를 분류하고 있다. 활용도에 따라 해당 영역에 바인더를 추가할 수 있다. 회사와 사회생활 위주로 시간이 관리되면 325.2112로 분류해 사회과학 바인더 다음에 위치시키면 된다. 사회생활보다는 가정을 중심으로 한 일상생활이 주가 되면 591.12로 분류해 500 기술과학 바인더 다음에 위치시킨다.

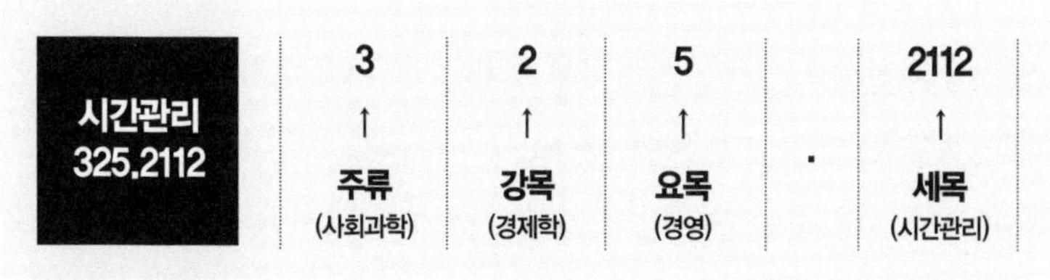

시간관리 325.2112	3 ↑ 주류 (사회과학)	2 ↑ 강목 (경제학)	5 ↑ 요목 (경영)	.	2112 ↑ 세목 (시간관리)

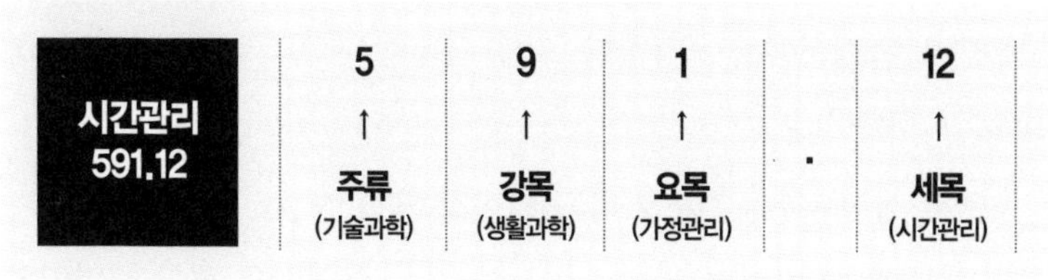

시간관리 591.12	5 ↑ 주류 (기술과학)	9 ↑ 강목 (생활과학)	1 ↑ 요목 (가정관리)	.	12 ↑ 세목 (시간관리)

재정관리를 위한 서브 바인더가 필요하다면 591.11의 재정관리 바인더를 만들고 500 기술과학 바인더와 591.12 시간관리 바인더 사이에 분류하여 관리하면 된다.

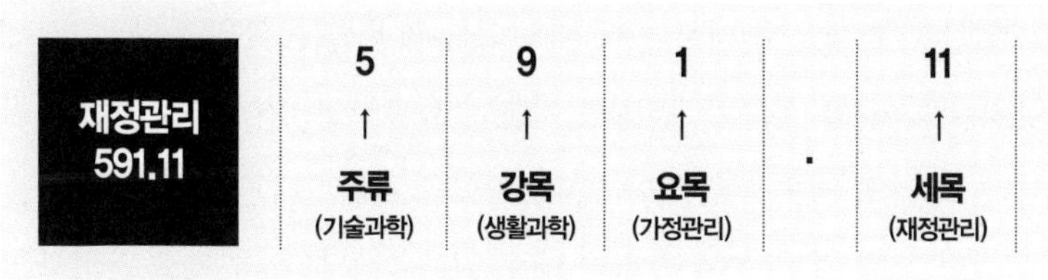

재정관리 591.11	5 ↑ 주류 (기술과학)	9 ↑ 강목 (생활과학)	1 ↑ 요목 (가정관리)	.	11 ↑ 세목 (재정관리)

바인더 라이브러리의 십진분류 체계가 지닌 최고의 장점은 무엇보다도 체계성과 확장성에 있다. 십진분류의 방대한 분류 체계를 활용하면 자신이 수용하는 정보와 지식이 어디에 속한 것인지 쉽게 파악할 수 있다. 십진분류가 도구가 되어 지식과 정보의 개념이 정리된다

는 이야기다. 다시 말해, 수용과 논리의 기준점이 세워진다는 것이다. 시간이 흐를수록, 수용되는 정보가 많아질수록 관리된 정보의 힘은 더욱 가치 있는 지식이 되어 간다. 지식과 정보가 연결되고 관계의 흐름이 파악된다면 수용할 양이 많아도 문제가 되지 않는다. 암기를 통해서가 아니라 분류의 체계와 질서 가운데 이루어지는 정보의 확장은 자신만의 판소피아를 구축한다. 그 즐거움을 바인더 라이브러리를 통해 이루는 것이다.

4단계, 십진분류를 기초로 하되, 박이정하라!

10개의 주류 바인더 외에 추가되는 강목 바인더의 역할은 다양하다. 일반적인 선택지는 시스템 다이어리처럼 자기관리를 위한 주제들을 추가·관리하는 것이다. 회사 업무(325.313), 학교(370.11), 시간관리(325.2112), 재정관리(591.11), 지식관리(325.15), 인생 설계/평생교육(378) 등 자기계발을 위한 주제들을 독립된 바인더로 제작하고 자료를 하나씩 늘려 가는 것이다.

일상과 지식을 관리하는 데 바인더를 활용하는 것은 좋다. 그러나 잊지 말아야 할 것은 그 방법과 기술이 훌륭하고 뛰어나야 한다는 점이다. 그리고 지속 가능해야 한다. 지식을 관리한다면서 평생의 배움에 대한 계획 없이 손에 잡히는 대로 읽은 감상문을 문서로 관리하는 것을 넘어서야 한다는 뜻이다. 분명한 목표와 도달점을 설정해야 한다. 특히 인간지능을 강화하겠다는 목적이 분명하면 의미 있는 결과를 만들어 낼 수 있다.

바인더로 자신만의 도서관을 꾸며 나갈 때도 '박이정해야' 한다. 박 독서와 정 독서의 균형이 필요하다. 이것저것 손 가는 대로 읽지 말고,

집중할 수 있는 주제를 하나 정해 그것을 읽고 연구한 자료를 바인더 라이브러리에 저장하는 것이다. 그렇게 저장된 낱알의 퍼즐들은 어느 시점이 되면 목표한 그림을 만드는 데 귀하게 사용된다.

예를 들어, 독서법에 대해 연구한다고 해보자. 독서법은 십진분류의 029.4로 분류된다. 폭넓게 029 영역의 책을 모두 포함시켜도 좋다.

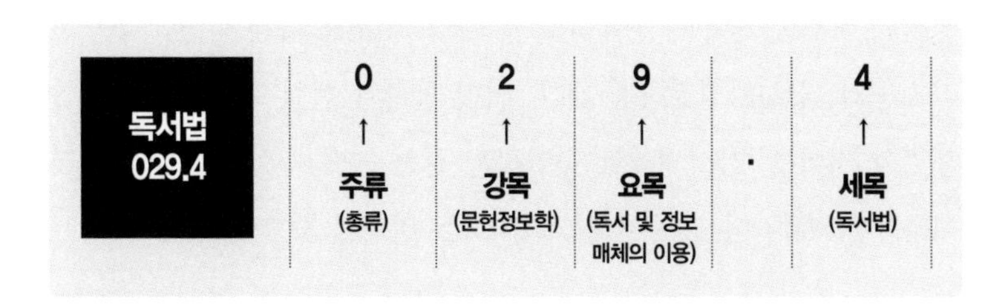

독서법 책을 읽으며 요약하고 초서하고 에세이를 써보라. 한 권, 두 권을 넘어 수십 권을 집중 연구해 보라. 그렇게 연구한 자료를 출력해 바인더 라이브러리(029.4)에 정리하라. 아마도 여러 권의 바인더로 정리가 가능할 것이다. 그 바인더의 양과 수가 늘어난 만큼 여러분은 독서법에 있어서 대가가 될 수 있다. 전문적인 식견을 갖춘 작가로, 강연가로 거듭날 수도 있는 것이다.

하나의 주제를 깊이 탐구한 과정학습의 결과는 대학 4년 동안 공부한 것과 비교할 수 없을 정도로 깊이가 있다. 정보를 효과적으로 정리하고 관리하다 보면 진짜 중요한 것이 무엇인지 아는 지혜도 발현된다. 새로운 지식과 연결고리를 만들어 자신만의 창의적인 결과물도 완성할 수 있다. 이렇게 주제를 하나둘씩 늘려 가며 '박이정해' 나간다면 지난 시간 상상도 못했던 변화를 삶에서 직면하게 된다.

바인더는 전시용이 아니다. 과시용도 아니다. 과정의 진보를 확인하는 증표다. 남의 지식이 아니라 자신의 지식으로 채워 가는 창고다. 그 창고가 내 삶의 문제를 해결할 귀한 마중물이 된다.

이렇게 하나씩 주제를 섭렵해 가다 보면 세상은 넓고 자신이 다룰 수 있는 주제가 제한적이라는 것을 느끼게 된다. 인간 존재의 나약함, 인생의 허무함, 공부의 한계라고 할까? 그러나 또 다른 이면에서는 인간지능의 진보도 경험하게 된다. 어떤 상황과 현실 속에서도 문제를 해결할 지식을 찾고 지혜로 덧입히는 원천 능력을 소유하게 되는 것이다. 지금보다 더 나은 미래를 희망으로 바라볼 수 있게 만든다.

When? 지금 당장 시작하라!

자기계발을 완성하는 데 가장 큰 걸림돌은 미룸신의 강림이다. 지금 당장 시작해야 할 것을 '한 시간만 있다가, 이번 한 번만' 하며 미루는 것이다. 이렇게 조금씩 미루다 보면 시작은 묘연해지고 어느덧 어제와 같은 삶의 리듬으로 귀환하고 만다.

인생의 성과는 미루지 않고 지금 당장 시작하는 데 있다. 영국의 소설가 데니스 웨틀리(Dennis Wheatley)는 이렇게 말했다. "성공하느냐, 성공하지 못하느냐는 전적으로 마음의 자세에 달려 있다. 그것은 결코 타고난 능력이 아니다. 마음의 준비는 당신의 염원을 이루어지게 하는 문의 열쇠가 될 수도 있으며 그 문을 잠가 버리는 자물쇠가 되기도 한다." 그렇다. 인생의 성과는 지금 품고 있는 마음 자세에 따라 달라진다. 그러니 당장 바인더를 장만하라. 그리고 자신이 축적한 자료와 메모, 기록을 복사·출력해 정리하라. 자신이 이루고 싶고 해보고 싶은 분야를 정하고 바인더를 축적해 가라. 그러면 머지않은 미래에 눈부시게 변화된 당신의 모습을 발견하게 될 것이다.

Where? 어디서든지 바인더 라이브러리를 구축하라!

바인더 라이브러리를 구축하고 싶다면 어떤 제약도 만들지 말아야 한다. 특히 장소에 대한 선입견을 버려라. 우리 집은 바인더를 놓을 장소가 없다는 식으로 핑계를 대지 말라는 이야기다. 멋지게 꾸며놓은 도서관을 의식하지 말고 어디서든지 바인더 라이브러리를 구축해야 한다. 창고도 좋고, 베란다도 좋다. 사무실도 좋다. 미국의 수많은 기업가는 차고에서 창업을 하고 보란 듯이 기업을 일으켰다. 장소보다 중요한 것은 마음이다. 하고자 하는 의지만 있다면, 꼭 해내야 한다는 집념이 있다면 어떤 장소든 괜찮다. 필리핀에는 '하고 싶은 일에는 방법이 보이고 하기 싫은 일에는 핑계가 보인다!'라는 속담이 있다. 당신은 지금 방법을 찾고 있는가, 아니면 핑곗거리를 찾고 있는가? 그 차이가 인생의 성패를 좌우한다.

Who? 삶의 희망을 꿈꾸는 자 누구든지 도전하라!

바인더 라이브러리로 삶의 희망을 찾고 싶다면 누구든지 도전하라. 어떤 제약도, 조건도 없다. 독서로 삶을 변화시키고 싶다는 열망 하나면 된다. 그것만으로 충분하다.

처음에는 쉽지 않을 것이다. 귀찮을 때도 있을 것이다. 굳이 이걸 해야 하느냐고 되뇔 때도 찾아올 것이다. 그럼에도 지속해야 한다. 바인더 라이브러리는 지속할 만한 충분한 가치와 성과를 선물해 준다. 당신의 삶을 변화시키는 것은 물론 자녀와 배우자, 인생의 후배와 직장 동료에게도 소중한 인생의 보고가 되어 줄 것이다. 어디서도 찾아볼 수 없는 소중한 유산이 되어 줄 것이다. 그러니 한계를 정하지 말고 오늘 단 하나라도 자료를 바인더 라이브러리에 축적하라.

"위대한 사람은 단번에 그와 같이 높은 곳에 뛰어오른 것이 아니다. 많은 사람이 밤에 단잠을 잘 적에 그는 일어나서 괴로움을 이기고 일에 몰두했을 것이다. 인생은 자고 쉬는 것에 있는 것이 아니라 한 걸음 한 걸음 걸어가는 그 속에 있다."

로버트 브라우닝(Robert Browning)의 말처럼 인생의 성과는 오늘 내딛는 한 걸음으로 만들어진다.

| 에필로그 |

독서로 삶을 변화시킨 이들이 더 많아지길 기대하며

세상에 쏟아지는 다양한 독서법을 접하면 기대에 부푼다. 나도 책 내용처럼 독서를 하면 인생을 바꿀 수 있다며 말이다. 읽은 독서법 내용대로 따라 하다 보면 크든 작든 인생의 변화를 경험한다. 그러나 궁극적인 삶의 변화를 일으키는 사람은 극소수다. 대부분 일회성에 그친다.

삶의 깊은 변화를 이끌어 내지 못하면 또 다른 방법을 찾아 여기저기 기웃거린다. 독서로 삶을 변화시킨 사람들의 강연을 찾고 그들의 독서법에 또 관심을 갖는다. 하이에나처럼 자꾸 더 좋은 방법을 찾아 헤맨다. 정말 열심히 노력하지만 원하는 만큼 좋은 결과를 얻지 못하다 슬그머니 책을 내려놓고 원래의 삶으로 회귀한다.

'어떤 사람은 책을 읽고 인생이 바뀌었다는데 나는 왜 안 될까'라며 고민하는 독자가 있을 것이다. 방법론보다 개인의 차이를 강조하며 독서법이 중요하지 않다고 생각할 수 있다. 그런 생각이 드는 것은 당연하다. 독서로 인생을 바꾼 사람보다 그렇지 않은 사람이 더 많으니 말이다. 그러나 방법의 차이에 따라 어려운 일을 더 쉽고 알차게 할 수 있는 것처럼 독서법에 따라 지식과 지혜를 더 깊고 넓게 얻을 수도, 얻지 못할 수도 있다.

이 책은 독자들의 고민을 해결해 주기에 부족함이 없다. 아니, 넉넉하다. 독서의 A부터 Z까지를 서술하고 있기 때문이다. 독서의 어느 한 부분을 이야기하는 것이 아니라 전체상을 제시하며 독서 자세부터 독서를 통해 궁극적으로 얻어야 하는 능력이 무엇인지까지 알려 준다. 독서 방법과 도구를 담을 수 있는 큰 그릇을 제공하는 셈이다. 무조건 열심히 책을 읽으라고 종용하지 않고 독서로 추구해야 하는 목적을 가르쳐 주고 기술을 알려 주며 독서로 얻을 수 있는 능력까지 담았다. 구체적인 방법론도 제시한다. 독자들이 직접 보고 응용할 수 있는 워크북으로 더 깊고, 더 넓게, 지혜의 균형을 잡고 사고의 지평을 넓히도록 안내한다. 이 책을 읽는 사람들이 자기 내면에서 앙상블을 이뤄 인생의 변화에 필요한 아름다운 하모니를 이루어 내도록, 그리고 특히 인공지능 시대를 슬기롭게 극복하고 주도할 수 있도록 돕는다. 한 치 앞을 예측하기 어려운 시대를 준비하는 방법도 담겨 있다. 그러니 한번 도전해 보길 권한다. 여러분도 이 책을 읽고 누군가의 앞에서 독서가 인생을 변화시키는 가장 좋은 도구라는 말을 하고 다닐 수 있으니 말이다.

이 책에 쓰인 대로 따라 하다 보면 인생의 변화는 분명 찾아온다. 쉽지는 않을 것이다. 시간도 많이 걸릴 수 있다. 변화가 눈에 보이지 않아 답답할 수도 있다. 그럼에도 포기하지 않기를 바란다. 인생을 변화시키는 데 투자 대비 가장 효과적이고 효율적이며 안전한 방법이 독서이기 때문이다. 한 권의 독서가 의미 없어 보일 수도 있지만 인생의 그림을 그려 가는 데 없어서는 안 될 한 조각의 퍼즐이 되어 준다. 삶의 목표를 이루는 중심에 서 있는 것이다.

2011년 첫 책을 출간한 후 꽤 많은 책을 썼다. 모든 책을 탈고하고 마지막 교정지를 출판사에 보낼 때쯤이면 거의 탈진 상태가 되었다. 책 제목만 봐도 헛구역질이 나올 때가 많았다. 다음에는 책을 쓰고 싶지 않다는 생각이 들 정도였다. 그런데 이번 책은 달랐다. 원고를 써 내려 가는 순간마다 의미 있고 산뜻했다. 누군가가 이 책을 읽고 인생을 변화시킬 수 있다는 기대감에 부풀었다. 내가 이 책의 산 증인이기에 그렇다. 한 번 읽고 책장을 채우는 그저 그런 내용이 아니라는 것을 나는 삶으로 체득했다. 지극히 평범했던 내가 독서로 삶을 변화시키고 작가가 될 수 있었던 것은 바로 이 책에 쓰인 대로 삶에 적용하며 나아갔기 때문이다.

이 책이 더 의미 있는 것은 나를 작가의 길로 이끌어 주신 스승님과의 공동 작업이기 때문이다. 제자였던 내가 스승과 같이 독서법 책을 쓴 것 자체만으로도 감사하다. 스승이 평생 연구하고 공부한 것을 더 많은 사람과 공유하는 데 일조한 것에 감사하다. 마음의 빚을 조금이

나마 갚을 수 있는 계기가 된 것 같아 또 감사하고 흐뭇하다. 아무쪼록 이 책으로 더 많은 사람이 인생의 변화를 맛보고 삶에서 행복을 누렸으면 좋겠다.

무엇보다 평범한 한 인간을 작가가 되고 강연가가 될 수 있도록 이 자리까지 인도하신 하나님께 감사하다.

유난히 뜨거운 여름날,
새벽 미명에 서재에서 임재성 씀

| 참고문헌 |

김형석, 《백년을 살아보니》, 덴스토리, 2016.

이어령, 《디지로그》, 생각의나무, 2006.

게리 해멀, 《꿀벌과 게릴라》, 이동현 역, 세종서적, 2015.

티나 실리그, 《시작하기 전에 알았더라면 좋았을 것들》, 김효원 역, 마일스톤, 2016.

윌리엄 데레저위츠, 《공부의 배신》, 김선희 역, 도서출판 다른, 2015.

정민, 《오직 독서뿐》, 김영사, 2013.

사이토 다카시, 《읽고 쓰기의 달인》, 최수진 역, 비즈니스맵, 2009.

모티머 J. 애들러·찰스 밴 도렌, 《생각을 넓혀주는 독서법》, 독고 앤 역, 도서출판 멘토, 2012.

바바라 베이그, 《하버드 글쓰기 강의》, 박병화 역, 에쎄, 2011.

더 넓고 더 깊게
십진분류 독서법

1판 1쇄 인쇄 2018년 9월 28일
1판 1쇄 발행 2018년 10월 5일

지은이 장대은 임재성
펴낸이 고병욱

기획편집실장 김성수 **책임편집** 장지연 **기획편집** 윤현주 박혜정
마케팅 이일권 송만석 현나래 김재욱 김은지 **디자인** 공희 진미나 백은주 **외서기획** 엄정빈
제작 김기창 **관리** 주동은 조재언 신현민 **총무** 문준기 노재경 송민진 우근영

교정 구윤회

펴낸곳 청림출판(주)
등록 제1989-000026호

본사 06048 서울시 강남구 도산대로 38길 11 청림출판(주) (논현동 63)
제2사옥 10881 경기도 파주시 회동길 173 청림아트스페이스 (문발동 518-6)
전화 02-546-4341 **팩스** 02-546-8053
홈페이지 www.chungrim.com
이메일 cr1@chungrim.com
블로그 blog.naver.com/chungrimpub
페이스북 www.facebook.com/chungrimpub

ISBN 978-89-352-1235-4 (03020)

※ 이 도서의 국립중앙도서관 출판예정도서목록(CIP)은 서지정보유통지원시스템 홈페이지 (http://seoji.nl.go.kr)와 국가자료공동목록시스템(http://www.nl.go.kr/kolisnet)에서 이용하실 수 있습니다.(CIP제어번호: CIP2018028805)